CARLOS GONTOW

101 DICAS
PARA VOCÊ APRENDER
INGLÊS
COM SUCESSO

CARLOS GONTOW

101 DICAS
PARA VOCÊ APRENDER
INGLÊS
COM SUCESSO

1ª REIMPRESSÃO

© 2011 Carlos Gontow

Preparação de texto: Juliane Kaori / Verba Editorial

Produção: Crayon Editorial
        Capa e projeto gráfico: Alberto Mateus

Assistente editorial: Aline Naomi Sassaki

Impressão e acabamento: Gráfica Vida e Consciência, em junho de 2014

               Dados Internacionais de Catalogação na Publicação (CIP)
                     (Câmara Brasileira do Livro, SP, Brasil)

             Gontow, Carlos
             101 dicas para você aprender inglês com sucesso
             / Carlos Gontow. – Barueri, SP : DISAL, 2011.

             Bibliografia.

             ISBN 978-85-7844-074-9

             1. Inglês - Estudo e ensino I. Título.

             11-03857   CDD-420.7
                   Índices para catálogo sistemático:
                   1. Inglês : Estudo e ensino   420.7

Todos os direitos reservados em nome de:
Bantim, Canato e Guazzelli Editora Ltda.

Al. Mamoré, 911 - sala 107, Alphaville
06454-040, Barueri - SP
Tel./Fax: 55 11 4195-2811

Visite nosso site: www.disaleditora.com.br

VENDAS
Televendas: (11) 3226-3111
Fax gratuito: 0800 7707 105/106
E-mail para pedidos: comercialdisal@disal.com.br

Nenhuma parte desta publicação pode ser reproduzida, arquivada ou transmitida de nenhuma forma ou meio sem permissão expressa e por escrito da Editora.

Para a minha mãe, Leda Gontow, que me ensinou a gostar de aprender
Para a minha mulher Cris Gontow, que me inspira e me encoraja
Para os meus filhos Bruna e Pedro, com quem aprendo todos os dias
Para todos os que me ensinaram alguma coisa
Para aqueles que aprenderam comigo - e que me ensinaram muito mais...

Obrigado e o meu carinho,

Carlos

SUMÁRIO

INTRODUÇÃO 11

PARTE 1 · 101 DICAS

1. Diferentes maneiras de aprender 18
2. Não se consegue nada sem esforço 20
3. Você precisa aprender a aprender 23
4. Assista a filmes em inglês 25
5. O aprendizado leva tempo — não adianta ter pressa 28
6. Esqueça o português 30
7. Aceite a língua como ela é. Não lute contra 33
8. O inglês é como uma caderneta de poupança 37
9. Deixe o inglês envolver você 39
10. Não se compare com os outros — a aula de inglês não é uma competição 41
11. Repita muitas vezes as palavras 44
12. Tente pensar em inglês 46
13. Não tenha medo de errar 48
14. Usando cartõezinhos para aprender vocabulário 51
15. Trabalhe os seus músculos 54
16. A pergunta "How do you say xxx in English?" é inútil no mundo real 57
17. Você não precisa saber tudo sobre um assunto para ir em frente 60
18. Coloque seu inglês no automático 63
19. Cante em inglês 66
20. Fale em inglês e crie oportunidades para isso 70
21. Sofrer um pouco faz parte do aprendizado 72
22. Não entender é uma coisa normal 75
23. Pense no que já sabe, não no que falta .78
24. Imitar é bom 80
25. Pergunte 82
26. Ria de si mesmo 85
27. Leia em inglês 88
28. Fale sozinho em inglês 92
29. Nós precisamos das pessoas que sabem mais do que nós 94

30	Crie uma personagem para você mesmo.	98
31	Algumas pessoas têm mais jeito para línguas do que outras, mas e daí?	101
32	Usando etiquetas para visualizar o vocabulário	103
33	Você consegue mudar – basta querer	105
34	Tenha humildade e deixe-se ensinar	109
35	Falar palavras em inglês nem sempre é falar inglês	112
36	Faça o chato ficar divertido.	115
37	Não se preocupe em entender todas as palavras de um texto.	117
38	Estude para saber inglês, não para ter um diploma.	120
39	O que fazer quando você faltar a uma aula	123
40	Estudar é diferente de aprender.	125
41	Não espere – use o inglês já!	128
42	Brinque com fantoches.	132
43	Seja curioso.	134
44	Você deve ter objetivos e eles devem ser realistas	137
45	Escolha o inglês que você quer falar	140
46	Para aprender, você precisa agir.	143
47	Estude gramática	147
48	Procurando *collocations*	149
49	O inglês não é só o que está no seu livro	152
50	Querer ser perfeito só causa sofrimento e estresse.	156
51	Desafie a si mesmo e crie dificuldades.	159
52	Inclua o inglês na sua vida.	162
53	Comunique-se com o corpo todo	165
54	Quem é melhor: o professor nativo ou o professor brasileiro?	167
55	Planeje o seu dia em inglês	170
56	A importância da entonação.	172
57	Você não precisa falar como um nativo, mas precisa falar com o nativo.	174
58	Trabalhe em duplas.	176
59	Tente escrever o diálogo de um filme.	179
60	Aprender inglês depende só de você — basta você querer.	182
61	Não se sinta culpado quando errar	186
62	Não escreva no seu livro	190
63	Use o dicionário	192
64	Faça uma pausa.	194
65	Tenha disciplina: planeje e faça acontecer.	196
66	Aumente o seu vocabulário	200

67	Convença-se de que você consegue aprender inglês e você vai conseguir	203
68	Tente conhecer a cultura dos países de língua inglesa	206
69	Aprender é explorar o desconhecido — e isso é bom	209
70	Seja amigo de você mesmo	212
71	Ter uma boa pronúncia ajuda você a ouvir e entender melhor	214
72	O problema não são os obstáculos, mas a sua atitude	216
73	Conheça o alfabeto fonético	219
74	Monte peças de teatro em inglês	221
75	Use a sua criatividade	224
76	Divirta-se em inglês com seus amigos	228
77	É importante entender diferentes variedades de inglês	230
78	O português é muito mais difícil do que o inglês	233
79	Brinque em inglês	235
80	Você entende tudo em português?	238
81	É importante dar e receber feedback	241
82	Dê um passo de cada vez	245
83	Aprenda inglês usando todos os sentidos	248
84	Usando o Google para aprender inglês	251
85	Aprenda inglês com *nursery rhymes*	254
86	Responda a todas as perguntas mentalmente	257
87	Gravar a sua voz ajuda a aprender a ouvir e a melhorar a pronúncia	259
88	Estudar gramática e vocabulário ajuda você a ouvir e entender melhor	262
89	Faça autoavaliações	264
90	A vida é feita de frases feitas	267
91	Quando viajar para o exterior, fuja dos brasileiros	270
92	Admitir que não sabe não é sinal de fraqueza	274
93	Coloque cartazes na parede para ajudar a se lembrar	276
94	Reflita sobre o que você aprendeu	279
95	Pense sobre o que você está lendo	281
96	Para aprender você precisa de dedicação	284
97	Use as redes sociais para aprender inglês	288
98	Desistir não é necessariamente ruim	291
99	Visualize o sucesso	294
100	Aproveite tudo que a sua escola oferece	297
101	Você é quem sabe o que é melhor para você	299

PARTE 2 • HISTÓRIAS DE SUCESSO

- VALÉRIA 304
- MIGUEL 305
- MILTON 307
- GERALDO 307
- LÍDIA 308
- BETINA 309
- MÁRCIA 310
- BEATRIZ 311
- JÚNIOR 312
- DÉBORA 313
- AGOSTINHO 314
- LAVÍNIA 315
- MARCUS 316
- GUSTAVO 317
- REGIANE 319
- CLÁUDIO 320
- CARMEN 321
- LENNY 322
- JAIRO 323
- VIVI 325
- BRUNO 326
- ELIANE 327
- ISABEL 328
- HELOÍSA 330
- LUIS 332
- JOÃO 333
- RODRIGO, DAISY E EU 335
- IGOR 337
- RAFAEL 338
- ROGÉRIO 340
- MIRELA 341
- MAICON 342

INTRODUÇÃO

Meu nome é Carlos Gontow e sou professor desde criança.

Eu tenho uma prima chamada Emília que é um ano mais nova do que eu. Quando nós éramos crianças, morávamos no mesmo prédio, em Porto Alegre. E todas as tardes brincávamos juntos. Como eu estava sempre um ano adiantado em relação a ela no colégio, nós brincávamos de escola. Eu era o professor e ela, a aluna. E eu ensinava a ela tudo o que eu aprendia nas minhas aulas.

Embora eu só tivesse uma aluna, nós tínhamos caderno, lição de casa e até chamada. Eu dizia "Emília" e ela respondia "Presente"! Nós levávamos a nossa brincadeira a sério. E nos divertíamos muito.

Por outro lado, eu fazia teatro desde pequeno também. Meu avô e minha avó por parte de pai tiveram sete filhos e eu tenho muitos primos. Na época, éramos umas 12 crianças e todos os domingos nos reuníamos na casa deles. Eu levava todas as crianças para o quarto do meu tio Leonardo e lá inventava uma peça, dirigia todo mundo e, no final da noite, apresentávamos para os adultos.

No colégio, quando tínhamos que fazer um trabalho em grupo, ao invés de falar sobre o assunto na frente da sala, o meu grupo sempre o fazia em forma de uma peça. Eu escrevia, dirigia e, como diz o meu velho amigo Carlos Alberto Behar, o Baixinho, pegava o papel principal também.

No entanto, quando me perguntavam o que eu ia ser quando crescer, eu sempre dizia que queria ser engenheiro. E eu queria mesmo — ninguém me obrigou a escolher isso. Talvez influência indireta dos meus tios Abrahão (o pai da Emília) e Leonardo, que eram engenheiros.

Quando tive que fazer o vestibular, fiquei com uma vontadezinha de fazer matemática, matéria que sempre gostei, mas pensei: "Ah, não, não vou querer ser professor". Minha mãe, Leda Gontow, foi professora a vida inteira e sempre foi difícil para ela criar três filhos sozinha com um salário simples de professora.

Fiz engenharia civil e lá pela metade do curso descobri o que o engenheiro fazia. Aí já tinha feito metade do curso e não ia desistir. Fui até o fim e, como não tinha muita vontade de trabalhar como engenheiro, fui fazer uma pós-graduação e estudar um pouco mais.

Paralelamente eu sempre estudei inglês, não porque tivesse algum interesse específico. Apenas gostava de inglês e achava legal falar inglês. Minha família nunca teve dinheiro para me pagar um curso de inglês, então aprendia com o inglês do colégio e tentava aprender sozinho. Só quando eu já estava na pós-graduação e tinha uma bolsa de estudos para fazer o mestrado consegui me matricular num curso de inglês pela primeira vez.

Mais ou menos nessa época, o Reinaldo Abramovay, amigo da minha irmã, sabendo que eu gostava de teatro, me levou para fazer uma aula teste no Teatro Escola Macunaíma. Eu adorei a aula e acabei fazendo todo o curso profissionalizante para atores, que durou quatro anos.

Larguei a pós-graduação em engenharia para ser ator e, depois de concluído o curso de teatro, montei com alguns amigos um grupo de teatro profissional. Mas a vida de ator não era fácil. Para montarmos um espetáculo, precisávamos de patrocínio e, como éramos desconhecidos, era complicado.

Um dia, caminhando pelos corredores da escola onde eu estudava inglês, uma ex-professora, chamada Nilda Cabral, me convidou para dar aulas lá. Eu imediatamente respondi que não, que não queria ser professor e que nem tinha capacidade para dar aula. Ela me disse que me recomendaria ao diretor, e lá fui eu.

E o resto é história: comecei a dar aulas, me apaixonei por esta profissão e não parei mais. Aos poucos fui incluindo o teatro nas minhas aulas e fora delas, montando grupos de teatro em inglês na escola. E minha vida toda se encaixou. E tudo fez sentido.

Um dia, depois disso, comentei o fato com a Emília e disse que virei professor sem querer. Ela sorriu e me disse que eu sempre havia sido professor, e que as melhores lembranças da infância dela eram as nossas aulas.

Sou professor de inglês. E me orgulho muito disso. E quando vou a algum lugar, acontece uma coisa muito interessante comigo. Será que acontece com outros professores de inglês? Acredito que sim. Onde quer que eu esteja, se começo a conversar com alguém e digo que sou professor de inglês, a pessoa me diz "Puxa, preciso voltar para o inglês" ou "Eu preciso aprender inglês".

Por que será que tantas pessoas querem aprender inglês e não conseguem? Muitos estudam inglês: fazem cursos, lição de casa, prova e tudo o mais. Por que será que alguns conseguem aprender e outros não? Eu, como muitas outras pessoas, aprendi inglês bem — falo, entendo, leio e escrevo fluentemente. O que me faz diferente de outros que não conseguiram aprender ou que não aprenderam tão bem? Eu penso em todos os cursos que fiz e em todos os meus colegas de turma. Por que muitos não chegaram lá?

Eu não acho que eu seja melhor do que ninguém. Aprendi inglês aqui mesmo no Brasil. Quando viajei pela primeira vez para os Estados Unidos, em 1990, eu já era professor de inglês há três anos e meio. Não sou especial. Se eu aprendi, qualquer um consegue aprender.

O que eu fiz para aprender? Qual foi o meu segredo?

Nesses anos todos em que tenho sido professor de inglês ajudei muita gente a aprender. Dizem que um professor não ensina nada — apenas estimula os alunos para que eles aprendam. Quantos alunos já tive nesse período? Já perdi a conta (aliás, acho que nunca contei), mas já foram milhares. Alguns deles aprenderam e outros, não.

Com a minha vontade de ajudar e estimular o aprendizado do inglês comecei a escrever o blog "Dicas Para Aprender Inglês" (http://dicasingles.wordpress.com/). Ele teve uma repercussão muito grande e recebi vários pedidos para escrever um livro. Portanto, aqui está.

Não fui quem inventou todas estas dicas. São dicas que me deram, coisas que li, coisas que descobri na prática do ensino do inglês e muitas coisas que aprendi observando a maneira de os meus alunos aprenderem. Cada pessoa é diferente e eu aprendo diariamente com todos os que convivem comigo.

Foi difícil começar a escrever, pois não conseguia pensar na primeira dica. Queria começar com alguma coisa bombástica, que resolvesse de vez os problemas de quem quer aprender inglês e não consegue. Já pensou se eu desvendasse os mistérios do aprendizado do inglês? Ia ficar rico e famoso. Por outro lado, ia perder meu emprego, pois quem ia querer um professor de inglês depois disso?

Bom, depois de muito pensar, descobri que não existe uma dica que seja mais importante. Nem existe uma ordem certa para essas dicas. O que acontece é uma combinação delas. Na verdade, pode ser que algumas dessas dicas não sirvam para você. Pode ser que algumas ou muitas delas você já conheça.

O importante, na minha opinião, é tentar usá-las. Mesmo que você ache que uma dica é boba, que nunca daria certo para você, que você nunca faria isso, tente! Experimente algumas vezes. Se não der certo, se não gostar, não faça mais. Mas se der certo — e muitas vão dar — você terá descoberto uma maneira nova de aprender! Não é legal?

PARTE 1
101 DICAS

1 DIFERENTES MANEIRAS DE APRENDER

Uma das dificuldades em aprender é saber como aprender. Não existe apenas uma maneira; existem várias. Pessoas diferentes aprendem de maneiras diferentes. O que funciona para você pode não funcionar para o seu amigo e vice-versa.

Você sabe qual é a sua maneira de aprender? Sabe o que ajuda você a aprender mais? Já parou para pensar sobre isso?

Algumas pessoas aprendem muito mais quando veem as coisas — são pessoas visuais. Eu mesmo sou uma pessoa muito visual. Gosto de ver a palavra escrita, gosto de ver figuras, desenhos, fotos. Muitas vezes, quando eu quero me lembrar de uma palavra que li, enxergo na minha cabeça a página onde a palavra estava e sei o lugar exato onde estava a palavra. É comum eu me lembrar de rostos de pessoas e de lugares. Quando encontro um ex-aluno, daqueles que estudaram comigo há muito tempo, em geral lembro até o lugar onde ele sentava na sala de aula.

Outras pessoas são muito auditivas. A Cris, minha mulher, é uma delas. Essas pessoas aprendem ouvindo. Muitos não usam nem caderno na escola, pois se lembram das coisas que ouvem. Pessoas auditivas aprendem as palavras novas pelos sons — não precisam escrever.

Há ainda pessoas cinestésicas, que para aprender precisam se mexer, tocar em objetos, levantar, sentar, dançar. São aqueles alunos que não conseguem ficar parados na sala de aula e que deixam tantos professores malucos. Mas um aluno desse tipo não consegue aprender estando quieto, parado. Eu sou muito assim também. Quando quero ver alguma coisa, preciso segurá-la para "ver" melhor.

Há vários livros sobre teorias de aprendizado, mas isso é uma coisa mais técnica e não é o meu objetivo aqui. Se você quiser, pode ler mais a respeito. Por enquanto, basta lembrar que uma pessoa não aprende somente de uma maneira, mas usando uma combinação delas.

Se você tem ou já teve alguma dificuldade de aprendizado, isso pode acontecer por você estar tentando estudar de alguma maneira que não é a melhor para você.

Pense um pouco sobre as situações em que você aprendeu bem alguma coisa. Sabe aquela matéria que você adorava, que era fácil para você? O que fez você aprender melhor? Isso vai dar a você uma ideia de como o seu aprendizado é mais eficiente.

Se você não consegue aprender de um jeito, experimente aprender de outro. Você vai descobrir muitas maneiras diferentes de estudar.

> **SE VOCÊ NÃO CONSEGUE APRENDER DE UM JEITO, EXPERIMENTE APRENDER DE OUTRO. VOCÊ VAI DESCOBRIR MUITAS MANEIRAS DIFERENTES DE ESTUDAR.**

Há uma série de vídeos que circula na internet mostrando aulas de inglês no Japão. As alunas, usando roupa de ginástica, fazem movimentos coreografados enquanto repetem algumas expressões. É muito engraçado de assistir, mas quem sabe isso ajude mesmo algumas pessoas a aprender?

As dicas que estão neste livro podem ser usadas por qualquer tipo de pessoa. Ao ler uma dica, não diga que não funciona ou que não serve para você. Primeiro experimente. Depois de algumas tentativas você mesmo poderá dizer se funciona ou não. O importante é tentar — você pode se surpreender.

2 NÃO SE CONSEGUE NADA SEM ESFORÇO

Para você obter resultados em qualquer coisa, você precisa se esforçar. Não adianta querer as coisas facilmente. Não acontece!

Há pessoas que acham que basta se matricular numa escola de inglês e o aprendizado está garantido. Isso não existe. Você pode entrar na escola mais cara da cidade, você pode escolher a melhor escola, mas nada adianta. O que você vai aprender vai depender do seu esforço. É verdade que estudar numa escola boa ajuda, mas você pode aprender muito mesmo que a escola não seja tão cara ou tão famosa. Tudo depende do seu esforço.

No primeiro dia de aula, eu costumo perguntar aos meus alunos o que eles esperam do curso. Todos dizem que querem falar inglês melhor, aumentar o vocabulário, entender filmes e programas de TV, ler jornais, revistas e livros em inglês e muitas outras coisas. São expectativas muito razoáveis. E são expectativas comuns a muitos alunos.

> SE VOCÊ QUER FALAR INGLÊS MELHOR, FALE, E FALE MUITO! QUANTO MAIS VOCÊ FALAR, MELHOR O SEU INGLÊS VAI FICAR.

Dias depois eu pergunto se eles têm assistido a filmes em inglês sem legenda. Muitos falam que não, que não têm tempo, ou que é difícil entender, ou dão outra desculpa qualquer. É claro que é difícil de entender! Mas, se você se esforçar, verá que a cada dia vai entender mais. Se você treinar um pouco todos os dias, vai começar a entender cada vez melhor. Se treinar só uma vez por semana, vai entender mais a cada semana, mas não tanto quanto quem treinou todos os dias. E assim por diante. É uma questão de esforço.

Você tenta ler em inglês? Não estou falando sobre o livro da escola, mas outros livros, revistas, histórias em quadrinhos, etc. Sim? Percebe como a cada leitura você entende um pouco mais? Isso é o seu esforço que está dando certo. Demora um pouco, mas funciona mesmo. Ainda não percebeu melhora? Continue e vai chegar lá.

Há alunos que me dizem: "Mas eu não tenho só o inglês na minha vida! Não posso passar o dia só pensando nisso!". Eu sei disso, mas quem está querendo aprender melhor o inglês é você mesmo. Quanto mais você praticar, melhor será para você.

Se você está com dificuldade em algum ponto gramatical, faça exercícios extras. Peça ao seu professor que sugira um livro de exercícios ou um site e pratique mais. Com o tempo vai começar a entender mais.

Se você quer entender inglês melhor, assista a filmes, ouça músicas, ouça programas de rádio em inglês (há várias estações online). Quanto mais você ouvir, mais vai entender.

Se você quer falar inglês melhor, fale, e fale muito! Quanto mais você falar, melhor o seu inglês vai ficar.

Você viu o filme *Julie & Julia*? Nesse filme, a personagem Julia Child (vivida pela maravilhosa Meryl Streep) vai a uma aula de culinária e não consegue picar as cebolas da maneira correta. O que ela faz depois disso? Ela vai para casa e começa a picar cebolas. Ela pica tantas cebolas, que quando o marido chega em casa há uma montanha de cebolas picadas. Mas, de tanto treinar, ela aprende a picar as cebolas. E na aula seguinte, faz tudo perfeitamente.

> **PARA APRENDER INGLÊS, VOCÊ PRECISA PRATICAR.** JÁ OUVIU AQUELE DITADO QUE DIZ QUE A PRÁTICA LEVA À PERFEIÇÃO?

Aliás, a própria Meryl Streep deve ter praticado muito para falar do mesmo jeito que a verdadeira Julia Child. Você pode ver no YouTube vídeos da Julia Child original e a voz que a Meryl Streep faz no filme é igualzinha.

Isso mostra que o esforço realmente compensa. Você não precisa picar cebolas para aprender inglês, mas o princípio é o mesmo. Se você se esforçar, vai haver um momento em que vai aprender. Isso é certo!

Para aprender inglês, você precisa praticar. Já ouviu aquele ditado que diz que a prática leva à perfeição? Quando você pratica, repete a mesma coisa muitas vezes, e a cada vez você vai fazer aquilo melhor. É o seu esforço dando resultados.

VOCÊ PRECISA APRENDER A APRENDER 3

Quando você se matricula numa escola de inglês, você logo pensa no dia em que vai sair dela. Muitas vezes meus alunos me perguntam: "Quando é que eu vou saber tudo de inglês?". E eu respondo: "Nunca". E eles me perguntam: "Então eu vou ter que estudar aqui para sempre?". E é claro que eu digo que não. Ninguém precisa ficar na escola para sempre. A escola não ensina tudo. Aliás, ninguém nunca aprende tudo de alguma coisa. Nem na escola e nem fora dela.

Uma das coisas mais importantes que você precisa aprender na escola — e no curso de inglês no nosso caso — é aprender a aprender. Tudo muda o tempo todo e nós sempre temos que aprender mais. E isso é bom! O conhecimento não é estático. Não importa a profissão que você tenha, você sempre tem mais a aprender. Se você é um médico, precisa estar sempre se atualizando: conhecendo técnicas novas, doenças novas, tratamentos novos. Se você é um engenheiro, precisa conhecer novas tecnologias, novos materiais, e por aí vai.

As línguas são dinâmicas. Palavras novas aparecem, palavras deixam de ser usadas, e até a gramática muda. Muitas coisas que eram consideradas erradas acabam virando corretas devido ao uso e temos sempre que aprender mais. Com a febre do politicamente correto, muitas palavras deixaram de ser usadas e novas foram criadas. Se você não sabe isso, fica falando uma língua que não se fala mais.

Existe um museu na cidade de São Paulo chamado Museu da Língua Portuguesa. É muito interessante visitá-lo, pois você aprende muito sobre como a nossa língua surgiu e como foi se transformando ao longo do tempo e nos diversos lugares onde é falada. Vale a pena uma visita. Assim como a língua portuguesa se alterou com o tempo, a língua inglesa também.

Se as coisas mudam, o que você faz para continuar aprendendo? Você precisa estar sempre lendo, sempre estudando, sempre procurando coisas novas. Para isso, o mais importante de tudo é você saber como você aprende melhor. O que ajuda você a aprender melhor? Como eu já falei antes, cada pessoa é diferente e aprende de maneiras diferentes. Você precisa saber qual é o seu jeito de aprender e o que funciona e o que não funciona para você.

Minha ideia com esse livro é mostrar várias maneiras diferentes de aprender. Há coisas que não vão ser boas para você e há coisas que vão ser ótimas. O importante é você experimentar todas elas e depois escolher aquelas que funcionaram melhor para você.

Muitas vezes as pessoas separam a escola da vida e não percebem que o que a escola faz é justamente nos preparar para a vida. Você não estuda ciências, por exemplo, apenas porque é uma matéria escolar. Você estuda porque precisamos conhecer o nosso corpo, o nosso mundo. E isso continua sempre depois da escola. É assim com tudo.

No caso do inglês, se você está querendo — como muita gente me diz — estudar e acabar logo, está se enganando. É claro que se você parar de estudar ao atingir um certo nível, ainda assim vai continuar tendo uma boa noção de inglês. Mas, se quiser falar bem, vai precisar continuar aprendendo sempre.

As escolas de inglês sérias não querem que você estude lá para sempre. Elas querem que você aprenda inglês e querem que você adquira os instrumentos para continuar o seu aprendizado por conta própria. Se você souber como aprender, esse caminho será mais fácil e mais prazeroso.

ASSISTA A FILMES EM INGLÊS 4

Você provavelmente não se lembra de como você aprendeu português, pois você ainda era um bebê, mas pergunte aos seus familiares. Se sua família tiver filmes de você quando era pequeno, assista a eles e veja como a sua compreensão foi melhorando. Se você tem crianças em casa ou na família, observe como elas aprendem a falar. Quando o bebê nasce, ele não sabe falar nada. As pessoas a sua volta falam com ele e com o tempo ele começa a entender. Se o bebê só ouvir português, vai aprender português. Se só ouvir inglês, vai aprender inglês. E assim por diante. Ou seja, ouvir é a coisa mais importante neste caso.

Tudo na vida é um treino. Quanto mais você ouvir inglês, mais vai entender. Assistir a filmes em inglês vai ajudar você a entender cada vez mais. Procure assistir a filmes sem legenda (nem em português e nem em inglês). No começo pode ser que você não entenda nada, mas aos poucos vai começar a entender algumas palavras, frases e até diálogos completos.

No começo, você não precisa assistir a filmes inteiros ou longos. Assista a trechos de filmes ou apenas algumas cenas. Se você assistir dez minutos por dia, já estará treinando um pouco. Depois vá aumentando o tempo. Quem sabe no fim de semana você pode assistir a um filme inteiro? Ou até mais de um?

A que tipo de filmes você deve assistir? Isso depende de você. Assista ao tipo de filme que você gosta e que assistiria normalmente, seja drama, comédia, aventura etc. Você gosta de seriados de TV? Assista ao de sua preferência. A internet também oferece diversas oportunidades de ver filmes em inglês. Veja vídeos no YouTube (www.youtube.com) e divirta-se. Tem muita coisa boa! Gosta de fazer downloads de seriados? Se você é fã de seriados como eu, pode assistir ao último episódio do seu seriado favorito no dia seguinte à sua exibição nos Estados Unidos. Você treina o seu inglês e vê o episódio antes de todo mundo!

Assista ao filme para se divertir. Não encare isso como uma lição de casa ou como um exercício da escola. Assistir a um filme em inglês não é estudar inglês. Assistir a um filme é uma diversão que você vai ter usando o inglês.

UMA OUTRA SUGESTÃO É ASSISTIR A FILMES QUE VOCÊ JÁ VIU, POIS ASSIM VOCÊ JÁ CONHECE A HISTÓRIA E NÃO PRECISA SE PREOCUPAR EM ENTENDER O QUE ESTÁ ACONTECENDO.

Quando for assistir a um filme pela primeira vez, não pense que já vai entender tudo. Eu costumo dizer aos meus alunos: "Sente na frente da TV ou do computador e diga pra você mesmo: 'Eu sei que é difícil e que não vou entender nada, então o que conseguir entender será lucro'". Você vai se surpreender com a quantidade de coisas que vai entender.

Não se preocupe em entender todas as palavras. Quando assistimos a um filme, estamos interessados na história, no que vai acontecer. As palavras que são ditas não são o mais importante. Quando você for comentar o filme com os amigos, vai falar: "Eu vi um filme em que aconteceu tal coisa, e a história é legal etc.". Você não vai dizer: "Eu vi um filme em que os caras falavam no *Present Perfect* ou "Eu vi um filme em que apareceu cinco vezes a expressão *on the other hand*".

Assistindo ao filme sem legendas, você vai se concentrar no entendimento da história como um todo. Depois de terminado o filme, você fica com aquela sensação boa de ter entendido muita coisa. Aí, se você quiser, pode assistir uma outra vez, concentrando-se na linguagem, como um estudo da língua mesmo. Mas isso não é necessário.

Caso você não entenda muito, não fique frustrado. Faça um registro para você mesmo de quanto o seu entendimento está melhorando: "Ontem eu entendi muito pouco, e hoje eu já entendi um pouco mais". Isso vai acontecer dia após dia, semana após semana.

Uma outra sugestão é assistir a filmes que você já viu, pois assim você já conhece a história e não precisa se preocupar em entender o que está acontecendo. Com essa preocupação a menos, você relaxa e se diverte. Filmes para criança são legais também. Filmes da Disney — aqueles que você viu quando era criança — também são uma alternativa.

Uma ideia que aprendi com dois professores da cidade de Curitiba, André Botelho e Carolina Stancati, é assistir a trailers de filmes. Há muitas vantagens em se fazer isso. Os trailers são curtos e por isso você pode assistir a eles várias vezes se quiser. Eles apresentam um resumo da história e por esse motivo são mais fáceis de entender. Eles em geral são bons, pois apresentam as melhores cenas do filme. Mesmo quando o filme é ruim, muitas vezes o trailer é bom. Além disso, você também aprende vocabulário ligado ao cinema, pois sempre aparece a ficha técnica do filme. Você pode achar trailers de filmes no YouTube digitando "trailer" na caixinha de pesquisa. E, mesmo nos DVDs a que você assiste, sempre há alguns trailers, então aproveite também.

Assistir a filmes em inglês é sempre bom! Experimente e verá que o seu progresso será muito grande.

5 O APRENDIZADO LEVA TEMPO — NÃO ADIANTA TER PRESSA

Você comprou esse livro porque resolveu que finalmente vai aprender inglês. Ou você é daqueles que já fizeram vários cursos e não conseguiram aprender e agora resolveu que vai aprender mesmo. Talvez você tenha se matriculado numa escola de inglês e está começando agora. Ou está retomando o seu aprendizado depois de ter parado por muito tempo. Não importa qual é a sua história. Meu conselho é: não tenha pressa. O aprendizado leva tempo. Ninguém aprende de repente ou da noite para o dia. Você precisa ter paciência. Você vai ver muita coisa nova, vai ouvir, vai tentar falar e aos poucos vai começar a entender cada vez mais. Às vezes você não vai entender alguma coisa muito bem na primeira vez e, depois de algum tempo, "a ficha vai cair" e aquilo vai fazer sentido para você. E é assim mesmo que tudo acontece.

Existem escolas que fazem propaganda de que você vai aprender tudo em dois meses. Em primeiro lugar, nunca se aprende tudo. Em segundo, eu não acredito em mágica. Se houvesse uma maneira mágica de se aprender inglês, não haveria tantas escolas de inglês se multiplicando por aí e cada vez mais gente tentando estudar e aprender.

Eu já escrevi sobre a maneira como uma criança aprende a própria língua. A criança quando nasce se comunica apenas através do choro. Os próprios pais não sabem por que ela está chorando. Pode ser fome, pode ser cólica, pode ser que a fralda esteja suja. Aos poucos, a criança vai aprender a falar a língua das pessoas que vivem em volta dela. No entanto, ela leva cerca de um ano para falar as primeiras palavras. Nesse período, ela vai ouvir muito e começar a entender muita coisa, mas ainda vai demorar para que a sua compreensão e a sua produção da língua sejam iguais às de um adulto.

A mesma coisa acontece com um estudante de inglês. Ele precisa ouvir muito para começar a entender e só mais tarde irá aprender a falar. O ideal seria que nas primeiras aulas o aluno só ouvisse e muito mais tarde começasse a falar. Mas é claro que nenhum aluno gostaria de estar em uma aula onde ele só ouvisse. Ele iria dizer que a escola o está enganando. É por esse motivo que nas escolas de inglês o aluno já começa a falar desde a primeira aula. Mas ninguém espera que você fale perfeitamente desde o primeiro dia. Você irá se comunicar de uma maneira mais simples até que esteja em condições de produzir mais.

Você precisa ter paciência. Aprender um pouco de cada vez. E ao mesmo tempo fazer uma análise do seu progresso. O importante é que a cada dia você se sinta um pouquinho melhor. É a prova de que você está no caminho certo.

> **O APRENDIZADO LEVA TEMPO. NINGUÉM APRENDE DE REPENTE OU DA NOITE PARA O DIA. VOCÊ PRECISA TER PACIÊNCIA. VOCÊ VAI VER MUITA COISA NOVA, VAI OUVIR, VAI TENTAR FALAR E AOS POUCOS VAI COMEÇAR A ENTENDER CADA VEZ MAIS.**

6 ESQUEÇA O PORTUGUÊS

Este é um assunto sobre o qual existe muita controvérsia. Há várias opiniões contraditórias. No entanto, eu acredito que para aprender inglês você deve esquecer o português. Sou totalmente e radicalmente contra o uso de português para ensinar inglês e acredito que o aluno deve aprender inglês sem traduzir as palavras.

Você é capaz de entender as palavras e expressões pelo contexto e associar as palavras com objetos, nomes e situações. Afinal, foi assim que você aprendeu a sua língua materna, o português.

Quando você era bebê e estava aprendendo a falar, as pessoas não faziam a tradução para você. Ou será que sua mãe dizia: "Dudu, não põe o dedo na tomada – Gugu gagá, bibi, bobó."? (Sabiam que "Gugu gagá, bibi, bobó" significa "não põe o dedo na tomada" em língua de bebê?) Ela também não falava "Banana é 'unhé', maçã é 'unhá'." e assim por diante. Você aprendia a associar a tomada com aquela frase, pois quando você chegava perto alguém logo tirava você dali. E aprendeu que banana era banana, porque o papai dizia "Vamos comer banana" e enfiava a colher com a banana amassada na sua boquinha. Você podia não saber se "banana" era a colher ou a banana em si, mas você logo aprendeu e com certeza falava para o seu pai "Quero banana." e não "Quero colher.". Aos poucos você foi entendendo e aprendendo as palavras e aprendeu a falar a sua língua.

Se você aprendeu a falar português assim, vai conseguir aprender o inglês também. Hoje em dia você já é bem maior, seu cérebro é muito mais rápido do que o de um bebê. Você não acha que você é capaz? Eu tenho certeza que sim.

Você já ouviu muita gente dizer que a melhor maneira de aprender inglês é ir morar por algum tempo num país de língua inglesa? E sabe por que as pessoas dizem isso? Porque lá elas não vão falar nem ouvir português! Então por que não fazer o mesmo aqui? Se você não falar português e se obrigar a entender inglês, você aprenderá muito mais rápido.

Há alguns anos, minha mãe voltou a estudar inglês, pois a escola onde eu trabalhava deu uma bolsa de estudos para ela. E, sabem como dizem, santo de casa não faz milagre. Quando ela pedia para eu dar uma aula para ela, só dava briga. Eu brigava muito com ela por causa da mania de ela querer traduzir tudo. Muitas vezes ela vinha para mim depois da aula e dizia: "Hoje eu aprendi a falar 'janela' em inglês". E eu perguntava "Como é?". Ela dizia: "Não lembro". Ou seja, como ela traduziu mentalmente, a palavra que ficou na mente dela foi "janela". Será que ela aprendeu a palavra em inglês?

Além disso, a pessoa que traduz tudo acaba sempre falando assim... meio... devagar... porque... na cabeça dela... ela... precisa... pensar... em português,... traduzir... e falar... em inglês... (leia isso colocando uma pausa onde estão os pontinhos). Acaba ficando muito menos fluente.

Quando eu ainda era aluno, tive uma professora excelente chamada Catarina Settani (que depois virou minha colega e amiga). Eu me lembro que, em uma aula, ela se virou para uma das minhas colegas de turma enquanto ela falava e disse, em inglês, "Você traduz tudo,

> **VOCÊ JÁ OUVIU MUITA GENTE DIZER QUE A MELHOR MANEIRA DE APRENDER INGLÊS É IR MORAR POR ALGUM TEMPO NUM PAÍS DE LÍNGUA INGLESA?**

né?". Eu na ocasião fiquei pasmo e me perguntei como ela sabia. Hoje em dia, com anos de experiência, tenho a mesma percepção. Quando a pessoa traduz mentalmente tudo o que diz, ela vai falando e girando os olhos para um lado e para o outro. O português está de um lado do cérebro e o inglês, do outro, e a pessoa vai indo de uma língua para a outra.

Eu tive vários alunos que brigaram comigo por não querer traduzir, e que mais tarde me agradeceram por terem aprendido inglês bem. Antes de você me criticar e dizer que é impossível, tente! Afinal, se você está procurando dicas para aprender inglês, é porque ainda não está feliz com o seu conhecimento de inglês. Talvez seja a hora de mudar a sua maneira de aprender. Esquecer o português é uma ótima ideia. Não é fácil, de início, mas você consegue. Até eu consegui!

ACEITE A LÍNGUA COMO ELA É — NÃO LUTE CONTRA

Há pessoas que não aprendem inglês porque perdem muito tempo lutando contra ele. Muitos alunos reclamam para mim dizendo "Essa língua não faz sentido", "É um absurdo!", "Não tem regras", ou outras coisas do gênero. Eu tenho alunos que bufam na aula e ficam com raiva porque acham que aquilo não deveria ser assim. Você já agiu assim?

Eu costumo dizer aos meus alunos que não fui eu quem inventou o inglês. Eu só estou mostrando como ele é. E é assim mesmo. Há coisas que não têm explicação. Quando meus filhos me perguntam por que alguma coisa é assim e eu digo "Porque sim", eles me dizem: "'Porque sim.' não é resposta.". Mas muitas vezes "Porque sim." é resposta, sim. Por que uma coisa é assim? Porque sim. A língua é assim e pronto. Não há regras, não tem o que entender. Você tem que aceitar.

O inglês não é seu inimigo e não foi criado só para atrapalhar a sua vida. Não tente lutar contra ele. Se você aceitar as coisas como elas são, tudo fica mais fácil. O inglês é seu amigo. É legal falar inglês.

Você se lembra de quando você aprendeu a falar português? Você falava para o seu pai: "Papai, eu fazi um desenho pra você." E o seu pai falava: "Não é 'eu fazi', é 'eu fiz' um desenho". E você não perguntava "Por quê?". E o seu pai não respondia: "O verbo fazer no pretérito perfeito é 'Eu fiz'". Você simplesmente aceitava. Você pode ter falado "Eu fazi" muitas outras vezes até finalmente falar "Eu fiz", mas um dia a ficha caiu e você incorporou aquilo.

Em português, existe uma expressão "Você está redondamente enganado". Que outra palavra se pode usar com a palavra "redondamente"?

Pode-se falar "Você está redondamente certo."? Não.

Pode-se falar "Você está redondamente inteligente."? Não.

Pode-se falar "Você está redondamente errado."? Não.

Então que outra palavra podemos usar com "redondamente"? Nenhuma. Só "enganado". Se houver outra, me avisem. Pode ser que eu esteja redondamente enganado.

Imagine o coitado do americano aprendendo português e falando: "Esta ser uma absurda. A português não ter regras! Por que só pode falar 'redondamente enganada'? Eu nunca vai aprendi esse lingua".

A atitude parece familiar? Você já falou assim também? Coloque-se no lugar do aluno americano e pense no que você iria responder a ele.

Os alunos reclamam: "Por que se fala 'a shirt' e 'a jacket' no singular e 'pants' no plural?" E eu digo: "Porque sim". Depois de muitos gemidos e bufadas e reclamações de que inglês não tem lógica, eu penso no meu colega americano ensinando português lá nos Estados Unidos, e o aluno bufando e perguntando: "Por que se fala 'a cabeça' e 'a barriga' no singular e 'as costas' no plural? Só tem uma 'costa', deveria ser 'a costa'. Português não tem lógica!". (Esse aluno americano tem menos sotaque que o anterior.)

O INGLÊS NÃO É SEU INIMIGO E NÃO FOI CRIADO SÓ PARA ATRAPALHAR A SUA VIDA. NÃO TENTE LUTAR CONTRA ELE.

Da mesma maneira os alunos me perguntam como devem fazer para aprender as preposições em inglês. Acredito que você já tenha feito essa pergunta ao seu professor muitas vezes. Infelizmente, eu não tenho uma resposta milagrosa para isso. Você aprende as preposições estudando, mas principalmente as usando. Tem preposições que se usam de um determinado jeito e não de outro.

Há muitas preposições que seguem uma lógica e que você consegue entender. Outras não. Mas em português também é assim. Você fala "eu vou **de** carro", "eu vou **de** ônibus", "eu vou **de** metrô", mas fala "eu vou **a** pé". Por que não pode falar "eu vou **de** pé"? Porque "**de** pé" significa outra coisa. E como é que você aprendeu isso? Usando desde que você aprendeu a falar português. Hoje isso soa natural para você e você sabe que é assim, mas não sabe explicar o porquê.

> **SE ERRAR DE VEZ EM QUANDO, OUÇA QUANDO ALGUÉM O CORRIGIR E NA PRÓXIMA VEZ TENTE ACERTAR. É UM PROCESSO DE TENTATIVA E ERRO.**

Com o inglês funciona mais ou menos assim também. Você precisa estudar, praticar e usar. Não adianta você querer pensar em português, pois nunca dá certo. As preposições não funcionam como no português. Tem gente que reclama que se "**on**" significa "em cima", não faz sentido que se diga "**on Monday**". E é verdade. Como eu já disse, mas gosto de repetir, não se aprende inglês pensando em português. Fuja desse vício!

O que você pode fazer para facilitar o aprendizado é organizar a forma de estudar. Por exemplo, você pode fazer uma lista com expressões que se usam com uma determinada preposição. Você pode fazer um cartaz e colocar na parede do seu quarto para olhar todos os dias. Faça um cartaz para expressões com "on", outro para expressões com "in" e assim por diante. Dê uma olhada de vez em quando e vá tentando formar frases com aquilo.

Estudar preposições é como estudar vocabulário. Veja as outras dicas nesse livro sobre como estudar vocabulário. E aplique algumas delas. É claro que você deve estudar. Em todos os livros há lições com preposições. E depois de estudar, tente usar as preposições no dia a dia. Se errar de vez em quando, ouça quando alguém o corrigir e na próxima vez tente acertar. É um processo de tentativa e erro. Você erra até aprender.

Você pode perguntar: "Então é tudo decoreba?". Não, não é decoreba. Você vai usar tanto que vai acabar sabendo qual é o certo. Quando você só decora, você parece um papagaio, mas não sabe usar numa situação. Tem pessoas que, quando você mostra quatro dedos numa mão e pergunta que número é esse, falam: "One, two, three, four — **four**". Elas decoraram os números na ordem, mas sem falar na ordem não sabem que número é. Isso foi só decorado. Tem gente que fala "I have **see – saw – seen** the movie", pois só sabem falar o verbo se falarem as três formas juntas. Isso foi só decorado, não foi praticado nem usado.

Há coisas que são assim porque são assim. Às vezes dá para entender, às vezes você tem que aceitá-las. Sem brigas, apenas na paz.

O INGLÊS É COMO UMA CADERNETA DE POUPANÇA 8

Não fui eu quem inventou essa frase. Aprendi com a minha mulher, Cris Gontow, também uma excelente professora de inglês e escritora. Ela sempre fala: "O inglês é como uma caderneta de poupança". Também não sei se ela ouviu essa frase de mais alguém, pois as coisas são assim: você é o resultado de todas as coisas que aconteceram com você e das pessoas que passaram pela sua vida.

Quando você abre uma caderneta de poupança, você vai depositando um pouco de dinheiro por mês, ou a cada dois meses, no seu ritmo. Pode colocar um pouco mais, um pouco menos, mas você está poupando e aumentando o seu capital. Se um dia acontecer uma emergência e você precisar de dinheiro, você vai lá e saca o dinheiro. Pode ser para pagar uma dívida, para fazer uma viagem, sei lá, mas você tem de onde tirar. Se você nunca poupou, não tem o que fazer... Vai ter que pedir um empréstimo, pagar juros e tudo o mais.

Quando você resolve aprender inglês, acontece a mesma coisa. Você vai aprendendo um pouquinho, mais um pouquinho, também no seu ritmo. Algumas pessoas fazem aulas duas vezes por semana, outras quatro vezes por semana, outras só uma vez por semana. Tem gente que vê quatro filmes em inglês por semana, tem gente que vê dez minutos por semana. Não importa — você está aumentando o seu capital, no seu ritmo.

> **VOCÊ TEM O SEU INGLÊS QUE VOCÊ FOI ACUMULANDO AO LONGO DO TEMPO. TODO AQUELE ESFORÇO PARA POUPAR VALEU A PENA.**

Se um dia acontecer alguma coisa e você precisar do inglês, você tem de onde tirar. Apareceu uma viagem a trabalho, apareceu um emprego novo, chegou um cliente estrangeiro à empresa, sua prima casou com um inglês e ele veio para o Brasil... Você tem o seu inglês que você foi acumulando ao longo do tempo. Todo aquele esforço para poupar valeu a pena. Se você não sabe inglês, o emprego vai para outra pessoa, ou você precisa contratar um intérprete para traduzir tudo o que o cliente fala.

Em tantos anos de carreira eu já vi muita gente chegar à escola desesperada. "Ai meu Deus, eu preciso aprender inglês em um mês ou perco meu emprego." "Ganhei uma bolsa para fazer mestrado no Canadá, mas não sei falar inglês — preciso aprender para ontem!" Você nunca sabe as oportunidades que vão aparecer na sua frente. Prepare-se para elas!

Se você está na categoria dos que têm pressa, fique calmo. Você vai aprender também, mas a cobrança em cima de você vai ser um pouquinho maior. Tudo bem, você chega lá!

O que eu quero dizer é que muita gente não vai em frente no inglês pois pensa que não vai precisar tão cedo. Mas como a gente nunca sabe, que tal você começar a poupar agora? Se você ainda está no começo, não se desespere. O importante é começar em algum ponto. E a partir daí ir aumentando a sua poupança. Vai valer a pena, com certeza...

DEIXE O INGLÊS ENVOLVER VOCÊ   9

Para aprender a nadar, você precisa entrar na água. Você precisa deixar a água envolver você. Se ficar do lado de fora da piscina só olhando, você não vai aprender. É claro que, se você nunca nadou, vai precisar de alguém que te ajude, te dê a mão, te segure para você não se afogar. Essa é a pessoa que vai te ensinar a nadar. Mas a opção de pular na água é sua.

Quando eu comecei a ensinar os meus filhos a andar de bicicleta sem as rodinhas atrás, eu fui segurando a bicicleta por trás enquanto eles não conseguiam se equilibrar. Depois, passei a segurar na manga da camisa deles, até que soltei e eles seguiram, livres. Mas a opção de pedalar foi deles. E eu, como bom pai, ia correndo ao lado deles para segurar se caíssem.

O que isso tem a ver com aprender inglês?

Para você aprender inglês você precisa saltar na piscina, ou seja, deixar o inglês envolver você. Mesmo que você tenha um pouco de medo de não entender nada, você precisa pular. Deixe o inglês entrar pelos seus ouvidos, seus olhos, sua mente. Não adianta ficar na superfície e olhando do lado de fora. Você precisa experimentar essa sensação.

E se você não entender? Aí lá estará o seu professor para te dar a mão e não deixar você se afogar nem cair da bicicleta. Ele vai ajudar você, mas a iniciativa tem de ser sua. Ele vai te corrigir, te mostrar o caminho certo, te dar incentivo para continuar e mandar você treinar um pouco mais se for necessário.

Como deixar o inglês nos envolver? Quando você estiver na aula de inglês, mergulhe fundo no inglês. Deixe o português lá fora! Imagine que naquele lugar só existe o inglês. Esqueça seus problemas do dia a dia. Pense e viva aquele momento.

Eu tenho alunos que vêm para a aula de inglês, colocam o celular em cima da carteira e checam as mensagens de cinco em cinco minutos. Essas pessoas estão com a cabeça fora da aula de inglês, embora pensem que não. Há alunos que olham no relógio a toda hora, pensando quanto falta para a aula acabar e o que vão fazer depois. Essas pessoas estão com a cabeça fora da aula de inglês. Há muitas pessoas que vão estudar em casa e interrompem o estudo várias vezes para atender ao telefone, checar o e-mail, pegar um lanchinho e outras coisas mais. Essas pessoas estão com a cabeça dividida e na hora de pensar em inglês vão ter dificuldade.

Na sala de aula acontece muitas vezes de um aluno se virar para um colega e fazer uma pergunta em português. Quando você faz isso, naquele momento você se desliga no inglês. Depois demora um tempo para você se ligar novamente. A sua mente deixa de pensar em inglês para pensar em português.

Esse mergulho não é fácil no início, mas, se você tentar, logo vai se acostumar e vai ver que é super gostoso e proveitoso. Você vai entender muita coisa sem ter que pensar no que aquilo significa. Muitas vezes você vai saber que alguma coisa é certa, mas não vai saber explicar por quê. Isso porque aquilo soa bem para você. É uma questão de sentimento. Isso quer dizer que o inglês faz parte de você.

Experimente! A vantagem é que você não vai engolir água de verdade...

DEIXE O INGLÊS ENTRAR PELOS SEUS OUVIDOS, SEUS OLHOS, SUA MENTE. NÃO ADIANTA FICAR NA SUPERFÍCIE E OLHANDO DO LADO DE FORA.

NÃO SE COMPARE COM OS OUTROS — A AULA DE INGLÊS NÃO É UMA COMPETIÇÃO

O que eu vou dizer agora parece óbvio, mas não é: você é você. Você não é igual a ninguém mais. Lembre-se disso quando você estiver aprendendo inglês.

É normal quando você está numa sala de aula pensar coisas como "O André fala inglês muito melhor do que eu", ou "A Joana entende muito mais do que eu", ou até "Aquele ali não sabe nada. Eu sou muito melhor do que ele". A mesma coisa acontece quando você está num grupo de amigos falando inglês. Comparações acontecem.

No entanto, isso não faz muito sentido. Cada pessoa aprende num ritmo diferente. Muitas vezes alunos de um mesmo nível e de uma mesma turma aprendem em ritmos diferentes. Procure não se comparar aos outros. Pense em você! O que você sabia há um mês? O que você sabia há uma semana? O que você sabe hoje? Como está sendo o seu progresso? O importante é você estar sempre progredindo e sabendo cada vez mais. Se você não entendia nada quando via um filme em inglês e hoje já entende uma palavra, isso já é um sinal de sucesso. Daqui a algum tempo quem sabe você vai entender duas ou até três palavras. Não é um super progresso? E cada vez você vai entender mais.

Uma sala de aula de inglês é bastante heterogênea. Embora os cursos sejam divididos em níveis, cada pessoa é diferente. Cada um tem habilidades diferentes e está num estágio diferente de desenvolvimento. Isso varia muito também em função de como a pessoa se dedica ao estudo do inglês, em função do que a pessoa faz fora da sala de aula — assistir a filmes, ler livros e conversar em inglês por exemplo. Ou seja, mesmo que a sala seja de um determinado nível, cada pessoa lá dentro tem um nível diferente. E isso é normal.

Justamente por essas diferenças, é importante você se lembrar de que a aula não é uma competição de quem sabe mais. Você não precisa se sentir na obrigação de saber mais do que os outros e você não precisa se sentir mal porque alguém sabe mais do que você. Você não tem que se sentir pressionado a tirar uma nota maior do que os outros, nem ficar triste porque a sua nota foi a terceira maior nota da turma e não a primeira. Não é uma corrida! É um processo de aprendizado.

Da mesma maneira, você não deve criticar ou julgar os outros por saberem menos do que você. Cada um tem o seu processo, mesmo dentro de uma turma de mesmo estágio.

Na vida fora da sala de aula as pessoas também têm conhecimentos diferentes. Se você observar pessoas que têm a mesma idade que você e que estudaram as mesmas coisas, verá que elas sabem coisas diferentes, em níveis diferentes. Eu sei mais inglês do que o meu amigo João, mas ele sabe mais sobre política do que eu. O meu primo Mauro sabe muito sobre história do Brasil, mas eu sei mais sobre como editar um filme no computador. E a convivência entre as pessoas diferentes proporciona muitas oportunidades de troca.

O IMPORTANTE É VOCÊ ESTAR SEMPRE PROGREDINDO E SABENDO CADA VEZ MAIS.

Na nossa vida cotidiana no trabalho é comum convivermos com pessoas de diferentes idades, que se formaram em profissões diferentes da nossa, que têm experiências diferentes das nossas. Isso é muito bom, pois há um grande intercâmbio de ideias e conhecimentos. Uns aprendem com os outros.

As pessoas sempre crescem, sempre aprendem mais, e é um processo individual. Cada pessoa é diferente e numa sala de aula o importante é todos crescerem juntos. Não importa chegar na frente dos outros. Cada qual no seu ritmo, o importante é sempre andar para a frente

Você pode perceber também que haverá assuntos que você aprenderá mais rapidamente que outros. Isso é normal e o mesmo acontece com os seus colegas. Às vezes você será o primeiro a entender um determinado ponto gramatical. Às vezes você será o último a entender. Isso só serve para comprovar que cada pessoa é diferente.

O que vou contar agora aconteceu comigo quando fui aprender a dirigir. Eu nunca tinha dirigido antes. Eu não tinha pai que me ensinasse a dirigir, e minha mãe também não tinha tempo para me ensinar. Comecei do zero mesmo. Tive que aprender tudo na autoescola. Sabe quantas aulas eu fiz até aprender? 27. A maioria dos meus amigos fez poucas aulas e logo já estava dirigindo. Eu demorei mais. Será que eu era mais burro do que os outros? Será que não tinha talento para dirigir? Claro que não, tanto que hoje eu dirijo e dirijo bem. Acontece apenas que o meu ritmo de aprendizado foi diferente. Demorou um pouco mais para eu coordenar os movimentos dos pés e das mãos. Isso acontece com todos e em todas as áreas.

VOCÊ NÃO PRECISA SE SENTIR NA OBRIGAÇÃO DE SABER MAIS DO QUE OS OUTROS E VOCÊ NÃO PRECISA SE SENTIR MAL PORQUE ALGUÉM SABE MAIS DO QUE VOCÊ.

Vá em frente, acredite em você e você conseguirá chegar lá.

11 REPITA MUITAS VEZES AS PALAVRAS

A repetição é muito importante para você aprender qualquer coisa. Se você está aprendendo ballet, por exemplo, você terá que repetir os movimentos muitas e muitas vezes até aprendê-los corretamente. Se você está treinando futebol, vai com certeza repetir muitos chutes a gol para aprender a chutar corretamente.

Para aprender inglês você também precisa repetir. Muitas e muitas vezes. É importante para aprender as estruturas corretas, para aprender a pronúncia das palavras, para aprender vocabulário. Quando ouvir uma palavra nova ou quando for corrigido (pelo seu professor, por exemplo) repita para si mesmo a palavra várias vezes. Isso vai ajudar você a fixar melhor a palavra e a pronúncia da mesma. Isso vale para palavras, frases, expressões e até diálogos que você vai aprender no decorrer do seu aprendizado.

Eu tenho alunos que, quando erram uma palavra e eu os corrijo, falam para mim, "OK". Tenho outros que na mesma situação repetem a palavra novamente duas ou três vezes. Quais deles você acha que irão aprender melhor? Parece óbvio, não? Por que será que muitos não querem repetir? Muitas vezes o aluno fala errado e, quando eu corrijo, digo, "Repeat, please". Alguns falam "Não precisa, já entendi". Em qual desses grupos você se encaixa? Procure sempre repetir as palavras e você vai ver que vai aprender melhor.

A mesma coisa acontece quando você está vendo um filme ou ouvindo uma música no rádio ou num CD. Quando você ouve uma frase ou uma palavra que você acha interessante, repita para si mesmo. Mas atenção: se estiver no cinema, repita mentalmente. Não existe coisa mais irritante do que pessoas que falam no cinema. Já na sua casa, assistindo a um filme sozinho, pode falar em voz alta, porque você não atrapalha ninguém.

Uma bailarina repete os movimentos muitas vezes até fazê-los corretamente. Se você fizer o mesmo com as palavras e frases que aprende, irá pronunciá-las cada vez melhor. Isso vai se refletir não apenas na sua pronúncia, mas também na sua correção gramatical. Se você repetir a estrutura correta muitas vezes, na hora de falar a estrutura virá à sua cabeça corretamente.

Lembre-se de que o aprendizado também é uma questão de atitude. A sua atitude positiva em relação ao que você está aprendendo vai te levar cada vez mais longe.

QUANDO OUVIR UMA PALAVRA NOVA OU QUANDO FOR CORRIGIDO (PELO SEU PROFESSOR, POR EXEMPLO) REPITA PARA SI MESMO A PALAVRA VÁRIAS VEZES. ISSO VAI AJUDAR VOCÊ A FIXAR MELHOR A PALAVRA E A PRONÚNCIA DA MESMA.

12 TENTE PENSAR EM INGLÊS

Quando você fala português, você pensa em português e as palavras vêm naturalmente para você. Da mesma forma, para você falar bem inglês você precisa pensar em inglês.

Quando você fala inglês mas pensa em português, você fala muito mais lentamente, como eu já comentei na dica 6, pois precisa traduzir tudo mentalmente antes de falar. Além da sua fala ficar muito truncada, você comete mais erros. Quanto mais você pensar em inglês, melhor você vai falar e com mais fluência você vai falar.

Como é possível fazer isso acontecer? Como fazer para pensar em inglês? Tudo é uma questão de treino. E há exercícios que você pode fazer para isso.

Eu já escrevi sobre a importância de esquecer o português. Esse é o primeiro passo. Depois tente fazer esse exercício. Ele pode ser feito sempre em qualquer lugar. É um exercício que funciona e também é divertido.

Comece de uma maneira bem simples, descrevendo mentalmente as coisas que você está fazendo no momento. "I'm washing my hands. I'm walking." Parece meio bobo, não? Mas é só um começo. Dependendo do seu nível de inglês você pode ir complicando mais aos poucos. Se você ainda é um iniciante na língua, continue com frases mais simples por algum tempo.

Quando você estiver na rua, no ônibus, dirigindo seu carro, comece a falar mentalmente tudo o que você está vendo. "There's a woman waiting for the bus.", "It's raining." etc. Podem ser até palavras isoladas, se você ainda não sabe inglês o suficiente. "A dog, a car, a blue car."

No começo vai parecer muito forçado, mas se você fizer isso constantemente, vai cada vez ficar mais fácil e mais natural e quando você perceber vai estar pensando em inglês.

Pode parecer difícil no início, mas continue. Quanto mais você treinar, melhor irá ficar. A mudança não vai acontecer de uma hora para outra. Também não posso garantir quanto tempo vai demorar. Não posso dizer que vai levar um mês ou um ano. Vai depender de você e do seu treino. E essa melhora vai se refletir na sua maneira de falar.

Você pode achar que isso vai confundir a sua cabeça e que na hora de falar português o seu cérebro vai querer pensar em inglês. Não se preocupe, pois isso não acontece. O cérebro consegue distinguir os momentos em que você está falando uma língua ou outra.

Então, mãos à obra! O importante é começar!

> **QUANDO VOCÊ ESTIVER NA RUA, NO ÔNIBUS, DIRIGINDO SEU CARRO, COMECE A FALAR MENTALMENTE TUDO O QUE VOCÊ ESTÁ VENDO.**

13 NÃO TENHA MEDO DE ERRAR

Quando você está aprendendo uma coisa nova, é natural que erre. Ninguém erra de propósito. Você errou, mas estava tentando acertar. Se não acertou, tente de novo. Se errar novamente, tente outra vez. Depois de algumas tentativas, você acabará aprendendo.

Se você pensar bem, vai perceber que nós erramos muito mais do que acertamos. Veja os jogadores de futebol, por exemplo. Quantas bolas eles chutam em direção ao gol durante uma partida? Muitas. E quantas bolas entram no gol? Poucas. Mas eles continuam chutando, mesmo tendo errado. Se acertarem uma vez terá sido um sucesso! Se acertarem três vezes numa partida, serão considerados heróis.

Você se lembra da primeira vez que tentou caminhar? Claro que não, mas pergunte aos seus pais! Muito provavelmente você caiu. Ou seja, você já começou errando. Mas se você tivesse ficando chateado com o erro, nunca teria andado.

Lembra quando você aprendeu a andar de bicicleta? Se tivesse desistido ao cair (ou "errar", pois errou no equilíbrio), nunca teria aprendido. O processo de aprender é assim: você anda um pouco, cai, tenta novamente, até aprender a se equilibrar sobre a bicicleta. E quando você perceber, já está andando. E aí não vai cair mais, certo? Errado. Mesmo quem já sabe andar às vezes leva um tombinho. Nada mais natural.

Quando você aprendeu a falar, você falava as palavras errado. Ao invés de falar "mamãe" você deve ter falado "mamá" ou qualquer coisa do tipo.

Acha que alguém da sua família falou "Oh, meu Deus, ele falou errado!"? Pelo contrário, todos devem ter ficado felicíssimos por você ter falado. E garanto que ninguém corrigiu você nem ficou triste porque você falou "mamá" e não "mamãe".

A mesma coisa acontece quando você está aprendendo inglês. Você está tentando pensar, falar e entender uma língua muito diferente da sua. É normal que você erre e isto é esperado de você. Quando você percebe que errou, vai tentar corrigir o seu erro. Mesmo que esse processo se repita muitas vezes, vai chegar um momento em que você não fará mais **aquele** erro. Fará outros, e cada vez que estiver aprendendo algo novo vai errar e depois de um tempo acertar. É natural, e é positivo que isso aconteça.

Quando você fala inglês, comete os erros semelhantes aos que cometeu quando aprendeu português. E cada vez que erra, você tem a oportunidade de aprender. Você aprende que o passado de muitos verbos tem **ed** no final. Aí você fala: "I eat**ed** pizza yesterday". Você está seguindo a lógica! Alguém te corrige: "I **ate** pizza yesterday". Fique feliz! Você aprendeu o passado do verbo "to eat". E mesmo se errar novamente e for corrigido, você vai ter outra oportunidade de aprender. Mas se você não tivesse falado errado, não teria tido essa chance.

Quando você cometer um erro, não encare como um fracasso, mas como uma tentativa de sucesso. Se alguém o corrigir (seu professor, por exemplo) não encare isso como uma crítica, pois não é. Tente se corrigir e, se não conseguir, peça para ser corrigido novamente. Você está no caminho certo.

> **QUANDO VOCÊ PERCEBE QUE ERROU, VAI TENTAR CORRIGIR O SEU ERRO. MESMO QUE ESSE PROCESSO SE REPITA MUITAS VEZES, VAI CHEGAR UM MOMENTO EM QUE VOCÊ NÃO FARÁ MAIS AQUELE ERRO.**

Além disso, não tente esconder os seus erros. Deixe as outras pessoas verem que você errou. Em geral, nós temos vergonha de errar e achamos que os outros vão nos criticar por termos errado. Essa é uma atitude equivocada. Mostrar os seus erros para os outros e contar como você chegou à resposta correta vai ser bom para você. Admitir os seus erros é bom. Você vai abandonando aquela ideia de que errar é ruim. E vai se acostumando a errar sem culpa.

> **QUANDO VOCÊ COMETER UM ERRO, NÃO ENCARE COMO UM FRACASSO, MAS COMO UMA TENTATIVA DE SUCESSO.**

Se você estuda numa sala de aula e você se acostumar a mostrar os seus erros e mostrar que não tem vergonha de errar, vai estimular os seus colegas a fazerem o mesmo. Com isso, vai ajudá-los a perceber que errar é normal. Isso também ajuda a melhorar o ambiente dentro da sala de aula. Se o erro for tratado como uma coisa natural, as pessoas terão menos medo de errar e se sentirão mais relaxadas para aprender.

Quando você não tem medo de errar, também aprende a arriscar mais. E arriscar coisas diferentes também ajuda a aprender mais. Quando você arrisca, você pode conseguir ou pode errar. Se conseguir, terá sido ótimo. Se errar, você pode tentar novamente até acertar. Uma hora você acerta. Mas se nunca arriscar, ficará sempre no mesmo lugar.

Erre sem culpa e sem vergonha e você vai aprender cada vez mais.

USANDO CARTÕEZINHOS PARA APRENDER VOCABULÁRIO

14

Um dos grandes desafios de quem está aprendendo uma língua estrangeira é se lembrar do vocabulário novo. Muitas vezes nós aprendemos palavras novas, entendemos o que elas significam, mas quando vamos falar, as palavras não vêm à nossa cabeça. Outras vezes nós nos lembramos das palavras, mas não sabemos como usá-las, ou seja, não sabemos aplicá-las num contexto original. Como fazer?

Eu aprendi essa dica com a minha amiga e colega de trabalho na época, Virginia Kachan. Eu já era professor de inglês e ia prestar o exame de proficiência da Universidade de Michigan. Para esse exame, era necessário estudar muito vocabulário. Os candidatos ficavam nervosos e estudavam listas e mais listas de palavras.

Essa estratégia é o uso de cartões com as palavras. Isso ajuda principalmente quando você é daquele tipo de aluno que aprende através de estímulos visuais.

A ideia é a seguinte: faça cartõezinhos de papel, dividindo uma folha tamanho A4 em oito partes. (Pegue uma folha de papel tamanho A4, dobre-a ao meio, dobre-a ao meio novamente e mais uma vez. Se você fez direitinho, terá dividido o papel em 8 partes. Corte nas linhas e terá 8 cartõezinhos de aproximadamente 10 cm x 7 cm. O tamanho não precisa ser exatamente este. É só uma sugestão.)

TENHA VÁRIOS DESSES CARTÕEZINHOS SEMPRE À MÃO. ANDE COM ELES NO BOLSO, POR EXEMPLO.

Depois de você ter feito vários cartõezinhos, escreva de um lado do cartão a palavra que você aprendeu em letras bem grandes. Do outro lado, escreva a definição da palavra, em inglês (não a tradução — leia a Dica 6: Esqueça o português). Você pode fazer um desenho que ilustre a palavra, pode escrever nomes de pessoas que você associa com aquela palavra, escrever sinônimos, ou o que achar melhor. Escreva também exemplos de frases usando a palavra. Copie essas frases do seu livro ou de dicionários — todo bom dicionário tem exemplos.

Tenha vários desses cartõezinhos sempre à mão. Ande com eles no bolso, por exemplo. Você tem um tempinho durante o dia? Pegue um cartãozinho do bolso. Leia a palavra e tente lembrar a definição e os exemplos. Conseguiu? Confira no verso se está certo. Ótimo! Passe esse cartão para outro bolso. Não conseguiu? Vire o cartão, leia a definição e os exemplos novamente. Coloque o cartãozinho no final da pilha e tente novamente mais tarde.

Se você vai para a escola ou para o trabalho de ônibus ou metrô, aproveite e use os cartõezinhos! Se você vai de carro, deixe-os no banco vazio ao seu lado. Quando o sinal fechar, dá tempo de usar um ou dois cartõezinhos. (Não use os cartõezinhos enquanto estiver dirigindo!) Se você vai almoçar num restaurante por quilo e a fila está grande, use um ou dois cartõezinhos. (Eu fiz muito isso na fila do banco, mas naquela época não existia Internet Banking.) Se você está aguardando no telefone para ser atendido pela sua empresa de TV a cabo, enquanto você ouve aquela mensagem "Já vamos atendê-lo, sua ligação é muito importante para nós." imagine quantos cartõezinhos você pode usar!

Eu costumo dar essa ideia a meus alunos, e tem gente que ri. Alguns acham que dá muito trabalho. E muitos deles também reclamam que não se lembram do vocabulário... Eu acho que sempre vale a pena tentar. Pode ser que você não goste da dica, mas antes de dizer que não gosta, que tal tentar fazer por algum tempo? Experimente, veja os resultados e depois decida se funciona ou não funciona para você.

Eu os usei (acredita que tenho os cartões já amarelados até hoje?) e deu muito certo. Andava com os cartõezinhos no bolso o dia inteiro, lendo, relendo e procurando repetir os exemplos e até criar outros. Aprendi as palavras e os seus significados e como usá-las. Foi muito bom para mim e por isso eu sempre recomendo aos meus alunos. E hoje muitos deles vêm me mostrar, orgulhosos, os cartõezinhos que fizeram.

VOCÊ PODE FAZER UM DESENHO QUE ILUSTRE A PALAVRA, PODE ESCREVER NOMES DE PESSOAS QUE VOCÊ ASSOCIA COM AQUELA PALAVRA, ESCREVER SINÔNIMOS, OU O QUE ACHAR MELHOR. ESCREVA TAMBÉM EXEMPLOS DE FRASES USANDO A PALAVRA.

15 TRABALHE OS SEUS MÚSCULOS

Nós usamos os nossos músculos para tudo. Quando vamos nadar, precisamos ter braços e pernas fortes. Antes de começarmos a aula de natação, ou antes de pularmos na água, devemos sempre aquecer os músculos. Durante a aula ou durante o treino, o técnico ou professor nos orienta para nadarmos bem: ele manda esticar mais o braço, colocar a mão na posição certa e assim por diante. E vamos cada vez nadando melhor. Nos esforçamos para fazer tudo certinho.

A mesma coisa acontece quando jogamos tênis. Precisamos ter braços fortes. Aprendemos o modo certo de segurar a raquete, de virar para um lado e para o outro, e nos esforçamos para jogar tênis bem. Depois de bem treinado, o braço vai para o lugar certo na hora da jogada, sem precisarmos pensar.

E quando você vai aprender a falar inglês? Você também precisa trabalhar a sua musculatura. Você vai mexer a boca e a língua. Você precisa colocar a língua na posição correta para produzir o som correto. Você precisa abrir a boca mais para produzir um certo som, fechar a boca um pouco para produzir um som diferente. Só fazendo os movimentos corretos é que você vai produzir os sons corretos. Você se esforça para isso?

O seu professor é o seu técnico, e ele vai orientar você para isso. Procure fazer o que ele diz, mesmo que você ache meio esquisito abrir a boca tanto para falar um simples som de "é" na palavra "cat". Acontece que o som em português é diferente do som em inglês e essa abertura maior na boca vai fazer toda a diferença. Mesmo que para você pareça que o som é quase igual ao português — não é.

Só para citar um exemplo, em inglês existem dois sons que não existem em português e que são representados na escrita pelas letras "th". Muita gente tem dificuldade em pronunciar esses sons, pois como eles não existem na nossa língua, a nossa musculatura não está preparada para eles. Para produzir o primeiro som faça o seguinte: ponha a sua língua para fora e dê uma mordidinha de leve. Agora sopre. Pronto: você produziu o primeiro som, que aparece em palavras como "three", "think", "nothing" e outras. Para produzir o segundo som, faça a mesma coisa com a língua. Ponha a língua para fora e morda de leve. Agora sopre, fazendo barulho, como se fosse uma abelha. Aí está o segundo som, que está em palavras como "the", "brother", "father" e muitas outras. É a mesma coisa que faz um brasileiro que tem a língua presa. O Lula e o Romário falando "brasileiros e brasileiras" ou "sopa de cebola" vão soar como você deve soar em inglês.

> **VOCÊ VAI MEXER A BOCA E A LÍNGUA. VOCÊ PRECISA COLOCAR A LÍNGUA NA POSIÇÃO CORRETA PARA PRODUZIR O SOM CORRETO.**

Há pessoas que acham ridículo colocar a língua pra fora para falar o "th" em inglês. E não fazem de jeito nenhum. Você se recusa a fazer um movimento na academia de ginástica, sabendo que vai aumentar o seu tríceps? Se se recusar, o músculo não vai crescer tanto como você gostaria. A mesma coisa acontece com o inglês. Você nunca vai produzir o som certo se não usar o músculo corretamente. A nossa boca é o nosso equipamento para falar inglês. Às vezes é difícil aprender a usar o equipamento, mas com a prática fica tudo mais fácil. O importante é tentar.

Eu já falei anteriormente sobre o aprendizado dos bebês. Se você olhar para um bebê enquanto uma pessoa fala com ele, vai perceber que ele olha bem para a boca da pessoa e vai mexendo a própria boca, copiando os movimentos. Ele mexe a língua e vai experimentando. Você aprendeu a falar português assim. Hoje, quando você fala, nem percebe se a língua está mexendo, pois ela vai automaticamente para o lugar certo. Mas se você vai ao dentista e leva uma anestesia, você não fala meio enrolado depois? Claro, pois o seu equipamento não está sendo usado direito! Você não consegue controlar seus músculos.

A NOSSA BOCA É O NOSSO EQUIPAMENTO PARA FALAR INGLÊS. ÀS VEZES É DIFÍCIL APRENDER A USAR O EQUIPAMENTO, MAS COM A PRÁTICA FICA TUDO MAIS FÁCIL.

Você é este bebê no inglês, só que um pouquinho maior. Faça a mesma coisa! Observe e copie os movimentos. No caso de uma aula, seus professores vão mostrar a você como fazer. Faça, repita várias vezes, treine muito. Pergunte novamente se não conseguir de primeira. Vai chegar um momento em que você vai conseguir! No começo você se cansa, pois precisa prestar atenção aos movimentos da boca. Depois que aprender, você não vai pensar mais. Vai se tornar natural. E aí você vai estar falando inglês lindamente!

A PERGUNTA "HOW DO YOU SAY XXX IN ENGLISH?" É INÚTIL NO MUNDO REAL

16

Para você aprender alguma coisa, você precisa fazer. Você não aprende a pregar um prego só olhando. Você precisa segurar o martelo e o prego e bater, mesmo que no início acabe martelando o dedo. No caso do inglês, isso também é verdade. A teoria ajuda, mas você só aprende a falar inglês falando. Não adianta você ver e ouvir outras pessoas falando — você precisa tentar falar também. Falando, errando e se corrigindo você acabará aprendendo.

No entanto, você precisa falar o inglês que existe no mundo real. Não adianta você falar um inglês que só serve dentro da sala de aula. Quando você for usá-lo de verdade, não vai servir para você se comunicar.

A pergunta **"How you say xxx in English?"** ajuda você a se comunicar com o seu professor que fala português. Você não sabe falar "liquidificador" em inglês e pergunta "How do you say 'liquidificador' in English?" E o professor responde. Você pergunta "How do you say 'comida' in English?", e o professor responde. E aí você fica super feliz e pensa "Puxa vida, eu me comunico super bem em inglês!". Mas isso não é verdade. Se você usar essa expressão para se comunicar com pessoas que não falam português, não haverá comunicação.

Imagine-se nessa situação. Você está numa viagem ou numa reunião de negócios com clientes estrangeiros e pergunta "How do you say 'porta' in English?". Ninguém vai entender você. Afinal, eles não falam português. E se eles falam português, você com certeza não vai falar com eles em inglês — vai falar em português. É muito mais fácil, e as pessoas em geral escolhem o caminho mais fácil.

Essa cena é super comum no exterior. Dois brasileiros estão na mesma loja, na mesma fila, um escuta o outro falar em português e logo já começam a conversar: "Você é brasileiro? Eu também". E se abraçam, se beijam e saem falando em português. Não precisam do inglês.

Eu acho mais importante você aprender inglês para se comunicar com aqueles que não sabem falar português. E o treino para isso começa quando você está estudando. Você deve tentar fazer a pergunta inteira em inglês, explicando o que você quer saber até a pessoa entender.

Você pode me falar, "Mas assim é muito mais difícil!". Claro que é, mas se você tentar, vai conseguir. Você vai aprender a se comunicar em inglês e as pessoas vão entender você. Essa prática, no entanto, começa cedo, mesmo que você esteja no nível 1 do inglês.

Você não faz o mesmo em português? Quando você não lembra como se fala uma palavra, o que você pergunta? Veja o diálogo abaixo:

VOCÊ: Como é mesmo o nome daquele objeto que a gente usa para abrir a porta?

O OUTRO: Maçaneta?

VOCÊ: Não. Aquele que você enfia na fechadura e gira para a porta abrir?

O OUTRO: Chave?

VOCÊ: É, chave. Obrigado.

Você não se lembrava da palavra "chave" e deu um jeito de perguntar. A pessoa entendeu a sua pergunta e respondeu. E você se lembrou da palavra. Nessa conversa, houve comunicação e troca de informação. É isso que você quer fazer em inglês também.

Em inglês, você pode falar:

YOU: What do you call in English that yellow fruit?

AMERICAN: Which one?

YOU: It's yellow. Monkeys like it.

AMERICAN: Banana?

YOU: Oh, yes, banana. Thanks.

Mesmo que o inglês não saia tão perfeito, mesmo que você fale alguma coisa errada, mesmo que você precise usar gestos para demonstrar uma pessoa descascando uma banana, você vai se comunicar com a pessoa.

Você pode até desenhar uma banana num pedaço de papel, mostrar para a pessoa e perguntar: "What's this?". Essa é a pergunta mais fácil que qualquer aluno iniciante sabe fazer. A pessoa vai responder, e você se comunicou. E para que você quer saber inglês? Para ser capaz de se comunicar!

Tudo é uma questão de treino. Uma atividade que você pode fazer para treinar é imaginar que não sabe falar uma determinada palavra em inglês e treinar a pergunta que usaria para saber. Faça isso com várias palavras. Imagine que não sabe dizer "livro" em inglês. Como você perguntaria a alguém? Em português você diria, por exemplo, "Como se chama aquele objeto de papel que tem várias páginas em que se pode ler histórias?".

Perguntar é importante. Por isso treinar formação de perguntas é muito importante. Quanto mais você treinar, mais preparado estará na hora do "vamos ver".

> "WHAT'S THIS?". ESSA É A PERGUNTA MAIS FÁCIL QUE QUALQUER ALUNO INICIANTE SABE FAZER. A PESSOA VAI RESPONDER, E VOCÊ SE COMUNICOU.

17 VOCÊ NÃO PRECISA SABER TUDO SOBRE UM ASSUNTO PARA IR EM FRENTE

Num congresso para professores de inglês assisti a uma palestra de David Nunan, um grande especialista no ensino de inglês. Nessa palestra, entre vários assuntos, ele mencionou que o aprendizado não se dá em linha reta e que nós não aprendemos tudo numa sequência. O aprendizado é como uma espiral. Ele vai acontecendo em círculos, mas cada vez que voltamos ao mesmo ponto já estamos mais adiantados. Em palavras simples, você não precisa saber tudo sobre um determinado tópico para começar a aprender outro. Você pode seguir em frente mesmo que não tenha aprendido o resto completamente. Você vai se aprimorar mais tarde.

Para entender melhor, tente imaginar uma mola ou uma espiral de caderno. Elas dão círculos, mas os círculos não voltam para o mesmo lugar. A cada volta, eles estão um pouco mais para cima. Assim acontece com o seu aprendizado de inglês. Muitas vezes você volta ao mesmo ponto gramatical. Mas, a cada vez que você volta a ele, o seu conhecimento sobre aquele assunto aumenta um pouco mais. Na verdade, quando você estuda aquele assunto uma segunda vez, você não está vendo aquilo "de novo". Você está vendo aquilo de uma maneira mais avançada, ou seja, você vai aprimorando o que sabia.

É comum nós acharmos que temos que dominar um assunto inteiramente primeiro. Tem gente que diz que é como construir uma casa: se você não tiver a base muito firme, não vai conseguir construir as paredes. Há alunos (e até professores) que pensam que, se você não souber o presente perfeitamente, não pode aprender o passado. Mas no caso do aprendizado de inglês isso não é verdade. Primeiro, porque você nunca saberá alguma coisa perfeitamente. E, depois, porque o aprendizado é um processo cíclico. Você pode aprender alguma coisa mais ou menos e mais tarde aprender aquilo melhor. Aliás, é assim que nós aprendemos a maioria das coisas na nossa vida. Nós aprendemos muitas coisas ao mesmo tempo e depois as vamos melhorando.

O que eu quero dizer com essa dica é que você não deve se estressar e exigir demais de você mesmo quando não entender alguma coisa. Você pode seguir em frente e voltar a isso mais tarde. Fazendo esse processo cíclico, vai chegar um momento em que você vai ficar bom naquilo.

TEM GENTE QUE DIZ QUE É COMO CONSTRUIR UMA CASA: SE VOCÊ NÃO TIVER A BASE MUITO FIRME, NÃO VAI CONSEGUIR CONSTRUIR AS PAREDES.

Isso é muito importante, principalmente em relação à sua atitude com o aprendizado. Quando você for ter uma aula sobre algo que você já estudou antes, não pense "Ai que chato, vou estudar isso outra vez!". Pense que, como você já estudou aquilo antes, agora você vai aprender mais sobre aquele tópico e que o seu conhecimento vai se ampliar.

Mesmo quando você estiver estudando sozinho, volte constantemente a tópicos que já estudou antes. Você vai ver que, a cada volta, você vai melhorar um pouco mais. E esse é um processo que não termina: você sempre tem o que melhorar. Isso não significa que você está mal. Significa que pode ficar ainda melhor. Revisar, relembrar, estudar novamente são estratégias importantes para o aprendizado.

Observe os livros de gramática que existem no mercado. Muitas vezes o mesmo título tem vários volumes — básico, intermediário e avançado, por exemplo. Se você olhar o conteúdo gramatical desses livros, verá que eles se repetem. Mas se olhar as lições com atenção, vai ver que elas ficam mais avançadas, que os exemplos são mais sofisticados e o vocabulário é mais elaborado.

Quando você está começando os seus estudos, ainda não tem condições de entender certos detalhes da língua. Você aprende de uma maneira mais geral e até mais simplificada. É o suficiente para você começar a se comunicar em inglês. À medida que você se torna mais fluente e conhece mais vocabulário, você já consegue estudar detalhes mais elaborados e vai refinando o seu inglês.

Aproveite esse processo em espiral e aprenda sempre mais!

COLOQUE SEU INGLÊS NO AUTOMÁTICO   18

Você sabe dirigir? Então deve se lembrar das suas primeiras lições de direção, seja com seu pai, sua mãe ou na autoescola. Era tanta coisa para aprender ao mesmo tempo! Pisar na embreagem, colocar o carro em primeira, soltar a embreagem devagar e pisar no acelerador ao mesmo tempo... Você se lembra de como tinha que pensar para fazer isso? E como o carro pulava e morria? Se quiser relembrar, assista no YouTube a uma cena apresentada no programa "Lá em Casa" da Rede Mulher em 2000. Eu interpreto o professor da autoescola e Flávia Mello interpreta uma aluna na sua aula número 87. (Procure no YouTube por "the driving lesson carlos and flávia".)

Eu já contei que tive 27 aulas de autoescola até aprender. E mesmo depois, quando eu ia dirigir o carro da minha mãe, ninguém podia falar comigo enquanto eu estava dirigindo. Eu tinha que me concentrar no que estava fazendo. Tinha que ser tudo absolutamente em silêncio para eu pisar nos pedais e trocar de marcha. Cada vez eu tinha que pensar antes de fazer qualquer coisa. Rádio ligado? Nem pensar! Tinha que ter concentração total. Uma vez a minha tia Heni me botou para dirigir o carro dela na Freeway, uma estrada no Rio Grande do Sul, e me lembro da tensão no meu pescoço. Mas lá fui eu!

Hoje em dia eu dirijo, converso, ouço rádio, canto, tudo ao mesmo tempo — só não falo ao celular, pois é contra a lei e perigoso! O que aconteceu? Eu tornei os movimentos mecânicos. Não preciso pensar em que marcha colocar. Eu faço tudo automaticamente. Isso aconteceu comigo e acontece com qualquer um que aprenda a dirigir.

A mesma coisa acontece quando você aprende a falar inglês. Você precisa automatizar as coisas. Você precisa deixar aquilo tão mecânico que você não precise pensar para falar. Como é que isso acontece?

Por exemplo, você aprende uma coisa nova. No começo é difícil, é claro, pois tudo é difícil no começo. Se você fizer **um** exercício, ou falar uma frase com a estrutura nova **uma** vez, você acha que vai mecanizar? Claro que não! Você precisa repetir, repetir, repetir, repetir até que aquilo fique mecânico — como o ato de dirigir.

Se você aprende uma estrutura nova, na primeira vez que for usá-la, você vai pensar em como construir a frase. Você ainda não tem certeza nem domínio da estrutura, então vai falar mais lentamente — e é esse o procedimento correto. Em vez de pensar "Piso na embreagem... coloco em primeira... solto o freio de mão...", você vai pensar: "If I... had... studied... more... I... I... would have... learned... more". (Leia colocando pausas onde estão as reticências.)

> **VOCÊ PRECISA REPETIR, REPETIR, REPETIR, REPETIR ATÉ QUE AQUILO FIQUE MECÂNICO.**

Muitas vezes quando eu peço para meus alunos formarem uma frase, alguns fazem uma só vez como no exemplo acima e dizem "Pronto, já acabei". Na verdade, eles acabaram de começar. Depois de formar uma frase, você precisa repeti-la muitas e muitas vezes até que você consiga falar sem hesitar. Para que isso aconteça, você vai ter que repetir a frase cinco, dez, vinte vezes — o número de repetições depende de você. E depois que você terminar o exercício na sala de aula, deve tentar inventar as suas próprias frases.

Na primeira vez, você vai falar mais devagar, porque você ainda está pensando, mas quanto mais você repetir, mais depressa vai falar. Quando você tiver repetido esse processo muitas e muitas vezes, vai começar a tornar aquela estrutura mais automática. Um dia, quando você menos esperar, vai aparecer uma situação em que aquela estrutura vai vir naturalmente à sua mente quando você estiver falando, sem você precisar pensar.

Isso dá trabalho? Claro que dá! Mas será que vale a pena? Claro que vale! Você não quer aprender inglês?

Hoje em dia, quando penso no passado, eu sei que fiz 27 aulas de autoescola, mas não me lembro das aulas. Todo o trabalho que eu passei, as inseguranças que tive até chegar ao fim sumiram da minha memória. Não me lembro se foi difícil, se foi fácil, ou quantas vezes eu demorei para conseguir estacionar o carro, por exemplo. Mas eu tenho comigo o resultado daquele trabalho: hoje eu sei dirigir.

A mesma coisa vai acontecer com você. Um dia você não vai se lembrar das horas que passou treinando. Você não vai se lembrar de quantas páginas de lição de casa você fez. Não vai se lembrar nem de que precisou repetir trinta e duas vezes a mesma frase até conseguir falar sem gaguejar. Você vai apenas saber falar inglês. E vai ser muito bom!

> **DEPOIS DE FORMAR UMA FRASE, VOCÊ PRECISA REPETI-LA MUITAS E MUITAS VEZES ATÉ QUE VOCÊ CONSIGA FALAR SEM HESITAR.**

19 CANTE EM INGLÊS

Todo mundo gosta de música. O que varia de uma pessoa para outra é o tipo de música que cada um gosta. Nós podemos não gostar do mesmo tipo de música, mas com certeza há algum tipo de música que você gosta.

Cantar é bom, cantar é divertido, cantar faz bem e cantar pode ajudar você a aprender inglês. Quando você canta, você aprende a pronúncia correta das palavras e aprende a falar as palavras mais fluentemente. Seguindo o ritmo das músicas, você vai aprender a juntar as palavras corretamente. A música ajuda você a aprender e a treinar os sons da língua, e isso é muito importante.

Quando você canta, você não precisa entender todas as palavras. Você pode cantar e aprender as palavras sem saber o que você está dizendo. Isso acontece com a gente quando é criança, na nossa própria língua. Lembra daquela música "Capelinha de melão é de São João. É de cravo, é de rosa, é de manjericão"? Quantas crianças cantaram e ainda cantam essa música? Agora me responda: o que quer dizer isso? O que é uma capelinha de melão? Por que ela é de São João? Ela é de melão, ou de manjericão? Para mim essa letra não faz sentido. O que eu sei é que quando aprendemos a cantar, aprendemos muitas palavras e também a pronúncia das palavras. E quando uma criança aprende a cantar essa música, ela não pergunta "O que quer dizer isso?". Ela canta, simplesmente.

Quando eu era criança, a minha tia Heni gravou para mim numa fita cassete as músicas "Goodbye Yellow Brick Road" e "Skyline Pigeon" do Elton John. Ela também me deu as letras das músicas. Eu cantava essas músicas o dia inteiro e cantava direitinho, mas não tinha a menor ideia do que eu estava cantando. Só muitos anos depois, já adulto, ouvi essas músicas novamente e exclamei para mim mesmo: "Ei, eu sei o que ele está dizendo!". Foi uma grande descoberta. Parecia um milagre!

Cante em inglês. Escolha uma música de que você goste. Não importa o cantor, não importa o gênero — o que importa é você gostar dela. Hoje em dia isso é super fácil, pois você pode baixar a música da internet – não precisa comprar o CD por causa de uma música. Ache a letra da música na internet — isso também é fácil — e imprima a letra.

Primeiro, ouça a música várias vezes, acompanhando com a letra. Depois vá cantando uma linha de cada vez. Cante a primeira linha. Dê "pause" na gravação e volte para o começo. Cante a primeira linha novamente. Depois de tentar várias vezes, tente cantar sem ler. Cante só a primeira linha várias vezes. Se esquecer, leia a letra novamente. Faça isso até conseguir cantar a primeira linha bem, sem ler. Passe para a segunda linha. Cante a segunda linha várias vezes, lendo e depois sem ler. Quando estiver bem firme, está na hora de juntar as duas linhas. Tente cantar a primeira e a segunda linhas juntas. Faça isso várias vezes, até aprender bem. Vá tocando a música, parando e voltando ao início várias vezes. Continue até o final da música, acrescentando uma linha de cada vez e repetindo todo o processo.

Dá trabalho? Sim, um pouco. Mas dá resultado e além disso é super divertido!

QUANDO APRENDEMOS A CANTAR, APRENDEMOS MUITAS PALAVRAS E TAMBÉM A PRONÚNCIA DAS PALAVRAS.

Depois cante a música inteira várias vezes. Ouça essa música no carro e cante junto, ouça no tocador de mp3 (se estiver na rua, vá cantando baixinho, ou se for mais cara de pau vá cantando em voz alta mesmo), ouça no computador, enfim, cante muitas e muitas vezes. Cante até saber a música de cor. Depois cante sem tocar a gravação original. Não precisa ter voz boa — não se preocupe com a afinação. Cante e divirta-se!

A TRADUÇÃO NÃO É BOA PARA O APRENDIZADO DO INGLÊS, E A LETRA TRADUZIDA EM GERAL ESTRAGA A MÚSICA.

Você pode estabelecer uma meta para você mesmo. Uma música por dia, uma música por semana, uma por mês. O ritmo é seu. Mas aprenda uma música bem antes de você passar para outra.

Como eu já disse antes, não se preocupe em entender todas as palavras. O importante é você cantar e, se não entender, tudo bem. E fuja das traduções. A tradução não é boa para o aprendizado do inglês, e a letra traduzida em geral estraga a música. Você vai aprender a pronúncia das palavras e vai aprender a juntar os sons. O ritmo da música vai ajudar. Se quiser procurar o significado das palavras num dicionário também pode, mas não é necessário, pois o mais importante nesse momento é você cantar e aprender os sons. Com o tempo, você vai entender mais e saber o que está dizendo. E um dia, sem perceber, vai usar uma frase de uma música numa conversa — eu faço isso muitas vezes! E você vai notar que está usando a frase num contexto certo.

Lembre-se de no começo seguir a letra. Assim você não vai cantar tudo errado, como muita gente que finge que está cantando inglês. (Tem cada conjunto que canta em inglês que me dá calafrios...)

Você pode me perguntar: "Mas não existem músicas em que há erros de gramática?". Sim, até os Beatles cantavam "She don't care" quando o certo é "She doesn't care", mas na maioria das músicas há mais acertos do que erros. E se você começar a perceber os erros, é sinal que o seu inglês está melhorando...

Esse é um método que funciona. Cada um tem o seu ritmo, então pode demorar um pouco mais para uns, um pouco menos para outros. E depende também do tamanho da letra. Mas não importa. O importante é tentar.

Como diz a minha querida amiga Cristina Myochin: "Cantar realmente funciona. Ajuda na pronúncia, expressões mais usadas e no vocabulário. Minha filha está sempre com iPod e nunca me ouve, mas pelo menos aprende inglês cantando...".

20 FALE EM INGLÊS E CRIE OPORTUNIDADES PARA ISSO

Falar é uma questão de prática. Quanto mais você praticar, melhor vai falar. Quanto mais você falar, mais fluentemente vai falar. Parece tão óbvio, não? Por que tanta gente não coloca isso em prática?

Uma coisa que você deve fazer é criar oportunidades para falar inglês. Se você estuda numa escola de inglês, quando você chega para a aula já comece a falar em inglês com os colegas. Não precisa esperar a aula começar para falar inglês. Quando a aula terminar, saia falando em inglês com os amigos. Por que parar? Quanto mais você praticar, melhor será para você. Não é para isso que você está estudando?

Não precisa ser só no curso de inglês. Você pode fazer isso no colégio, na faculdade, no trabalho, em casa... Você pode combinar com alguns amigos de só falar com eles em inglês. É divertido! E você vai desenvolvendo a sua fluência. Vocês podem falar inglês quando estiverem juntos, no telefone, no chat da internet.

Quando eu era adolescente, eu ia a pé para o curso de inglês com o meu amigo Inácio Solowiejczyk. A gente ia e voltava da aula falando inglês. Dávamos risada quando não sabíamos falar algo. Era uma diversão. Até inventávamos piadas com o pouco vocabulário que nós tínhamos.

Quando eu estava na faculdade — e eu não estudei Letras e sim engenharia — eu e as minhas amigas Amarílis Megale e Ana Lúcia Bueno combinamos de só falar inglês. Era uma farra – nós inventávamos músicas uns sobre os outros e eu até chamava a Amarílis de Yellis (e faço isso até hoje!). Com o tempo, ficamos mais e mais fluentes.

Numa outra época eu fazia curso de inglês e voltava de ônibus com o meu amigo Nélson Murakami. E nós falávamos inglês dentro do ônibus. É claro que tinha gente que nos olhava, mas e daí? Nós não dávamos bola e nos divertíamos. E íamos treinando o nosso inglês.

Você aprende inglês para você mesmo, para saber falar. Então fale! Quanto mais, melhor! Se você conhece algum nativo, procure falar com ele em inglês. Se encontra um turista na rua, tente puxar conversa. Mesmo que tenha dificuldade para entender, tente! Toda experiência é boa e vai tornar o seu inglês um pouco melhor.

QUANTO MAIS VOCÊ PRATICAR, MELHOR SERÁ PARA VOCÊ.

◆

21 SOFRER UM POUCO FAZ PARTE DO APRENDIZADO

Você precisa admitir: a gente só consegue as coisas com esforço. A maioria das coisas não vem facilmente.

Você quer ter aquela barriga de tanquinho? Vai ter que malhar muito e fazer muito abdominal! Vai ser difícil, vai sentir dor muscular? Vai, mas o resultado será bom.

Você quer fazer aquela viagem tão sonhada? Vai precisar economizar dinheiro. Vai passar um tempo sem ir a restaurantes, sem ir ao cinema — ou vai ao cinema e não compra pipoca —, vai deixar de comprar alguma coisa e vai se sacrificar, mas quando estiver naquele lugar maravilhoso, tudo vai ter valido a pena.

Quer falar inglês bem? Vai ter que se esforçar! Vai treinar, estudar, fazer exercícios, ficar algumas horas fazendo lição de casa, mas no final vai saber inglês. E todo o sofrimento será esquecido.

Ninguém gosta de sofrer, mas o sofrimento ajuda as pessoas a ficarem mais resistentes. Certa vez eu li uma matéria num jornal que dizia que o estresse e o sofrimento fazem bem para o espírito. Havia sido feito um estudo que confirmou que quem passa por mais adversidades cria mais resistência psicológica. E além disso, se você já sofreu e conseguiu se recuperar, na próxima vez que você sofrer já sabe que vai conseguir também. O sofrimento seguinte fica um pouco mais suportável.

> **ELES SOFREM PARA TENTAR SE COMUNICAR EM INGLÊS. MAS ESSE SOFRIMENTO OS PREPARA PARA A VIDA REAL.**

A Tânia, uma aluna minha, me disse uma vez que sofria muito para tentar se comunicar em inglês quando eu não deixava usar português. "É difícil, eu não sei as palavras. É mais fácil usar o português", disse ela. É, talvez seja mais fácil, mas não é o mais eficiente.

O professor de inglês que dá todas as respostas ao aluno, que traduz tudo o que ele não entende ou que deixa o aluno falar em português quando não sabe a palavra em inglês, está evitando que o aluno sofra na aula. Ele é muito bonzinho. Ele é um amor de professor. Mas quando o aluno precisar falar em inglês numa viagem ou conversando com um estrangeiro aqui no Brasil ele vai sofrer muito mais por não conseguir se comunicar. E aí ele vai falar mal do professor, que não o preparou direito.

> **EM INGLÊS A GENTE DIZ "NO PAIN, NO GAIN". UM POUQUINHO DE DOR É IMPORTANTE PARA VOCÊ CONSEGUIR ALGUMA COISA.**

Eu faço meus alunos sofrerem um pouco, devo admitir. Não traduzo nada, não dou a explicação em português e finjo que não entendo quando eles falam em português. Eles sofrem para tentar se comunicar em inglês. Mas esse sofrimento os prepara para a vida real. Quando eles precisarem falar com alguém que só fala inglês, eles terão mais facilidade para se comunicar. Fazendo isso sempre na sala de aula, eles sofrem mais no início do semestre, mas no final já estão sofrendo muito menos.

Mas, por favor, não fique pensando que eu sou um carrasco e que gosto que os alunos sofram! Minhas aulas são gostosas e divertidas. Eu fico feliz quando o aluno aprende e é isso que me dá prazer na profissão. Só que tem que haver esforço por parte da pessoa que está aprendendo. Você precisa superar seus obstáculos. E se você não tentar, mesmo que seja difícil, o obstáculo ficará lá.

Eu costumo dizer aos meus alunos mais avançados que quando eles eram iniciantes até falar "What's your name?" era difícil. Mas agora é fácil, e há outras coisas que hoje são difíceis que ficarão fáceis um dia, e a vida e o aprendizado continuam assim.

Em inglês a gente diz "No pain, no gain". Um pouquinho de dor é importante para você conseguir alguma coisa. Pense que, no final, as coisas sempre estarão melhores. E vá em frente com otimismo.

Estudar, fazer lição de casa e treinar a pronúncia são tarefas que podem ser às vezes cansativas e estressantes. Mas isso tudo será recompensado quando você tiver um bom nível de inglês. Se você estiver sofrendo para aprender inglês, não desanime! Tudo passa e o inglês fica. E quanto mais você souber, mais fácil é aprender mais.

NÃO ENTENDER É UMA COISA NORMAL   22

Quando você está aprendendo uma coisa nova, é normal não entender de primeira. É normal ficar confuso. É normal ter dúvidas. Muitas vezes demora para "cair a ficha". O aprendizado leva tempo.

A gente vê uma coisa, lê ou ouve uma palavra nova, ouve uma explicação gramatical e pensa que entendeu. Depois de algum tempo, percebe que tinha entendido errado e aí aprende o certo. Isso acontece com todo mundo. Fazemos hipóteses na nossa cabeça e as testamos. Muitas vezes essas hipóteses estão certas e muitas vezes estão erradas. E aí você vai descobrindo as coisas. E o mundo vai se abrindo à sua frente. O aprendizado é uma descoberta! Não adianta alguém falar para você. Você precisa descobrir sozinho e aí terá aprendido.

Quando eu era criança, mais ou menos com uns cinco anos, eu achava que a palavra "solidão" era o nome do traseiro humano, o chamado "bumbum". Sabem por quê? Eu ouvia o Roberto Carlos cantando "Entro no meu carro e a solidão me dói". Eu nunca pedi explicação para ninguém, mas na minha cabeça era super claro. Ele entrava no carro, sentava e doía a "solidão" dele. O que mais podia ser? Eu o visualizava sentando no carro, encostando a "solidão" no banco (que devia ser meio duro) e pronto — a "solidão" doía. Isso tudo na minha cabeça de cinco anos. Você tem que admitir que era uma hipótese legal, né?

Não sei quando foi que eu percebi que "solidão" queria dizer outra coisa, mas até hoje quando eu ouço a música "Quero que vá tudo pro inferno" eu dou risada nessa parte.

Na minha experiência na sala de aula há tantos anos eu vejo muitos alunos que, quando aprendem uma coisa nova, fazem cara feia e dizem "Isso é difícil", e sofrem com isso. Eu digo: "Claro que é difícil! É uma coisa nova pra você!". No começo tudo é difícil, mas com o tempo e a prática, você vai começar a entender e, um dia, de repente, aquilo vai ficar fácil! Quanto tempo vai levar? Aí depende de você. Às vezes mais, às vezes menos, quem sabe?

É claro que o seu professor ou professora vai te ajudar, mostrando quais hipóteses estão certas e quais não estão. Ele vai te ajudar a chegar mais perto da descoberta final. Por isso, não fique bravo, não ofenda a você mesmo ("Ai como eu sou burro!") quando alguém corrigir você. Você agora já sabe que não é daquele jeito, só falta descobrir como é o jeito certo. Pelo menos você já eliminou uma resposta errada. Agora está mais próximo da certa.

O APRENDIZADO É UMA DESCOBERTA! NÃO ADIANTA ALGUÉM FALAR PARA VOCÊ.

Você já percebeu que eu sempre falo sobre a maneira como as crianças aprendem? Isso tem uma razão. A criança não se critica, não se culpa por não ter aprendido de primeira. Ela vai tentando. Eu li um livro maravilhoso na época que a minha filha nasceu chamado *The scientist in the crib* (algo como "O cientista no berço"), de Alison Gopnik, Andrew N. Meltzoff e Patricia Kuhl.

Neste livro os autores falam que as crianças são como cientistas, que experimentam, erram e tentam novamente até acertar. Mas quando nós crescemos, perdemos essa característica importante. E aqueles que não a perdem e continuam a tentar são os que vão se transformar nos cientistas do nosso mundo. E sem eles, o nosso mundo não iria para a frente.

Um dia eu estava tocando para os meus alunos a música "January" cantada pelo conjunto Goldfinger. Essa música menciona vários meses do ano. Eles tinham que ouvir a música e completar os espaços em branco com os nomes dos meses. Ao tocar a música pela primeira vez — ela é um pouco rápida — alguns alunos já disseram: "It's impossible".

Eu disse que não, que não era impossível. Era difícil, mas eu sabia que eles iriam conseguir. E realmente, depois de tocar a música umas quatro vezes, eles conseguiram identificar todos os meses do ano. Alguns alunos conseguiram escrever 80% das respostas corretamente, o que é bastante, considerando-se que a música é rápida.

No final eu perguntei se havia sido impossível e todos disseram que não. Então por que eles falaram que era impossível logo de cara, sem nem tentar? E você, costuma ter essa atitude?

NÃO É VERDADE QUE VOCÊ NÃO TEM JEITO PARA APRENDER LÍNGUAS. VOCÊ SÓ PRECISA ACREDITAR.

Aprender inglês não é impossível. Você não é velho demais para começar. Você não é incapaz. Não é verdade que você não tem jeito para aprender línguas. Você só precisa acreditar. E se dedicar. Se for difícil, insista.

Para aprender, é muito importante manter essa vontade de experimentar. Que tal recuperar essa capacidade de errar e tentar novamente? Permita a você mesmo errar, ter dúvidas, tentar e repetir o processo. Sem pressa, sem se culpar, sem se xingar. Uma hora você chega lá!

23. PENSE NO QUE JÁ SABE, NÃO NO QUE FALTA

A sua atitude é fundamental para o seu aprendizado. Uma atitude positiva vale muito. Eu já escrevi que é muito importante você não se comparar com os outros, e sim se comparar com você mesmo e ver o seu progresso ao longo do tempo. Além disso, não fique pensando no que você ainda não sabe. Pense em tudo aquilo que você não sabia e agora já sabe. É muita coisa, com certeza. Parabéns por isso! Fique feliz com o que você já aprendeu.

Você já estuda inglês há algum tempo? Talvez isso já tenha acontecido com você. Você assiste a um filme ou lê um livro e pensa: "Puxa vida, eu estudo inglês há tanto tempo e ainda não entendo tudo". Esse pensamento é muito negativo e prejudicial para você. Em vez disso, pare um pouco e pense: "Puxa vida, quando eu comecei eu não entendia nada, ou entendia muito pouco, e agora já entendo bastante. Como meu inglês melhorou!". Como eu disse antes, é uma questão de atitude e isso faz toda a diferença.

Se você começou a estudar inglês há bem pouco tempo, isso também acontece. Se hoje você já conhece duas palavras, você progrediu muito da época em que você não conhecia nenhuma. E quando você conhece 20 palavras, você já sabe muito mais do que quando sabia duas. É como aquela história de olhar para um copo com água até a metade e achar que o copo está meio cheio ou achar que o copo está meio vazio. Você já encheu uma parte do copo. Agora vai encher mais. O copo está enchendo e não esvaziando. E isso é sempre bom!

Não estou dizendo para você não olhar para a frente e tentar aprender coisas novas. Claro que o seu objetivo é melhorar cada vez mais. É isso que estimula você a progredir. É bom pensar no futuro e ter objetivos. Mas não encare isso como uma coisa negativa. Não encare o que falta como uma carga pesada. O que ainda falta você aprender não é o mais importante. O que você já sabe vai te dar a base para chegar lá.

E além do mais, sabe quando você vai saber tudo e entender tudo em inglês? Nunca! E não se desanime com isso.

Você é brasileiro? Você sabe tudo de português? Você sabe todas as palavras do dicionário? Não acontece de ouvir palavras que não sabe o que significam? Se isso acontece na sua língua materna, é claro que também acontece na língua estrangeira. Ou você acha que os americanos, ingleses, australianos e outros que falam inglês sabem todas as palavras em inglês?

> É BOM **PENSAR NO FUTURO E TER OBJETIVOS.** MAS NÃO ENCARE ISSO COMO UMA COISA NEGATIVA.

Fique feliz com o que você já aprendeu e vá em frente! Olhe para frente como um estímulo, dê umas paradinhas de vez em quando, olhe para trás e sorria ao ver tudo aquilo que você já conseguiu. Você já percorreu um caminho. Você está no caminho certo. E você está indo sempre para a frente.

24 IMITAR É BOM

Todo mundo gosta de imitar. Imitar é divertido! Quando nós somos crianças, gostamos de nos vestir de adultos e imitar a maneira como eles falam. Imitamos os nossos pais, os nossos avós e outras pessoas a nossa volta.

À medida que crescemos, aprendemos a imitar outras pessoas. Imitamos o sotaque de pessoas de outras regiões do nosso país e nos divertimos com isso. Imitamos o jeito de falar de estrangeiros falando o português e damos boas risadas. Muitas piadas são feitas em cima disso, também.

Quando você gosta de um cantor ou uma cantora, imita sua maneira de cantar, seus gestos e suas coreografias. Você já viu a coreografia da música "Single ladies", da Beyoncé, que foi imitada por tanta gente na internet? Se não viu, veja e imite também! Quem gosta de futebol imita as jogadas dos melhores jogadores. Quanta gente imita o penteado de gente famosa. E aqueles bordões de personagens de TV que tanta gente repete, imitando a maneira de falar do personagem?

IMITAR A MANEIRA DE FALAR VAI FAZER VOCÊ FALAR CADA VEZ MELHOR. A ENTONAÇÃO É COMO UMA MELODIA.

Imitar é uma excelente maneira de aprender. As crianças aprendem imitando os adultos. Elas repetem os gestos, as palavras e fazem isso muitas vezes até aprender a fazer corretamente. Se você tiver curiosidade, veja no YouTube o filme da minha filha Bruna aprendendo a cantar quando ela tinha 10 meses. Eu ensino e ela me imita. (Procure no YouTube por "bruna aprendendo a cantar".) Repare como ela imita a maneira como eu canto e até os meus gestos. E como ela se diverte fazendo isso!

Pois é, para aprender inglês também é importante imitar. Imitar a maneira de falar vai fazer você falar cada vez melhor. A entonação é como uma melodia. Da mesma maneira que você imita o sotaque de um carioca, de um gaúcho ou de um nordestino falando, ou de um americano falando português, imite a maneira de o seu professor falar. Imite as pessoas que você vê e ouve em filmes e programas de TV. Se você conhece algum nativo, imite-o também (mas não na frente dele!). Imite, repita muitas vezes e a maneira de falar vai acabar fazendo parte de você.

Eu não estou falando somente de pronúncia e sotaque. Imite as palavras e expressões que você ouve. Procure repeti-las muitas vezes. Isso vai fazer com que no meio de uma conversa as palavras e expressões venham naturalmente à sua cabeça. E aí você não vai mais estar imitando. Aquelas palavras e expressões serão suas também! Elas serão parte do seu repertório em inglês.

25 PERGUNTE

Para aprender, você precisa ser curioso. Você precisa descobrir, investigar, pesquisar. Por isso é tão importante perguntar.

Quando você está numa aula e não entende algo, pergunte! Não tenha vergonha! Muita gente não pergunta porque acha que os outros vão pensar que eles não entenderam. Mas se você não entendeu mesmo, qual é o problema? Pergunte! Não saia da aula com dúvidas. É muito pior!

Vamos supor que você fez um exercício e errou. Tudo bem, é normal errar, e eu já falei aqui que o erro foi uma tentativa de acerto. Ao perceber que errou, tente entender o porquê. Muitas vezes você consegue perceber onde foi que errou. Não entendeu? Pergunte! Essa é a sua chance de descobrir o que é certo. Ou de pelo menos ir em direção ao que é certo. Não entendeu a explicação? Pergunte novamente! O professor está lá para ajudar você. Mesmo que você não entenda perfeitamente hoje, as suas perguntas vão ajudar você a chegar mais perto da verdade. Um dia você vai entender.

Todo professor faz isso, e eu não sou diferente. Sempre que acabo de explicar alguma coisa ou de corrigir um exercício pergunto aos meus alunos se eles entenderam e se têm alguma pergunta. Muitas vezes eles dizem que não têm perguntas e fazem aquela cara de que não entenderam. Eu sei que não entenderam, mas não posso falar "Eu sei que você não entendeu". A iniciativa tem que partir do aluno.

Mas há ainda um outro lado da questão. Muitas vezes você já entendeu alguma coisa, mas ainda assim pode fazer perguntas. "Tudo bem, eu entendi, eu acertei o exercício, mas será que além disso não poderia ser outra coisa também? Não existem outras maneiras de falar isso?" Muitos livros têm as respostas dos exercícios no final. Quando você confere e vê que acertou, você pode se perguntar: "Será que além dessa resposta, não poderia ser outra também?". E muitas vezes pode. Há mais de uma maneira correta de se dizer a mesma coisa.

Eu tive uma professora chamada Yeda Oliveira, que mais tarde foi minha colega de trabalho e amiga. Quando eu era aluno dela, ela me apelidou de "Mr. Meticulous". É porque eu era muito meticuloso — queria saber tudo e perguntava tudo. Para mim foi bom, pois eu aprendi mais. Que tal você fazer o mesmo? Vale a pena!

Fora da sala de aula, pergunte. Se você está conversando com alguém e não entende alguma coisa, pergunte! É melhor perguntar e esclarecer do que haver um mal-entendido.

E outra coisa: sempre pergunte em inglês! Dentro de uma sala de aula, a maioria das situações é artificial. Você está falando sobre um personagem do livro, sobre um assunto que está no livro, mas que no fundo não interessa a você. Quando o professor manda você perguntar para quatro colegas "What's your favorite food?", você pergunta para exercitar, mas você realmente não está interessado no que o colega gosta. É ou não é?

Quando você vai perguntar sobre uma dúvida sua de gramática ou de vocabulário, este é o momento em que você está usando o inglês para se comunicar de verdade, para perguntar sobre uma coisa que você realmente quer saber e ouvir uma resposta que você realmente quer ouvir. É para isso que você aprende inglês — para se comunicar!

Há alunos que vêm falar comigo depois da aula e dizem: "Agora que a aula já acabou, posso perguntar uma coisinha em português?". Eu digo: "Claro que não, pois agora você vai realmente se comunicar em inglês. É para isso que você estuda". Você não estuda inglês para falar na aula — você estuda inglês para falar fora da aula. E é nessa situação que você precisa conseguir falar inglês.

Na sua vida fora da sala de aula, uma das coisas mais importantes para você saber se comunicar em inglês é saber fazer perguntas corretamente. Sabendo perguntar você se vira em grande parte das situações. Se você não sabe como se fala uma determinada palavra em inglês, não há problema. Basta você saber perguntar como se fala aquela palavra. Aí todas as portas se abrem para você.

Sabendo perguntar você consegue descobrir informações como direções para um determinado lugar, preços em lojas, ingredientes de pratos em restaurantes e muito mais. É claro que não adianta você só saber perguntar. Você precisa também conseguir entender as respostas. É importante continuar estudando e treinando tudo — compreensão auditiva, gramática etc.

Há muitas maneiras de treinar formulação de perguntas, além dos exercícios de gramática. Existem muitas músicas que têm perguntas. Cantando essas músicas você repete as perguntas muitas vezes e as estruturas vão se fixando na sua cabeça. Quando você precisar falar, a estrutura simplesmente virá à sua mente e à sua boca.

Por isso eu insisto: pergunte! É bom para você e é bom para o seu inglês.

RIA DE SI MESMO — 26

É tão bom rir! Uma boa risada faz a gente relaxar e se sentir melhor. Se a gente desse mais risadas, o mundo seria muito melhor! Senso de humor é muito importante para tudo, inclusive para aprender inglês.

É muito bom também saber rir da gente mesmo. Quando fazemos uma coisa errada ou ridícula, por que não rir daquilo? Afinal, errar é humano e todos já erramos e vamos errar muitas vezes.

Quando estamos aprendendo inglês, é muito comum usarmos uma palavra errada, falarmos uma coisa que não faz sentido ou até uma coisa que acaba soando super engraçada. Não fazemos isso de propósito. Fazemos porque erramos. Nessas ocasiões, ria de você mesmo! Não se sinta mal, nem culpado. Se a coisa soou engraçada, pode rir!

É claro que quando você está falando inglês no trabalho, numa reunião de executivos, num lugar mais formal, não é legal errar e a gente se policia para falar tudo certinho. Mas quando estamos na sala de aula, quando estamos aprendendo, qual é o problema?

Às vezes meus alunos falam uma coisa errada e, sem perceber, falam algo que tem outro sentido e acaba soando engraçado. Eu dou risada, mas não estou rindo do aluno, e sim da frase engraçada que ele disse. É importante para o aluno perceber que se fizer aquele erro novamente vai soar engraçado. É melhor fazer as pessoas rirem na sala de aula do que num ambiente profissional.

> **NÃO SE SINTA MAL, NEM CULPADO. SE A COISA SOOU ENGRAÇADA, PODE RIR!**

Eu mesmo, que falo inglês fluentemente, já participei de situações muito engraçadas. Uma vez eu e a Cris estávamos nos Estados Unidos e eu queria comprar um par de tênis. Eu gostava de comprar tênis numa loja chamada Foot Locker, que tinha tênis bons e baratos. Nós fomos a um shopping center e eu queria procurar a tal loja. Quando entramos no shopping center, fui direto olhar naqueles painéis com o mapa e os nomes das lojas. Havia uma moça parada bem ao lado do painel, segurando uma prancheta e sorrindo. Quando eu me aproximei ela me fez uma pergunta, mas eu só entendi as últimas palavras, tipo "Bla bla bla any questions?". Eu achei que ela estava me perguntando se eu tinha alguma pergunta e imediatamente falei que sim, e perguntei se havia uma loja Foot Locker no local. A mulher me olhou com uma cara muito estranha, a Cris se dobrou de rir ao meu lado e eu fiquei parado com cara de bobo. Aí a Cris me disse: "Ela perguntou se você poderia responder a algumas perguntas". A moça estava fazendo alguma pesquisa e eu não entendi a pergunta dela. Adivinhem o que eu fiz? Comecei a rir também! Claro, foi super engraçado mesmo!

Existem certas palavras que se você errar na hora de pronunciar podem soar uma coisa bem diferente. Isso acontece em português também. Há palavras que para nós soam muito diferente, mas que para um estrangeiro soam igual. Eu me lembro que uma vez no programa do Jô Soares ele contou uma história de um americano que não conseguia diferenciar as palavras "palito", "paletó" e "pálido" em português. Para ele era tudo a mesma palavra. Para nós a diferença é bem clara. Mas imagina o cara falando: "Por favor, me dá um paletó de dentes". É ou não é engraçado?

NÃO SE LEVE TÃO A SÉRIO! MANTENHA O BOM HUMOR!

O que eu quero dizer com tudo isso é: não se leve tão a sério! Mantenha o bom humor! Se você falar alguma coisa e notar que as pessoas acharam engraçado, pergunte o que você disse e tente perceber a diferença entre o que você queria dizer. Depois ria! Isso vai até ajudar você a aprender mais! Depois de uma situação dessas, é até mais fácil se lembrar da palavra certa.

27 LEIA EM INGLÊS

Ler é um hábito maravilhoso. Ler é divertido. Quando você lê, você conhece coisas novas, viaja na imaginação, aprende, se distrai, relaxa e se emociona. Ler é bom em qualquer língua. Dizem por aí que quem tem um livro nunca está sozinho. O livro é uma ótima companhia.

Quando você lê — mesmo na sua língua nativa — você também aprende palavras novas, o que no caso do seu inglês é uma outra vantagem. Quanto mais você ler, melhor o seu vocabulário vai ficar. Isso não significa que você deve parar a leitura e procurar as palavras novas no dicionário. Ao ler, você vai automaticamente aprendendo essas palavras, pois elas vão ficando gravadas na sua cabeça. E o melhor é que você as aprende dentro do contexto.

É claro que, se uma mesma palavra aparece muitas vezes no mesmo livro e você não tem a menor ideia do que ela significa, você deve mesmo ir procurar o significado num dicionário. Aliás você deve fazer isso até em português. Mas na maioria das vezes o próprio contexto esclarece a palavra.

Leia em inglês, não para estudar, mas para se divertir. Você pode ler livros, revistas, jornais, histórias em quadrinhos, não importa. Não se preocupe com o vocabulário. Se não entender tudo, tudo bem. Aos poucos você vai entender cada vez mais.

Existem muitos livros simplificados feitos para alunos de inglês. Esses livros são classificados por nível, começando de bem básico até mais avançado. Você pode escolher um assunto de que você gosta e ler por prazer.

Se você é iniciante, escolha um livro bem simples — ainda é cedo para ler Shakespeare no original. Os livros mais básicos têm figuras que vão ajudar você a acompanhar a história. Você pode escolher aquelas histórias para crianças que você já conhece bem, como Chapeuzinho Vermelho, Cinderela e outras. Como você já conhece a história, vai ser mais fácil entender o inglês. Não faz mal que você não seja criança — você vai se divertir do mesmo modo.

Histórias em quadrinhos são divertidas também. É possível comprar revistas em inglês em várias bancas de jornais da cidade. Além disso, você pode achar muitos outros quadrinhos online também. É só procurar.

LEIA EM INGLÊS, NÃO PARA ESTUDAR, MAS PARA SE DIVERTIR. VOCÊ PODE LER LIVROS, REVISTAS, JORNAIS, HISTÓRIAS EM QUADRINHOS, NÃO IMPORTA.

Você quer saber as notícias ou o que está acontecendo no mundo? Leia jornais em inglês! Você vai ficar por dentro dos fatos e treinar o seu inglês. Existem muitos sites de jornais onde você pode ler as notícias em inglês. Ou, se quiser, pode até comprar jornais!

Lembre-se de que quanto mais você ler, melhor vai entender. É tudo uma questão de treino — e de costume. Comece lendo dez minutos por dia, depois vá aumentando. O importante é sempre progredir.

A leitura constante vai aumentar também a sua capacidade de entender mais e mais. Parece óbvio, mas quanto mais você ler, melhor você vai ler. No início do aprendizado, a gente se cansa ao ler em inglês, porque precisa de um esforço muito maior. Precisa se concentrar mais. Mas se você pensar na época em que era criança e começou a ler em português, você vai lembrar que também se cansava. Com a prática, aprendeu a ler melhor. Por isso, não deixe o cansaço ou a dificuldade inicial dominar você. Insista.

O meu amigo Ricardo tinha uma estratégia muito boa para ler. Ele lia muito e quando lia dizia não se preocupar com o vocabulário que não entendia. Se não entendia a palavra, mas entendia o sentido do texto, seguia em frente. Se ele percebesse que a mesma palavra havia aparecido mais de três vezes, ele procurava a palavra no dicionário, pois deveria ser uma palavra importante para a história, ou deveria ser uma palavra comum. Dessa forma, ele aprendia somente um pouco de vocabulário, mas aquele vocabulário que era essencial para o entendimento da história. Assim, a procura pelas palavras não atrapalhava o seu prazer de ler. Nós fazemos isso em português. Por que não fazer o mesmo em inglês?

Ler em inglês não vai apenas ajudar você a aumentar o seu vocabulário. Sem você perceber, você vai aprender a escrever também. Vai aprender a pontuar uma frase, a organizar suas ideias e a escrever cada vez melhor. Isso é digamos um "efeito colateral" da leitura, pois sem você estudar, você vai absorvendo isso também.

Na nossa vida diária, nós lemos por prazer. Há algum tempo eu assisti a uma palestra excelente da professora Jennifer Bassett e ela disse que nós não lemos um livro pensando "Estou louco para acabar o livro para poder fazer o resumo." ou "Não vejo a hora de terminar para poder responder ao questionário de compreensão". Nós lemos porque temos interesse na história. Queremos saber o que acontece. E se não gostamos do livro, podemos até largar no meio e ler outro. Infelizmente nas escolas ainda se faz essa coisa de mandar ler e fazer perguntas, para se ter certeza que o aluno leu. Às vezes isso acaba com o prazer de ler. Mas você não precisa disso. Leia para você!

Se você vai ler um livro escrito por um brasileiro, leia em português. Mas se você vai ler um livro que foi escrito originalmente em inglês, para que ler a tradução? O original é sempre muito mais rico do que a tradução. Na tradução se perde tanto do estilo do autor e do colorido da história! E, se você está lendo para saber o que acontece, você mata dois coelhos com uma cajadada — sabe a história e treina o seu inglês. Muito melhor, não?

Pena que não dá para você ler todos os livros nas suas línguas originais, a não ser que você saiba muitas línguas. Mas lendo em inglês já é um bom começo.

> A LEITURA CONSTANTE VAI AUMENTAR TAMBÉM A SUA CAPACIDADE DE ENTENDER MAIS E MAIS. PARECE ÓBVIO, MAS **QUANTO MAIS VOCÊ LER, MELHOR VOCÊ VAI LER.** NO INÍCIO DO APRENDIZADO, A GENTE SE CANSA AO LER EM INGLÊS, PORQUE PRECISA DE UM ESFORÇO MUITO MAIOR.

28 — FALE SOZINHO EM INGLÊS

Há alguns anos eu participei de um workshop dado pelo Ron Martinez na Casa Thomas Jefferson em Brasília. Nesse workshop ele comentou que existia no site de relacionamentos Orkut uma comunidade chamada "Eu falo sozinho em inglês". Eu fui verificar e realmente existem várias comunidades parecidas, com milhares de membros. Se você ler os depoimentos dessas pessoas vai ver como a ideia de falar sozinho em inglês não é tão louca assim. E se você ler os depoimentos vai ver que isso ajudou muita gente a falar inglês melhor. As pessoas contam que desenvolveram muito o seu inglês dessa maneira.

Você fala sozinho em português? Eu às vezes falo comigo mesmo! E me considero uma pessoa mais ou menos normal...

É só você fazer a mesma coisa em inglês. Fale, converse com você mesmo e vá treinando o seu inglês. Você vai perceber que sua fluência vai aumentar. Só procure fazer isso quando você estiver sozinho, ou pode pegar mal.

> **O IMPORTANTE É VOCÊ TENTAR. SE NÃO GOSTAR, NÃO FAÇA MAIS.**

Se você tem vergonha, pegue um telefone celular desligado e vai falando, fingindo que está falando com alguém. Você já viu a quantidade de pessoas que andam na rua falando ao celular? Quem garante que estão mesmo falando com alguém? Você pode fazer o mesmo, mas na verdade você vai falando sozinho. É divertido, e se alguém olhar para você vai achar que tem alguém do outro lado. Você finge ser normal.

Há muitos anos, quando eu estava começando a dar aulas de inglês, eu estava no carro, indo para o trabalho e ensaiando a minha aula em voz alta. Eu dizia "Repeat after me", apontava para os lados e falava "Do the exercise in pairs. You two, you two, you two"... Um rapaz que estava no carro ao lado me chamou quando o carro parou no sinal vermelho e perguntou: "Você está cantando ou falando sozinho?". Eu, muito naturalmente, respondi: "Eu estou falando sozinho". E lá fui eu, dando risada da situação...

Às vezes uma ideia que pode parecer meio maluca pode dar muito certo. Como todas as dicas deste livro, o importante é você tentar. Se não gostar, não faça mais. Se gostar, descobriu uma maneira nova de aprender e de se divertir!

29 NÓS PRECISAMOS DAS PESSOAS QUE SABEM MAIS DO QUE NÓS

Para aprender qualquer coisa, você precisa de pessoas que sejam melhores naquilo do que você. São elas que vão fazer você melhorar. Quando você nasceu, estava rodeado de pessoas que já sabiam falar. Elas falavam com você e você foi aprendendo. Se você tivesse convivido apenas com bebês iguais a você, nenhum de vocês estaria falando até hoje.

Você viu o fillme *O enigma de Kaspar Hauser*, de Werner Herzog, de 1974? É justamente sobre um homem que viveu isolado e não aprendeu nada, nem a falar. Se ainda não viu esse filme, veja! É um filme maravilhoso! E mostra exatamente isso que estou falando.

Se você jogar futebol com jogadores melhores do que você, você vai jogar cada vez melhor. Se só jogar com gente tipo eu — aqueles ruins de verdade —, nunca vai melhorar.

Quando você fala inglês com pessoas que são mais adiantadas do que você, você também vai aprender mais. Você vai ouvir palavras, expressões e estruturas novas, e você vai acabar usando essas expressões também. Esse é o princípio básico do aprendizado. No entanto, eu vejo que muitas pessoas ficam com vergonha ou receio de falar com outros que já estão mais adiantados, e se veem um nativo saem correndo de perto com medo de ter que falar inglês. Essas pessoas estão perdendo uma grande oportunidade de aprender mais.

A vida é uma troca. Uns ensinam os outros. Mas não é como uma aula, onde o professor fica ensinando e o aluno aprendendo. Acontece uma interação entre as pessoas que faz as duas aprenderem. Na realidade, a única coisa que eu sei mais do que os meus alunos é inglês. Eles sabem muitas outras coisas mais do que eu, e eu aprendo com eles também. O meu aluno Cassiano, por exemplo, é advogado. Eu aprendo com ele detalhes sobre as leis que eu não sabia.

Desde criança nós aprendemos a ser independentes. Parece que ser independente é muito importante na sociedade moderna. Parece que nós temos que saber fazer tudo sozinhos. Eu concordo que é bom ser independente, mas também é bom precisar de alguém. Ninguém é completo sozinho. Não dá para sermos totalmente autossuficientes.

Quando eu era adolescente, tive uma professora de inglês chamada Marta, que sabia muito bem aproveitar o potencial de cada aluno. Me lembro até hoje que ela pedia que apresentássemos um trabalho sem dar um tema específico. Ela simplesmente dizia que nós tínhamos que ensinar alguma coisa aos nossos colegas. Podia ser qualquer coisa, mas deveria ser em inglês. Havia gente que dava receita de bolo, que ensinava regras de baseball ou até ensinava a fazer dobraduras em papel. Aquelas aulas eram excelentes, e nós as adorávamos, pois a gente realmente compartilhava as coisas que sabia fazer. Todos se interessavam e aprendiam algo. Mais importante do que aprender inglês, nós víamos que cada um tem algo para nos ensinar e que podemos aprender com todos. Isso foi uma lição de vida muito importante para mim.

> **VOCÊ VAI OUVIR PALAVRAS, EXPRESSÕES E ESTRUTURAS NOVAS, E VOCÊ VAI ACABAR USANDO ESSAS EXPRESSÕES TAMBÉM. ESSE É O PRINCÍPIO BÁSICO DO APRENDIZADO.**

Algumas pessoas têm vergonha de mostrar que precisam de alguém. Sabem aquela história de que homem nunca pede informação quando está perdido? Que prefere ficar três horas perdido a ter que pedir ajuda a alguém? Isso acontece em todos os níveis e em diversas situações.

Se você tem alguma dúvida ou algum problema em inglês, peça ajuda. Peça ajuda ao seu professor, aos seus colegas de turma, aos seus amigos. Não é vergonha pedir ajuda.

Eu tenho a sorte de ser casado com uma professora de inglês — não só por isso, é claro. Mas quando eu tenho uma dúvida, pergunto para ela. Quando ela tem uma dúvida, pergunta para mim. Quando nós fomos conhecer a Austrália e tínhamos muitos problemas para entender a pronúncia do inglês australiano, muitas vezes eu perguntava a ela e ela sabia responder. Muitas vezes ela me perguntava e eu respondia. Também havia vezes que nenhum de nós entendia.

PEÇA AJUDA, MOSTRE QUE PRECISA DE AJUDA, E NÃO SE SINTA CULPADO. E QUANDO ALGUÉM PRECISAR DE AJUDA, AJUDE-O SEM JULGAR QUE ISSO É RUIM.

Os meus alunos de oito anos sabem tudo sobre jogos eletrônicos, e eu aprendo com eles também. Quando os meus filhos tinham dez e oito anos eles sabiam tudo sobre personagens do canal de TV por assinatura Disney Channel e eu aprendia tudo. Quando eu os mencionava nas aulas, meus alunos pequenos acham o máximo um adulto conhecer tudo isso. Eu aprendi com quem sabia mais do que eu!

É muito bom a gente saber que pode depender dos outros em caso de necessidade. Eu e a Cris cuidamos dos nossos filhos, dividimos as tarefas e não usamos as avós regularmente, como se fosse uma obrigação delas. Mas algumas vezes pedimos ajuda. Se queremos sair sozinhos, ou nas sextas-feiras à noite quando vamos juntos fazer ginástica, a minha sogra e a minha mãe nos ajudam. E é bom saber que podemos contar com elas.

Há muitos alunos que se recusam a mostrar que precisam de ajuda. Como professor eu percebo que eles estão com dificuldade, me aproximo para ajudar e eles me rejeitam, dizendo que não precisam de nada. Isso é um reflexo dessa ideia de que pedir ajuda é um sinal de fraqueza. Mas não é.

Peça ajuda, mostre que precisa de ajuda, e não se sinta culpado. E quando alguém precisar de ajuda, ajude-o sem julgar que isso é ruim. Isso é bom para o aprendizado de inglês e é bom para a vida também. Aproveite as pessoas que estão à sua volta. Interaja com elas e todos vão crescer!

30. CRIE UMA PERSONAGEM PARA VOCÊ MESMO

Na nossa vida diária, nós vivemos muitas personagens diferentes. No mesmo dia, você interpreta vários papéis: você se comporta de maneira diferente quando está na sua casa, quando está na escola, ou no trabalho. Quando você fala com o seu chefe, com os seus professores ou com seus pais, você age e fala de maneira diferente do que quando fala com seus empregados, seus filhos ou com os seus amigos. Nós aprendemos a ser diferentes em várias situações. E fazemos isso naturalmente. Não precisamos pensar antes. Simplesmente acontece.

Eu recebi essa dica quando eu ainda estava começando a estudar inglês, há muito tempo. Nem me lembro quem foi que me ensinou isso, mas sei que para mim foi muito útil. Assim como no cotidiano vivemos várias personagens, por que não fazer o mesmo para falar inglês? Me disseram para criar uma personagem para mim mesmo na hora de falar inglês.

> **DIGA PARA VOCÊ MESMO QUE ESSA PERSONALIDADE SUA É MAIS CONFIANTE, NÃO TEM MEDO DE ERRAR, NÃO TEM VERGONHA DE FALAR EM PÚBLICO.**

Parece uma ideia maluca, mas não é. Pense no seguinte: quando você for para a aula de inglês, ou quando você for falar inglês em qualquer situação, imagine que você é uma pessoa diferente — uma personagem. Crie para esta personagem as características e a personalidade que você gostaria de ter ao falar inglês. Diga para você mesmo que essa personalidade sua é mais confiante, não tem medo de errar, não tem vergonha de falar em público. Você pode até ter um timbre de voz diferente quando está falando em inglês. Se quiser, procure imitar o jeito de falar de um nativo que você viu num filme ou mesmo pessoalmente.

Você pode ter até um nome diferente para ela (não precisa contar para ninguém). Quando estiver numa situação em que vá falar inglês, deixe essa personagem aparecer. Você vai ver como vai ser bom.

Embora muita gente que me conhece pessoalmente não acredite, eu sou muito tímido. No entanto, eu dou aula, falo em público e já dei palestras para centenas de pessoas em auditórios. Como eu consigo fazer isso? É que nessas horas eu visto uma personagem — eu sou o professor, o palestrante, e sou muito mais confiante do que na minha vida pessoal.

Eu me lembro que quando eu estudava inglês um professor me disse que em inglês você não podia ser tímido. Então eu botei na minha cabeça que não seria e sempre pensava nisso na hora de falar. E não é que funciona? Já viajei para o exterior e fiquei em casa de pessoas estranhas numa boa (uma coisa que eu não faria no Brasil), ando pelas ruas, peço informações, converso com todo mundo. Quando eu conto que sou tímido, a maioria das pessoas não acredita, mas é verdade.

NO COMEÇO PODE PARECER UM POUCO FORÇADO, MAS AOS POUCOS VAI FICAR TÃO NATURAL QUE AO FALAR INGLÊS A OUTRA PERSONALIDADE APARECE NORMALMENTE.

A Cris fala inglês com sotaque americano perfeito e com sotaque britânico perfeito. Quando ela fala um ou outro, o seu timbre de voz muda e até as expressões faciais mudam. Isso é uma coisa que ela criou naturalmente ao aprender inglês. Nem ela percebe que faz isso. Eu sempre dizia para ela que ela fazia uma cara diferente ao falar inglês britânico e ela dizia que era invenção minha. Uma vez nós estávamos na Inglaterra e ela participou de uma gravação de um vídeo num museu interativo que nós visitamos. Quando passaram o filme, ela me disse: "Olha a minha cara". E eu respondi: "É a sua cara de inglês britânico". Foi aí que ela começou a acreditar em mim.

Experimente fazer isso. No começo pode parecer um pouco forçado, mas aos poucos vai ficar tão natural que ao falar inglês a outra personalidade aparece normalmente. Você não vai nem perceber. Mas vai sentir a diferença no seu inglês!

31 ALGUMAS PESSOAS TÊM MAIS JEITO PARA LÍNGUAS DO QUE OUTRAS, MAS E DAÍ?

Você é daqueles que vive dizendo "Eu não levo jeito para línguas"? Se é, pode parar! Isso não é desculpa para não aprender.

É verdade que algumas pessoas têm uma facilidade maior para aprender línguas do que outras. As pessoas são diferentes umas das outras — isso não é novidade. Ninguém é ótimo em tudo. Há algumas coisas em que você é melhor do que em outras. Você pode ser bom de matemática e não tão bom em história ou vice-versa. Isso não significa, porém, que você vai deixar aquilo em que você não é tão bom de lado.

Não ter facilidade em aprender línguas não significa que a pessoa nunca vai aprender. Ela vai aprender, sim. Talvez ela encontre um pouco mais de dificuldade, talvez tenha que estudar mais ou demore um pouco mais do que outros, mas vai aprender também.

Isso acontece também com a nossa língua. Tem criança que começa a falar com um ano. Outras começam antes. Tem criança que começa a falar com dois anos. O meu filho Pedro falou "papai" aos cinco meses e meio. (Procure no YouTube por "pedro falando papai aos 5 meses e meio".) Ele aprendeu a falar mais cedo do que a irmã, mas hoje em dia os dois falam português bem. Não fez diferença nenhuma ter começado a falar antes ou depois.

Por isso, não use isso como justificativa para não aprender. As pessoas que não têm facilidade em matemática não podem simplesmente abandonar a matemática, pois vão precisar usá-la na vida — para fazer contas, calcular o salário, as despesas, o imposto de renda...

Você também vai aprender inglês. E vai falar bem. Não se preocupe com os que têm mais facilidade. Tente sim vencer as suas dificuldades e você vai chegar lá também. Você é capaz!

Além disso, pense que numa língua existem quatro habilidades que você precisa desenvolver: a compreensão auditiva, a leitura, a fala e a escrita. Do mesmo modo que acontece com as outras coisas que você aprende, você pode entender melhor quando você ouve do que quando você lê. Ou o contrário.

O que você precisa fazer para melhorar é se esforçar mais nas áreas em que você não é tão bom. Se você tem dificuldade na leitura, trabalhe mais a leitura e vai melhorar cada vez mais. Se você simplesmente deixá-la de lado, só porque é mais difícil, a dificuldade vai continuar. Claro que você vai continuar treinando a compreensão auditiva, mas como você tem facilidade você não precisa se dedicar tanto a isso.

Se você tem facilidade para lembrar de vocabulário e tem mais dificuldade com gramática, estude um pouco de vocabulário e estude muita gramática. Assim você desenvolve mais os seus pontos fracos.

E não fique triste por ser melhor em alguma coisa do que em outra. Se servir de consolo, você é normal. Todos nós somos assim.

USANDO ETIQUETAS PARA VISUALIZAR O VOCABULÁRIO

32

Eu já comentei que há pessoas que aprendem mais através de recursos visuais. Essas pessoas precisam visualizar para aprender melhor. Mas, na realidade, visualizar ajuda qualquer pessoa a aprender. Quando um bebê nasce, ele aprende as palavras associando os nomes que ele ouve com as coisas que ele vê. Você não precisa saber explicar o que é um sofá. Você olha e sabe que aquilo é um sofá.

Quando o meu filho Pedro era pequeno e só tinha visto leões em fotos ou em filmes, ele foi à casa de uma vizinha nossa e viu um hamster numa gaiola. Ele imediatamente exclamou: "Olha o leão!". No fim de semana seguinte, nós o levamos ao zoológico pela primeira vez, onde ele pôde associar a palavra "leão" à imagem do leão de verdade.

No filme *A cor púrpura*, de Steven Spielberg, de 1985, Nettie ensina a irmã Celie a ler colocando papeizinhos com os nomes dos objetos grudados neles. Dessa maneira, cada vez que Celie olha para os objetos ela vê as palavras e vai aprendendo a ler (se você não viu esse filme, assista pois é maravilhoso).

Você pode aplicar essa ideia para aprender vocabulário em inglês. Basta espalhar pela casa pedacinhos de papel, etiquetas, ou aqueles adesivos Post-it®. Coloque os nomes dos objetos, móveis e tudo o que puder. Na cozinha, etiquete "refrigerator", "stove", "blender" etc. No banheiro, etiquete "mirror", "toilet", "sink" e todo o resto.

> **FAÇA ESTE VOCABULÁRIO FAZER PARTE DA SUA VIDA DIÁRIA. ASSIM VOCÊ VAI SE LEMBRAR DELE MAIS FACILMENTE.**

No porta-retratos da família etiquete "mother", "sister", "nephew" e todos os membros da família. Cada vez que você passar por esses lugares, dê uma olhadinha e, mesmo que não preste muita atenção, o seu cérebro vai registrando tudo isso.

Você pode fazer isso no seu carro (sabe as partes do carro em inglês?) e até no escritório — só não vá colar uma etiqueta na testa do chefe! Quando você conseguir lembrar as palavras, pode ir tirando os papeizinhos.

Esse método é simples, mas é bom e eficiente, pois você associa diretamente a imagem à palavra em inglês. Dessa maneira, você evita pensar em português. E além de tudo, também vai treinado a ortografia correta das palavras — como a personagem do filme.

Para expandir mais o seu vocabulário, aos poucos você pode começar a formar frases com as palavras. Ao entrar na cozinha, por exemplo, vá falando frases sobre os objetos que estão ali. Faça este vocabulário fazer parte da sua vida diária. Assim você vai se lembrar dele mais facilmente. Quando o vocabulário fica ativo, ou seja, é usado por você na sua vida fora da sala de aula, é mais difícil de você esquecê-lo.

É claro que dá um pouco de trabalho fazer os cartõezinhos, mas dá bastante resultado. Sem contar que o próprio fato de escrever os cartões já é uma maneira de estudar.

VOCÊ CONSEGUE MUDAR — BASTA QUERER 33

Muitas vezes nós fazemos as coisas sempre do mesmo jeito e nem mesmo sabemos por que. Apenas estamos acostumados com aquilo — virou rotina. Nós criamos essa rotina e repetimos todas as atividades tão mecanicamente que às vezes nem prestamos atenção ao que estamos fazendo. Muitas vezes eu acabo de escovar os meus dentes e me pergunto: "Será que eu já escovei os dentes?". Isso ocorre porque nós fazemos as coisas no piloto automático. Mudando um pouco a rotina, você acaba prestando mais atenção às coisas.

Mudanças não são fáceis. Algumas pessoas são muito resistentes a mudanças e não conseguem mudar. Mas mudar é possível — basta você querer de verdade. Você pode mudar de emprego, você pode mudar de cidade, você pode mudar de atitude, você pode mudar de uma escola de inglês para outra e você pode até mudar a sua maneira de estudar inglês.

Às vezes nos encontramos numa situação que não está boa. Estamos infelizes, reclamamos, e mesmo assim não temos coragem de mudar. Por que será que fazemos isso? Parece que a segurança daquilo que é conhecido é melhor do que as novas possibilidades que virão com o desconhecido. E nos acomodamos. Eu, porém, acredito que vale a pena tentar mudar.

No caso do aprendizado de inglês isso é super comum. Eu ouço tanta gente reclamar: "Eu estudo, estudo e não aprendo." ou "Eu já fiz muitos cursos diferentes e ainda não sei inglês". E eu pergunto: "Será que mudando a sua maneira de estudar você não vai aprender mais?". Se sua maneira de aprender não está dando certo, procure mudar.

Muitas dessas pessoas que reclamam que não conseguem aprender insistem em estudar sempre do mesmo jeito. Eu — até porque faz parte da minha profissão — estou sempre dando dicas de como aprender inglês para os meus alunos. Escrevi um blog e agora um livro. Às vezes os alunos dão risada e falam que não conseguem fazer o que eu digo, que é difícil, ridículo, bobagem... Continuam estudando do mesmo jeito. E depois vêm reclamar que não aprendem! Como dizem por aí, não se mexe em time que está ganhando. Mas se o time está perdendo, ou se não está ganhando tanto quanto gostaria, é hora de mexer.

> ÀS VEZES NOS ENCONTRAMOS NUMA SITUAÇÃO QUE NÃO ESTÁ BOA. ESTAMOS INFELIZES, RECLAMAMOS, E MESMO ASSIM NÃO TEMOS CORAGEM DE MUDAR.

Quero deixar bem claro que eu não sou o dono da verdade! Eu não sei qual é a melhor maneira de aprender e nem acho que exista uma maneira correta de aprender. Eu não estou aqui como o salvador e a única pessoa que sabe como aprender. Eu tenho algumas ideias — umas minhas e outras que aprendi com pessoas diferentes. Como já falei aqui, o que funciona para uma pessoa pode não funcionar para outra. O que eu digo é que você pode tentar uma coisa diferente. Pode dar certo para você ou não, mas pelo menos você tentou.

Eu tive um aluno chamado Marcelo que tinha muita dificuldade para falar. Ele traduzia tudo na cabeça e quando falava ficava sempre tudo muito quebrado, pois antes de falar cada palavra ele tinha que parar, pensar, traduzir e falar. Além disso, o resultado não era bem inglês — era português traduzido. Quando eu dava uma explicação e algum exemplo ele sempre traduzia na cabeça e aí não entendia. É claro, a tradução muitas vezes não faz o mesmo sentido em português. Ele não entendia as gravações que eu tocava pois a cabeça ficava sempre traduzindo tudo e ele se perdia. Ele reclamava que não entendia e que não falava fluentemente.

Um dia chamei o Marcelo e disse que ele precisava parar de pensar em português e que ele tinha que começar a pensar só em inglês. Ele me respondeu o seguinte: "Todos os meus professores já me falaram isso, mas eu não concordo". Veja bem, ele não concorda, mas continua não conseguindo se comunicar em inglês. Se todos os professores já haviam falado a mesma coisa, será que não é hora de mudar? Ou pelo menos tentar?

> **MUDANÇAS SÃO SEMPRE BOAS, NEM QUE SEJAM PARA QUEBRAR A ROTINA.**

E se o seu jeito de aprender está dando certo? Mesmo assim, você pode experimentar mudar alguma coisa. Quem sabe não vai aprender melhor ainda? Mudança são sempre boas, nem que sejam para quebrar a rotina.

Você estuda sempre do mesmo jeito? Uma maneira de melhorar o seu aprendizado é mudar a sua rotina. Procure estudar de uma maneira diferente. Se você estuda sempre sentado, procure de vez em quando estudar em pé, caminhando pela casa. Isso é difícil se você está escrevendo, mas se está lendo um texto ou estudando vocabulário é bem fácil de fazer. Quando eu estou trabalhando como ator e preciso decorar um texto, eu sempre faço isso andando de um lado para o outro. Para mim é muito mais fácil do que estando parado.

Se você sempre lê os textos em voz baixa, experimente lê-los em voz alta. Além de mudar a rotina, você ouve a sua própria voz e pode checar a sua pronúncia. Será que você está pronunciando as palavras corretamente?

Se você sempre estuda no mesmo horário, tente estudar em um horário diferente. Pode ser que você prefira estudar de manhã, mas experimente um dia estudar à tarde. Por ser uma coisa diferente, você pode ficar mais estimulado.

UMA MANEIRA DE MELHORAR O SEU APRENDIZADO É MUDAR A SUA ROTINA. PROCURE ESTUDAR DE UMA MANEIRA DIFERENTE.

Experimente mudar. Experimentar coisas novas não faz mal a você. Se você tentar e não gostar, pode voltar atrás — quantas vezes quiser. É simples. Nada é definitivo. Mas é sempre bom tentar por algum tempo antes de descartar uma ideia de vez. Às vezes demoramos a nos acostumar com coisas novas. Se de vez em quando você fizer alguma coisa diferente já vai notar alguma diferença no seu aprendizado de inglês.

Acredite em você! Você consegue! Ter a mente aberta a novas experiências é sempre positivo. Será que pelo menos eu posso ser dono dessa verdade?

TENHA HUMILDADE E DEIXE-SE ENSINAR 34

Para você aprender alguma coisa, é necessário ter humildade e admitir que não sabe. E deixar que alguém ensine para você. Não é um crime não saber — ninguém sabe tudo, e para saber você precisa aprender. Você pode aprender por conta própria ou pode ser ensinado por alguém.

É possível aprender sozinho, mas por que se negar a chance de ser ensinado? Eu já escrevi sobre a importância de aprendermos com as pessoas que sabem mais do que nós. Infelizmente algumas pessoas resistem a serem ensinadas. Ao invés de admitir que não sabem, adotam uma postura defensiva e dizem "Eu já sei isso", "Eu já aprendi", ou até mesmo "Eu acho que não é assim". Como se não saber fosse um crime. Não é.

A partir do momento em que você admite que não sabe, você está livre para aprender. Não estou dizendo que você deve esquecer aquilo que sabe — mesmo que você já saiba um pouco sobre determinado assunto, sempre há um pouco mais para aprender. Se você ficar com aquela atitude de "eu já sei isso" não vai conseguir aprender mais nada, nem se aprofundar mais no assunto.

Já aconteceu com você de você tentar contar uma história ou um fato para alguém e a pessoa ficar te interrompendo todo o tempo tentando adivinhar o fim da história? Parece que a pessoa não tem a humildade de ouvir a história. Ela se sente na obrigação de saber como a história termina. Ela se sente inferior ao admitir que não sabe o fim da história.

> **A PARTIR DO MOMENTO EM QUE VOCÊ ADMITE QUE NÃO SABE, VOCÊ ESTÁ LIVRE PARA APRENDER.**

O mesmo acontece numa sala de aula. Às vezes os alunos já começam a reagir negativamente a um assunto antes de o professor terminar de apresentá-lo. Antes mesmo de o professor dar exemplos, ou de fazer com que os alunos pratiquem aquele ponto gramatical, eles já dizem que aquilo é difícil, ou que não faz sentido, ou até que o professor não está ensinando direito. Esses alunos não se permitem mostrar que não sabem para ter a chance de aprender antes de julgar.

Um dia eu estava dando uma aula e quando falei uma coisa — não me lembro o que era — um aluno me disse: "Mas a minha irmã me falou que não é assim". Eu imediatamente disse: "A sua irmã é professora de inglês? Eu sou. Por que você acha que eu mentiria?". Um professor também não sabe tudo, mas quando ele vai dar uma aula, ele se prepara para essa aula. Assim sendo, ele sabe as coisas que está ensinando naquele momento. Se o aluno pergunta algo fora do assunto da aula, pode acontecer de o professor não saber. Nesses casos, ele procura a informação e responde numa próxima vez.

Se alguém te ensinar e você não entender direito, não tenha vergonha de dizer que não entendeu. Pergunte novamente. Ouça as explicações e tente novamente. Se você falou alguma coisa errada e foi corrigido, não fique bravo com o professor ("Ai, esse chato fica me corrigindo!"). Se ele está te corrigindo, ele está tentando te ajudar. Relaxe e deixe que ele faça isso por você. Aceite essa ajuda sem resistir, sem se sentir mal. É bom ser ajudado.

Eu tive um aluno que quando eu perguntava se ele havia entendido fazia uma cara de quem não entendeu nada, mas dizia que sim. Eu percebia que ele não entendia, e ia para o seu lado para dar mais alguma explicação ou outros exemplos. Ele me dizia: "Não, não precisa, eu estudo em casa depois". Por que será que ele recusava a minha ajuda? Ele preferia ficar com dúvida e estudar sozinho depois do que admitir que não sabia e aceitar a minha ajuda.

Uma das coisas lindas de você segurar um bebê dormindo no seu colo é que o bebê se entrega totalmente a você. Ele fica totalmente relaxado, solto, à vontade. Depois que nós crescemos vamos ficando desconfiados. Se alguém se oferece para te ajudar, você olha de lado e pensa: "Por que essa pessoa está fazendo isso?". É verdade que no mundo hoje em dia não dá para se confiar em qualquer um, mas se você está numa sala de aula pelo menos no seu professor você pode confiar.

Para o aprendizado ocorrer, é muito importante você ter a coragem de admitir para si mesmo que não sabe — ou que não sabe tudo — e se dar a chance de aprender. É claro que depois de você aprender você terá oportunidades de discutir e até questionar, pois isso faz parte do ato de aprender. Mas, naquele primeiro momento, mostrar que não sabe não fará de você uma pessoa pior. Pelo contrário! A humildade de mostrar que você não sabe abrirá portas para você aprender muito mais. Eu já comparei aprender inglês com se jogar dentro da piscina para aprender a nadar. O seu professor vai segurar a sua mão para você não se afogar e ele só vai largar quando você puder seguir sozinho.

Estenda a mão e deixe-se ser ajudado. É gostoso e você vai aprender muito!

35 FALAR PALAVRAS EM INGLÊS NEM SEMPRE É FALAR INGLÊS

O fato de você usar palavras em inglês não significa necessariamente que você está falando inglês. Existem muitas palavras que são usadas no Brasil e que a gente pensa que são inglês, mas na verdade não são. Por exemplo, existe a palavra "outdoor", que em português é um daqueles painéis com propagandas e em inglês é um adjetivo. Há ainda a palavra "smoking", que em português é uma roupa chique para homens, mas em inglês se refere ao ato de fumar.

Há pessoas que pensam que basta você traduzir as palavras do português para o inglês e você estará falando inglês. Por exemplo, se você pegar a expressão "Muito prazer" e traduzir cada palavra para o inglês, vai dizer algo como "Much pleasure". Se você usar essa expressão quando conhecer alguém, vão olhar para você com cara esquisita. Você não está falando inglês. Você está falando português traduzido. Em inglês isso não faz sentido.

Uma outra palavra que é usada de maneira errada por muitos brasileiros quando falam inglês é a palavra "teacher". Em português se usa essa palavra para chamar alguém. Por exemplo, você fala: "Professor, eu não entendi." e "Professor, posso ir ao banheiro?". Em inglês, a palavra "teacher" é usada para designar a profissão ("He's a teacher.", "My teacher is excellent."), nunca para chamar alguém. Quando você chama "Teacher! I have a question", você está usando uma palavra em inglês, mas não está falando inglês. Porque em inglês não se fala assim. Quando os meus alunos me chamam "Teacher!" eu digo: "Speak English!". Eles dizem que estão falando. Eu respondo: "Você pensa que está falando, mas isso não é inglês". Em inglês se chama o professor pelo sobrenome com o título Mr., Miss, Ms., Mrs. ou apenas pelo primeiro nome (mas é muito informal e não é muito comum). Eu por exemplo posso ser chamado de Carlos ou de Mr. Gontow.

O que acho estranho é que até colegas meus, professores de inglês, deixam os alunos chamá-los de "Teacher". Muitos dizem que os alunos estão acostumados a falar assim, que eles gostam de falar assim. Tudo bem, você pode gostar, mas você não está falando inglês. Se você falar assim numa situação num país de língua inglesa, as pessoas não vão entender. Você quer falar o inglês que os nativos falam ou um inglês que só se usa no Brasil?

Há muitos anos o meu amigo Bruno Efraim foi para a Grécia. Assim como eu, ele havia aprendido no colégio os prefixos gregos. Lembram-se deles? "Piro" quer dizer "fogo" (pirotécnico, por exemplo), "hidro" quer dizer "água" (em hidroginástica) e assim por diante. Pois bem, o Bruno entrou num restaurante e, achando que falava grego, disse para o garçom: "Hidro". O garçom olhou para ele e não entendeu nada. O Bruno ficou sem a sua água. Depois o Bruno queria fumar e falou para uma pessoa na rua: "Piro". Também não conseguiu o fogo para o seu cigarro (ainda bem, pois fumar faz muito mal à saúde). Aqueles prefixos são em grego antigo. No grego moderno eles não existem. O Bruno achava que estava falando grego, mas não estava.

> **A TENTATIVA É SEMPRE VÁLIDA. MAS PRESTE ATENÇÃO ÀS REAÇÕES DAS PESSOAS. OUÇA AS CORREÇÕES DOS SEUS PROFESSORES.**

Claro que às vezes você quer falar inglês, não sabe uma palavra e tenta o equivalente em português. Como eu já disse, a tentativa é sempre válida. Mas preste atenção às reações das pessoas. Ouça as correções dos seus professores. Eu já tive alunos que ficaram bravos quando falaram alguma coisa e eu disse que aquilo não era inglês. Mas o que eu posso fazer se não é?

Preste atenção às palavras. Mas se você realmente precisar procurar num dicionário em português, faça o seguinte: encontre a palavra em inglês. Depois procure essa palavra num dicionário inglês-inglês e veja o que ela significa e como se usa em inglês. Assim você evita usá-la de maneira errada.

FAÇA O CHATO FICAR DIVERTIDO 36

Vamos ser sinceros: quando você está aprendendo qualquer coisa, tem sempre uma parte chata. Não dá para escapar disso. Mas você precisa passar pela parte chata para poder chegar à parte divertida.

Se você aprende a tocar um instrumento, no começo vai ficar só tocando um monte de notinhas, repetindo sem parar, até que você consiga tocar uma música inteira. Essa é a parte legal, mas se você não passar pela prática das notinhas, não vai conseguir tocar nada.

No seu aprendizado de inglês você vai passar por algumas coisas que vai achar meio chatas. Tem gente que acha chato ficar repetindo as palavras que o professor ou uma gravação falam, mas você precisa disso para ganhar boa pronúncia e fluência. Quando você conseguir falar bem, será divertido falar inglês, mas você precisa passar pela parte mais chata antes.

Para você aprender estruturas gramaticais, você precisa fazer muitos exercícios, estudar verbos, preposições, artigos, etc, etc, etc. Eu acho divertido e gostoso fazer isso, mas se você não acha, o segredo é você tornar essas coisas mais divertidas. Se você se divertir enquanto estuda, você vai aprender muito mais. Tente transformar o chato em divertido — há muitas maneiras de fazer isso.

Divirta-se com a pronúncia das palavras. Brinque com os sons. Quando estiver repetindo, imite as vozes dos personagens. É engraçado! Você vai rir enquanto pratica.

Divirta-se com a gramática. Tente formar frases engraçadas usando as estruturas que está aprendendo. Você pode fazer isso por escrito, oralmente ou mentalmente. Crie exemplos sobre as pessoas que você conhece, sua família, seus colegas de sala, até seu professor — não precisa mostrar para eles depois! Isso vai ajudar você a se divertir enquanto treina a gramática.

Uma das aulas de ginástica que eu faço três vezes por semana é o Body Pump, que você faz com barras. A aula é basicamente de levantamento de peso, por cerca de uma hora, onde se trabalham todos os grupos musculares. Eu particularmente não gosto muito de fazer essa aula, pois não acho divertida. Prefiro as aulas com parte aeróbica, em que você pula, corre, faz coreografias, mas eu sei que essa aula é importante para os meus músculos, então faço, mesmo achando meio chata. Um dos exercícios que eu odeio fazer é o que eles chamam de "afundo", que é um exercício para as pernas. Eu sofro para fazer esse exercício. Outro dia quando o Marco, meu professor, anunciou "Agora vamos fazer o afundo" eu gritei: "Oba!". Todo mundo na sala deu risada e até alguém gritou: "Quem falou 'Oba'?". Na verdade muita gente não gosta do afundo. Durante o exercício eu ainda estava rindo da brincadeira, e ele acabou se tornando mais divertido porque eu estava pensando nisso. Como resultado o exercício não foi tão chato assim. Na aula seguinte eu falei "Oba" outra vez e o exercício pareceu mais leve. As pessoas riram outra vez e eu também.

No caso do inglês há muita coisa divertida que você pode fazer para deixar o aprendizado mais leve. Tente achar o lado divertido das coisas e lembre-se que as coisas chatas não duram para sempre. E no futuro, quando você se lembrar das aulas de inglês, você vai se lembrar muito mais das coisas legais — que são muitas — do que das chatas.

NÃO SE PREOCUPE EM ENTENDER TODAS AS PALAVRAS DE UM TEXTO

37

Muitas pessoas que estão aprendendo inglês sentem-se frustradas por não entenderem todas as palavras de um texto quando o leem. Alguns dizem: "Puxa, eu estudo inglês há tanto tempo e não consigo entender todas as palavras. Não estou aprendendo direito. Nunca vou saber inglês".

Essa é uma ideia equivocada. Sabe quando você vai saber todas as palavras em inglês? Nunca. Você nem sabe todas as palavras em português! Além do mais, você não precisa entender todas as palavras para poder entender um texto. Muitas vezes você encontra palavras desconhecidas em algum texto e mesmo assim consegue entender o que está escrito. Por quê? Porque o importante é a mensagem.

Eu costumo pedir aos meus alunos que façam um pequeno teste. Peço que eles leiam o editorial de um jornal qualquer, em português mesmo. Depois de lerem, peço que eles verifiquem quantas palavras há no texto que eles não conhecem. Os alunos em geral ficam muito surpresos, pois acham várias palavras desconhecidas, que eles não tinham percebido na primeira leitura... E mesmo assim eles conseguem entender o conteúdo do artigo e não saem por aí dizendo "Puxa, eu não consigo entender todas as palavras. Nunca vou saber português".

Por que isto acontece? Quando você lê um texto, ou um artigo de jornal, ou uma receita de bolo na sua própria língua, você não está interessado nas palavras do texto. Você quer saber o que aconteceu naquele dia ou como fazer o bolo corretamente. Você está preocupado com a mensagem do texto. Você quer conhecer ou aprender alguma coisa — não está querendo aprender palavras novas. Se você quisesse aprender palavras, leria um dicionário.

O mesmo deve acontecer quando você estiver aprendendo inglês. Leia o texto para entender a mensagem. Se você a entendeu, não se preocupe com as palavras que estavam escritas. O estudo de vocabulário, em geral, não é feito através das leituras. O objetivo da leitura é informação, conhecimento.

VOCÊ ESTÁ PREOCUPADO COM A MENSAGEM DO TEXTO. VOCÊ QUER CONHECER OU APRENDER ALGUMA COISA — NÃO ESTÁ QUERENDO APRENDER PALAVRAS NOVAS.

Os bons livros didáticos de inglês incluem textos para leitura que são um nível acima do nível em que o aluno se encontra. O texto é sempre um pouco mais difícil do que o aluno conseguiria entender e isso é feito de propósito. A ideia é fazer o aluno entender quase tudo, mas não tudo. Assim o aluno estará sempre sendo estimulado a aprender mais e vai se acostumando com esse fato de que nem sempre se precisa entender todas as palavras — isso é uma habilidade importante para a vida do aluno fora da sala de aula.

Por outro lado, se você está lendo um texto que não está num livro didático, como artigos em revistas, na internet, livros e etc., esse material não terá sido selecionado para o seu nível de inglês. Às vezes o texto é muito acima do nível em que você se encontra no momento, mas tudo bem. Tenha paciência e não se frustre. Com o tempo e o progresso nos seus estudos você irá entender cada vez mais.

Portanto, se estiver lendo um texto, evite procurar as palavras no dicionário. Isso vai tirar o seu prazer de ler e vai desviar você do objetivo principal da leitura — obter informação. E se você não entender tudo, lembre-se: você é normal!

38 ESTUDE PARA SABER INGLÊS, NÃO PARA TER UM DIPLOMA

Aprender inglês bem não significa ter um diploma de uma ótima escola. Significa você saber falar, entender, ler e escrever em inglês. Você vai mostrar que sabe na hora em que abrir a boca, não na hora em que mostrar o seu diploma.

Quando eu começo a dar aulas para uma turma nova, ou mesmo para um aluno particular novo, costumo perguntar aos alunos qual é o objetivo deles. Muitos deles ainda me dizem que querem ter um diploma para colocar no currículo. E eu digo que o diploma não prova que você sabe inglês. Quanta gente tem um diploma e na hora de falar não consegue dizer nada! Aliás, pega muito mal você colocar no currículo que fala inglês fluentemente e quando forem entrevistá-lo em inglês você mostrar que não era verdade.

Nas escolas de inglês sempre se faz um teste de classificação para novos alunos. Aparecem alunos que falam que já fizeram até o nível avançado em outras escolas e são classificados em níveis mais baixos, pois não conseguem produzir em inglês. Alguns ficam bravos e dizem: "Mas eu já aprendi isso!". Na verdade, eles podem até já ter visto aquilo, mas não aprenderam, tanto que não sabem! É diferente você ter estudado aquilo e você saber aquilo.

Quando você estiver estudando inglês, lembre-se de que o mais importante é você aprender. Você pode estar estudando na escola mais famosa e mais cara ou na mais simples e barata. Você pode estar estudando por conta própria. Se você aprender, isso é que mais importa. E isso não está escrito no diploma, mas está guardado dentro de você. Você é o dono do seu conhecimento.

Vamos falar um pouco sobre testes. Você já percebeu como os alunos ficam agitados nas vésperas de prova? Todos querem estudar muito para ir bem na prova. Tem gente que passa a noite estudando e nem dorme direito para estudar e tirar uma nota boa.

Pense um pouco. Você está estudando para quê? Você quer saber inglês ou você quer ter uma nota boa? Se você souber inglês e se tiver aprendido o conteúdo do seu curso, é claro que vai ter uma boa nota. Mas o seu objetivo não é a prova. Você não se matricula num curso de inglês porque quer ir bem nas provas, mas sim porque quer aprender inglês. Você estuda para saber ler, falar, entender e escrever em inglês. E isso é uma coisa que você precisa treinar constantemente, não só na véspera da prova. O seu conhecimento e o seu domínio da língua vão crescendo um pouquinho a cada dia, a passos pequenos, que somados vão formar o seu inglês.

Essa ideia de estudar somente para a prova é um vício trazido dos colégios. Há alunos que só pensam na prova, em ir bem na prova e passar de ano. E o aprendizado, onde fica? Aqueles que estudam muito na véspera da prova até tiram uma nota boa, mas depois de alguns dias já esqueceram muita coisa. Sabe por que isso acontece? Porque não há tempo de sedimentar o conhecimento. Não há aquele tempo em que o que você aprendeu fica lá dentro da sua cabeça enquanto a sua mente vai processando aquela informação, até o dia em que "cai a ficha" e você finalmente entende. Esse é um processo que leva um tempo e é importante você passar por ele.

Imagine um jogador de futebol que não treina o ano inteiro e quando falta uma semana para a Copa do Mundo resolve que vai treinar pra valer. Não dá para recuperar o prejuízo. Ele perdeu a sua chance. O técnico nunca vai convocá-lo.

É muito comum acontecer de alunos que sabem mais inglês tirarem uma nota menor nas provas do que alunos que sabem menos. Isso acontece pois os alunos que sabem mais muitas vezes tentam escrever mais na prova, tentam elaborar mais a resposta e acabam cometendo pequenos erros. Eles se arriscam mais. Os alunos que não sabem tanto inglês muitas vezes tentam dar uma resposta bem simples, apenas para garantir que vai estar certo, para ganhar os pontos necessários. Ou seja, a prova não prova que você é melhor ou pior!

É claro que você quer passar de nível e ir bem na prova vai te garantir isso. Mas a prova é um retrato do que aconteceu com você durante o curso. E além disso, o seu professor conhece você e sabe se você aprendeu ou não o conteúdo que foi ensinado. Não vai ser só a nota da prova que vai definir se você passa ou não. Vai ser a sua evolução durante o curso.

Em resumo, estude para você, para você saber inglês. Você não precisa provar nada para ninguém, só para você mesmo. Então estude sempre e vai sentir o seu progresso! Tudo depende do seu esforço e da sua dedicação. E o esforço sempre é recompensado, você vai ver!

O QUE FAZER QUANDO VOCÊ FALTAR A UMA AULA

39

Às vezes acontece de você ter que faltar a uma aula de inglês. Todos nós temos problemas, compromissos urgentes, ficamos doentes. Coisas como essas são normais. Você só não pode deixar isso virar uma rotina e usar qualquer desculpa para não ir à aula.

Eu costumo dizer que quando um aluno falta a uma aula, ele na verdade perde duas aulas. Ele perde a aula em que faltou e perde a próxima, pois mesmo estando lá fica meio perdido não sabendo o que está acontecendo. Na maioria das vezes, a compreensão do que foi trabalhado na aula anterior é importante para acompanhar bem a aula seguinte.

O que fazer? Uma possibilidade é você anotar os contatos (telefones, e-mails etc.) de alguns de seus colegas de turma no início do curso. Quando você precisar faltar, telefone ou escreva para algum dos seus colegas e pergunte o que foi feito na aula que você perdeu. Pergunte se o professor deu lição de casa e o que era para fazer. É sempre bom você ter os contatos de vários colegas, pois pode acontecer de justamente a pessoa para quem você ligar também ter faltado. Por isso, tenha mais opções.

Feito isso, tente ler a matéria que foi dada naquele dia, estudar e fazer a lição de casa. Dessa maneira, você não estará tão por fora quando chegar para a próxima aula. Mesmo que você não consiga entender tudo sozinho, você já terá uma noção sobre o que foi ensinado.

> **A COMPREENSÃO DO QUE FOI TRABALHADO NA AULA ANTERIOR É IMPORTANTE PARA ACOMPANHAR BEM A AULA SEGUINTE.**

Na aula seguinte você pode chegar um pouco mais cedo e conversar com seus colegas sobre o assunto. Pode até combinar com um amigo de se encontrar com você para te dar algumas explicações sobre o que você perdeu. Lembre-se de que quem está querendo aprender é você.

É claro que o seu professor não vai se negar a explicar alguma coisa que você não tenha entendido, mas ele não vai ter tempo de dar a aula inteira para você. Se você já tiver uma ideia do que foi dado, será muito mais fácil para você.

Como eu já disse antes, mas nunca é demais repetir, você não estuda para deixar o professor feliz. Você estuda para você mesmo aprender. O interesse e a dedicação têm que partir de você. Assim você vai sempre em frente e aprende cada vez mais e melhor.

ESTUDAR É DIFERENTE DE APRENDER 40

Existe uma diferença entre estudar e aprender. Quando você vai a escola, você estuda. Quando você faz exercícios, você está estudando. Mas muitas vezes você estuda e quando acaba de estudar ainda não sabe fazer aquilo, ou ainda não entendeu. Ou seja, você não aprendeu.

Às vezes acontece de um aluno precisar refazer um estágio do curso, pois não teve um aproveitamento suficiente. Há alunos que reclamam e dizem: "Eu vou ter que aprender a mesma coisa novamente?". E aí é que está o engano. Esse aluno estudou aquilo, mas ele não aprendeu. E para aprender, vai precisar estudar novamente e estudar mais.

Nas escolas de inglês os alunos novos fazem um teste de classificação. Esse teste não é para passar ou reprovar, mas para colocar o aluno no nível correto de acordo com o seu conhecimento da língua. É muito comum alunos serem classificados num determinado nível e depois reclamarem: "Mas eu já aprendi isso". Novamente, eu digo: "Não, você pode já ter estudado isso, mas você não aprendeu. Você ainda não sabe".

Como eu já falei outras vezes, o seu objetivo não é terminar um curso ou ter um diploma na parede para mostrar aos outros que sabe inglês. O seu objetivo é saber falar, escrever, ler e entender inglês. Para isso, você precisa aprender.

O segredo é como aprender. Como você vai passar do *estudar* para *aprender*? É para isso que escrevi esse livro — para ajudar a você a descobrir as maneiras de estudar que vão fazer você aprender.

Uma das coisas que você pode fazer é aplicar o que está estudando no seu dia a dia. Por exemplo, vamos supor que você esteja aprendendo a dar direções em inglês. Esse é um assunto difícil até em português. Quanta gente se confunde entre direita e esquerda! Quantas vezes pedimos instruções de como chegar a um determinado lugar a alguém e depois de ouvirmos a resposta esquecemos a metade! E temos que pedir instruções novamente.

Uma maneira de você aprender o que você estudou é começar a colocar o que você estudou em prática. Quando você estiver saindo da escola e indo para casa, vá falando mentalmente todos os passos que precisa para chegar — como se você estivesse dando as direções para você mesmo. Faça isso constantemente e vai começar a incorporar esse vocabulário e as estruturas no seu dia a dia. Quanto mais você praticar, melhor vai aprender. E aí você vai saber.

UMA MANEIRA DE VOCÊ APRENDER O QUE VOCÊ ESTUDOU É COMEÇAR A COLOCAR O QUE VOCÊ ESTUDOU EM PRÁTICA.

Se você tem um aparelho de GPS no carro, você pode programar o aparelho para falar em inglês. Assim você vai treinando inglês enquanto dirige o seu carro. E se ficar perdido, tudo bem, pois o GPS recalcula o trajeto (aliás, a palavra que os meus filhos mais lembram da nossa viagem aos Estados Unidos é "Recalculating...").

Uma vez eu e a Cris estávamos no Central Park, em Nova York, e queríamos ir para uma rua que ficava no norte da cidade. Para quem não sabe, as ruas de Nova York são numeradas, e a numeração cresce do sul para o norte (a rua 45 fica mais ao norte do que a rua 34, por exemplo) . Como nós estávamos no meio do parque e não se viam os prédios ou os nomes das ruas, eu falei simplesmente: "São 4 horas da tarde e o sol está daquele lado. Então lá é o oeste. Ou seja, o norte é para lá (e apontei). Vamos naquela direção". A Cris (que, apesar de muito inteligente, tem um pequeno problema com direções) falou: "Você tá me gozando, né? Como você sabe isso?". Bom, a resposta é que eu aprendi o que foi ensinado na escola. E eu aprendi que o sol nasce no leste e se põe no oeste. Não foi apenas algo que eu estudei — eu realmente aprendi e consigo aplicar na minha vida.

Existem muitas coisas que eu estudei e não aprendi (eu não sei tudo) — e tudo bem, pois a gente não precisa saber tudo sobre tudo. Mas se a gente quiser realmente saber alguma coisa, precisa saber como transformar o estudo em aprendizado.

O sucesso depende de nós!

41 NÃO ESPERE — USE O INGLÊS JÁ!

Na nossa vida parece que estamos sempre nos preparando para o futuro. Mas o futuro nunca chega, pois sempre haverá um outro futuro mais adiante. Só existe o momento presente!

Para você aprender a falar inglês você precisa falar. Há gente que diz "Eu ainda não falo, estou só aprendendo", como se existisse uma separação entre aprender e falar. Como se um dia você terminasse de aprender e a partir daí começasse a falar. Na realidade não existe essa separação. Você está aprendendo e falando ao mesmo tempo. E só aprende a falar se falar. Há outros que não falam inglês porque acham que ainda não estão prontos, ou que não sabem o suficiente. Dizem coisas como: "Quando eu chegar no nível 5, aí vou começar a falar inglês. Por enquanto ainda não falo, pois não sei o bastante". Isso é um engano. Você já deve falar desde o primeiro dia. Pode ser que você não fale perfeitamente, mas é a sua prática que vai fazer você melhorar.

Nós aprendemos as coisas fazendo. Não dá para aprender só observando. Aprender é sempre um processo de tentativa e erro: você vai fazendo, vai errando, vai se corrigindo e o processo se repete para sempre. Para sempre mesmo, pois sempre aprendemos coisas novas.

Mesmo quando você está no início de um processo, você já é capaz de produzir alguma coisa, porém de maneira mais simples. Uma criança aprendendo a falar a sua língua nativa fala algumas palavras e vai aos poucos aumentando o seu vocabulário. E cada vez mais vai usando frases mais complexas. Com uma pessoa que está estudando inglês acontece a mesma coisa. E todos têm de passar por todas as fases.

Alguns alunos usam dicionário inglês-português e dizem: "Por enquanto eu vou usar esse, e quando eu já entender inglês passo para um inglês-inglês". Sabe quando isso vai acontecer? Nunca! A pessoa fica tão acostumada com aquilo que depois não consegue mudar mais. Porém, se você se acostumar desde o primeiro dia a procurar as palavras no dicionário inglês-inglês, vai entender um pouco mais a cada dia e vai aprender a pensar em inglês.

Da mesma maneira, você aprende a entender ouvindo. Quanto mais você ouvir, melhor vai entender. Não adianta você esperar chegar o dia em você vai entender para começar a ouvir coisas em inglês. Não adianta falar: "Eu ainda não assisto a filmes em inglês, pois ainda não entendo. No dia que eu entender, vou começar a ver filmes em inglês". Esse dia não vai chegar nunca se você não começar a ouvir. Você deve ouvir sempre, pois é esse processo que vai fazer você entender cada vez mais.

> **APRENDER É SEMPRE UM PROCESSO DE TENTATIVA E ERRO: VOCÊ VAI FAZENDO, VAI ERRANDO, VAI SE CORRIGINDO E O PROCESSO SE REPETE PARA SEMPRE.**

Outros vão assistir a filmes e ligam a legenda. Aí dizem: "Quando eu já conseguir entender, eu assisto sem legenda". Mas sempre que vão tentar assistir sem a legenda acham difícil (e é mesmo no início) e ligam a legenda novamente. A legenda (mesmo em inglês) acaba funcionando como uma muleta, e a pessoa depois fica com medo de deixá-la de lado achando que sem a legenda não vai entender. Mas será que ela estava entendendo o que ouvia ou o que lia? Sem a legenda, pode ser desconfortável no começo. Mas esse desconforto inicial passa depois de um tempo e você percebe que não precisa entender todas as palavras para entender o filme. Se você assistir a um filme sem a legenda hoje, já estará entendendo um pouco. Isso é um treino e é ele que o fará entender cada vez mais.

A mesma coisa acontece para tudo: você aprende a escrever, escrevendo. Você aprende a ler, lendo. Parece óbvio, mas não é. E mesmo o óbvio precisa ser repetido muitas vezes, pois não nos damos conta dele mesmo estando na nossa frente.

Uma vez eu estava em Nova York e encontrei a Ione, uma amiga minha, e fomos passear juntos algumas vezes. A gente saía e dizia, por exemplo, "Vamos ao Museu de História Natural". Nós íamos caminhando pela rua e eu ia observando tudo à minha volta: os prédios, as árvores do Central Park, os táxis amarelos... Ela andava apressada pela rua e reclamava que eu ia muito devagar. Ela olhava só em frente e caminhava. Eu mostrava as coisas para ela e ela não olhava. Ela estava indo ao museu, não se importava com o que estava vendo pelo caminho. Queria só chegar ao museu, pois era esse o seu objetivo com aquele passeio. Eu ficava irritado, pois queria ver tudo. Ela perdia tanta coisa!

VOCÊ APRENDE A ENTENDER OUVINDO. QUANTO MAIS VOCÊ OUVIR, MELHOR VAI ENTENDER.

A nossa vida não é só um objetivo. Ela é um caminho e o que importa mais é tudo o que acontece. A mesma coisa é o seu aprendizado de inglês: cada momento é importante, e a cada momento você já está usando o seu inglês.

Se você espera por um momento mágico, quando você de repente começará a falar inglês, está perdendo tempo. O momento é agora. Vá falando. Não importa se sabe muito ou pouco, se erra muito ou se erra pouco. A cada dia você vai aprendendo um pouquinho mais e é a soma de todos esses momentos que vão formar o seu aprendizado e a sua prática de inglês, que vai ficar cada vez melhor!

É por isso que eu insisto: use o seu inglês agora! Fale, leia, escreva, ouça. É usando que se aprende a usar.

E como eu costumo dizer, o inglês é uma língua facílima de aprender, pois você a encontra em qualquer lugar — nos filmes, nas músicas, na TV, na internet, nas ruas de qualquer cidade. Você é exposto ao inglês o dia inteiro. Use-o. Quanto mais você usar, mais você vai saber.

42 BRINQUE COM FANTOCHES

Na dica anterior eu falei que se aprende a falar, falando. Para isso é importante você treinar conversação. Você pode treinar com amigos, por exemplo. Quanto mais treinar, melhor vai falar.

No entanto, às vezes você não tem com quem praticar. Uma solução prática e divertida é usar fantoches. Você coloca um fantoche em cada mão e pratica os diálogos. Você pode, por exemplo, escolher diálogos do seu livro de inglês. Pratique e repita várias vezes até aprender os diálogos de cor. Depois tente fazer novamente sem ler. Para ficar mais divertido, mude a voz quando cada personagem for falar.

Depois de treinar os diálogos do seu curso, invente suas próprias histórias. Você pode improvisar uma história ou pode escrevê-la antes de treinar. Depois pratique várias vezes. Mais tarde, chame a família e os amigos e apresente para eles. Um aluno meu costuma fazer apresentações para os filhos pequenos. Ele aprende inglês, se diverte e diverte a família também — e os filhos acabam aprendendo inglês também.

Existem várias lojas de brinquedos que vendem fantoches. Se você não quer usar um, invente seu próprio fantoche. Use dois lápis como se fossem as personagens, desenhe um rosto na palma de cada mão, ou faça dois olhos e uma boca no dedo indicador de cada mão. Use as bonecas da sua filha ou os heróis de brinquedo do seu filho. É só usar a imaginação.

Eu costumo usar fantoches nas minhas aulas, mesmo com alunos adultos. Ao invés de eles conversarem um com o outro, os fantoches é que conversam. É muito interessante, pois alunos que às vezes são mais tímidos se soltam quando estão usando os fantoches — é como criar uma personagem, como eu já escrevi antes. Nessas ocasiões o clima da sala de aula é animado e alunos se divertem muito mais do que se praticassem o diálogo um olhando para o outro. E quando você se diverte, você aprende muito mais.

Experimente! Você vai gostar e vai ver que funciona.

> VOCÊ PODE IMPROVISAR UMA HISTÓRIA OU PODE ESCREVÊ-LA ANTES DE TREINAR. **DEPOIS PRATIQUE VÁRIAS VEZES.** MAIS TARDE, CHAME A FAMÍLIA E OS AMIGOS E APRESENTE PARA ELES.

43 SEJA CURIOSO

A Cris teve um aluno chamado Yuri, que na época tinha 17 anos. Ele disse para ela algo mais ou menos assim: "Eu sou a pessoa mais curiosa que eu conheço. Quando vejo uma coisa, preciso descobrir. Aí eu leio, procuro, pesquiso, até aprender. E depois, já fico curioso com outra coisa".

Não é o máximo? A curiosidade estava sempre presente nele. Depois que ele descobria alguma coisa, já estava pronto para descobrir outras. O que mais me impressionou foi o uso da palavra "preciso". Descobrir as coisas era uma necessidade para ele. E isso o movia sempre para a frente, em tudo. Além do Yuri ser um excelente aluno de inglês, ela conhecia muitas outras coisas.

Eu acredito que todos nós somos curiosos. E ser curioso é muito importante. A curiosidade é que nos faz querer saber as coisas. A curiosidade é que nos faz descobrir muitas coisas novas. Se o homem não fosse curioso, quanta coisa que conhecemos não existiria!

Pense nas grandes descobertas do mundo. Se o homem não tivesse a curiosidade de saber o que estava do outro lado do mundo, as grandes navegações não teriam acontecido. Se Isaac Newton não tivesse ficado curioso em saber porque a maçã cai, não teria descoberto a lei da gravidade.

Na ciência é muito fácil constatar a importância da curiosidade. Mas ela está presente em tudo na vida. Os estúdios de cinema fazem os trailers dos filmes para des-

> **A CURIOSIDADE É QUE NOS FAZ QUERER SABER AS COISAS. A CURIOSIDADE É QUE NOS FAZ DESCOBRIR MUITAS COISAS NOVAS.**

pertar a sua curiosidade. Depois de ver o trailler, você fica curioso para assistir ao filme. Nós vemos a capa de uma revista numa banca de jornais e ficamos curiosos para ler as matérias.

Você quer ler o próximo capítulo de um livro, pois fica curioso para saber o que vai acontecer. Um bom livro desperta a sua curiosidade. Quando estava sendo publicada a coleção dos livros de Harry Potter, os fãs — eu inclusive — aguardavam dois anos mortos de curiosidade para ler o próximo volume. Quando saiu o último, eu estava de férias em Bariloche e fiquei na fila da livraria para comprar o livro no momento do lançamento. E a Cris se trancou no banheiro do hotel e leu o livro inteiro numa noite, enquanto o resto da família dormia.

De uma maneira ou de outra todos nós temos curiosidade. Aqueles *reality shows* em que as pessoas assistem a outras confinadas dentro de uma casa usam e abusam da nossa curiosidade, só para dar mais um exemplo.

O que muitas vezes falta é usarmos essa curiosidade para aprender. A curiosidade é fundamental para o aprendizado. Ser curioso faz a gente aprender mais. Quando estamos curiosos e tentamos descobrir alguma coisa e procuramos a informação, e tentamos achá-la de todo jeito, sempre aprendemos muito. Parece que aquela informação que foi tão procurada é mais bem absorvida do que se for apenas apresentada para a gente.

Existe aquele tipo de pessoa que fica curiosa com alguma coisa por um momento, mas depois acha que dá trabalho descobrir e desiste. Existe aquele outro tipo que vai atrás da coisa até matar a curiosidade. Que tipo você acha que aprende mais? Que tipo você é? Você sempre pode mudar, basta querer e tentar!

Tente ser mais curioso. Isso vai ajudar você a aprender mais. É sempre bom aprender coisas novas. Quando você ouvir uma palavra nova, procure saber o que ela significa. Depois vá além: seja curioso e tente saber como se usa essa palavra. Procure exemplos de situações onde essa palavra é usada.

Na sala da aula, muitas vezes eu acabo de dar uma explicação e pergunto aos alunos se têm alguma pergunta. E sempre pergunto: "Mesmo quem já entendeu, gostaria de saber algo mais?". E a resposta que mais recebo é "Não".

Parece que a curiosidade — pelo menos em relação ao aprendizado — precisa ser mais estimulada.

A internet oferece muitos recursos para pesquisarmos e satisfazermos a nossa curiosidade. Todo mundo usa a internet diariamente. Por que não usá-la também para satisfazer as suas curiosidades de inglês?

Eu e a Cris adoramos filmes e séries de TV. E muitas vezes estamos vendo um filme e vemos um ator que a gente acha que já viu num outro filme. Aí a nossa curiosidade não aguenta: paramos o filme e vamos verificar no site Internet Movie Database (www.imdb.com). É muito legal, pois você escreve o nome do filme e acha a lista do elenco. Clicando no ator, você vê a lista de todos os filmes em que ele trabalhou. Acho que não tem um dia em que a gente não procure algo nesse site. Para quem é curioso, é bom demais. Se você for curioso, você vai logo clicar lá para conhecer. Ou será que acha que dá muito trabalho e não vale a pena? Tudo é uma questão de atitude.

Tente ser mais curioso! Você vai aprender muito mais e vai se divertir também!

VOCÊ DEVE TER OBJETIVOS E ELES DEVEM SER REALISTAS

Quando você faz alguma coisa, é importante ter objetivos. É bom ter sempre um plano de metas realistas a atingir. No caso de aprender inglês, você precisa pensar: em que nível você quer chegar e em quanto tempo? E o que você vai fazer para atingir esse objetivo?

No começo de cada turma nova, eu costumo perguntar aos alunos quais são os seus objetivos com aquele curso. Eu já tive muitos alunos de nível 1 que me disseram que o objetivo deles era assistir ao canal de notícias CNN e entender tudo. Eu costumo então refazer a pergunta. Pergunto em quanto tempo eles esperam atingir esse objetivo.

Vamos supor uma escola em que haja seis estágios de curso básico e mais quatro de curso intermediário. O aluno não pode achar que no fim do primeiro estágio do básico ele já vai conseguir entender todas as notícias da CNN em inglês. Esse é um objetivo não realista e que só vai levar o aluno à frustração. Isso não dá para ser atingido em apenas um estágio.

É claro que, a longo prazo, você tem o objetivo de entender inglês muito bem, mas para cada etapa do seu aprendizado você precisa estabelecer objetivos específicos. Você pode dizer: "Eu quero ouvir e entender melhor. Hoje eu entendo muito pouco e quero entender mais". No caso do aluno do básico 1, um objetivo realista seria "Eu quero assistir à CNN e conseguir entender pelo menos algumas palavras". E quando ele estiver no estágio seguinte, seu objetivo pode ser "Eu já entendo algumas palavras quando assisto à CNN, e agora quero conseguir entender algumas frases".

Além disso, você precisa conhecer os objetivos que a escola tem para você. Se você está fazendo um curso de inglês é importante também você saber os objetivos daquele estágio. Em geral os cursos e os livros têm uma descrição dos objetivos de cada nível. Eles dizem coisas como, "nesse nível você vai aprender a falar ao telefone, pedir comida num restaurante" e etc. É bom você conhecer esses objetivos também. Assim você adéqua os seus objetivos aos objetivos do curso.

Paralelamente, por conta própria, você pode trabalhar ainda mais nos seus objetivos e reforçar o que está aprendendo na escola. Isso vai acelerar o seu aprendizado.

A LONGO PRAZO, VOCÊ TEM O OBJETIVO DE ENTENDER INGLÊS MUITO BEM, MAS PARA CADA ETAPA DO SEU APRENDIZADO VOCÊ PRECISA ESTABELECER OBJETIVOS ESPECÍFICOS.

A realização dos seus objetivos depende de você. Se você tem tempo de fazer um curso cinco vezes por semana e tem tempo para estudar diariamente, seus objetivos podem ser atingidos em menos tempo. Se você só pode estudar duas vezes por semana e tem pouco tempo para estudar em casa, seus objetivos e prazos mudam. Não existe certo nem errado. Existe o que é melhor para você.

Os seus objetivos podem e devem ser reavaliados constantemente. Com o tempo, vá mudando suas metas. Faça uma avaliação do que você já conseguiu e planeje novamente o seu caminho até o topo. Às vezes você demora mais a atingir alguns objetivos do que outros, por isso essa redefinição de metas é sempre boa. Assim você mantém objetivos realistas e possíveis de serem atingidos.

E sempre se lembre de que para atingir os seus objetivos você precisa se esforçar. Isso eu já disse em outras dicas, mas sempre é bom repetir! Você é responsável pelo seu aprendizado e pelo ritmo do seu progresso.

OS SEUS OBJETIVOS PODEM E DEVEM SER REAVALIADOS CONSTANTEMENTE. COM O TEMPO, VÁ MUDANDO SUAS METAS.

45 ESCOLHA O INGLÊS QUE VOCÊ QUER FALAR

Você está aprendendo inglês. Você está estudando no colégio, num curso de inglês, por conta própria, não importa. Agora pare um pouco e pense. Para que você quer falar inglês? E que tipo de inglês você quer falar?

Essa é uma escolha sua, e essa escolha vai influenciar todo o seu aprendizado e a sua atitude para com o seu aprendizado.

Se você quer usar o inglês apenas para viajar e conseguir se comunicar, fazer compras, pedir comidas em restaurantes, você não precisa ter um inglês tão bom. Dando para entender um pouco e para se comunicar, isso já deve bastar. Há certos restaurantes onde basta você falar "Number 1" e você já consegue comer. E tudo bem. Não pega mal para você. Afinal, você é um turista querendo se comunicar minimamente e está feliz assim. É esse o inglês que você quer falar?

Se você gosta de viajar e conversar com as pessoas dos outros países, se gosta de conhecer melhor a cultura dos outros povos, você vai precisar ter um inglês um pouco melhor. Caso contrário, a comunicação fica mais difícil.

No caso de você precisar do inglês para negócios, você já precisa ter um nível de inglês muito melhor. Se você vai a uma reunião em que se discutem assuntos profissionais, não pega bem você falar um inglês macarrônico. Você não precisa ter um inglês perfeito, mas precisa ter um inglês suficientemente bom para os seus propósitos profissionais.

> **PARA VIAJAR E CONSEGUIR SE COMUNICAR, FAZER COMPRAS, PEDIR COMIDAS EM RESTAURANTES, VOCÊ NÃO PRECISA TER UM INGLÊS TÃO BOM.**

Há pessoas que participam de congressos internacionais, assistindo e até apresentando palestras. Se você é ou pretende ser uma dessas pessoas, você precisa ter um domínio muito maior do inglês. Você precisa se comunicar muito bem para ser bem entendido. Nada pior do que as pessoas não acompanharem a sua palestra porque o seu inglês não é bom. Pega mal para você. Você pode não parecer um profissional tão competente — mesmo que seja — porque seu inglês é fraco.

Eu sou professor de inglês. Meus alunos me usam como modelo para aprender. Eles aprendem comigo, copiam a minha pronúncia e entonação. Para mim é importantíssimo ter um inglês excelente. É a minha profissão! Então eu me esforço para melhorar sempre, para aprender cada vez mais, para me atualizar. Não estou dizendo que meu inglês é perfeito — eu também erro. Minha pronúncia é ótima, mas os nativos, por exemplo, percebem um sotaque. Uma vez eu estava em Londres e um inglês me perguntou se eu era do Brooklyn, um distrito da cidade de Nova York. Ele percebeu o meu sotaque, mas não sabia classificar de onde era. E tudo bem, pois eu não quero me passar por nativo. Mas assim mesmo, eu trabalho a minha pronúncia. Outro dia eu estava fazendo uma gravação de um diálogo e havia uma frase que eu sempre falava com a entonação errada. Repeti várias vezes até acertar.

> **VOCÊ NÃO PRECISA TER UM INGLÊS PERFEITO, MAS PRECISA TER UM INGLÊS SUFICIENTEMENTE BOM PARA OS SEUS PROPÓSITOS PROFISSIONAIS.**

Por que estou falando tudo isso? Porque, como eu disse no começo, a escolha é sua. O inglês que você vai falar depende de você. Pode se esforçar mais ou menos para aprender. Mas o seu resultado vai ser também proporcional ao seu esforço.

Há alunos que quando são corrigidos pelo professor dizem: "Mas quando eu falo as pessoas me entendem!". Isso significa que eles não se importam tanto de o inglês estar certo ou não. OK, se você quer ser só entendido mas não está querendo corrigir os seus erros é uma escolha sua. Só que o seu inglês vai ser um inglês mais fraco, você vai cometer muito mais erros. Para você ir mais além é necessário mais. Se você quer ter um inglês melhor, você precisa se dedicar mais e estudar mais. Quanto mais você treinar e aprender, melhor será o seu inglês.

Eu não estou aqui para julgar você nem as suas escolhas. Você vai falar o inglês que você quiser falar. Não tem problema se a sua escolha for estudar menos e se dedicar menos. O único problema é você mesmo depois reclamar que não consegue melhorar o seu inglês, ou que as pessoas não entendem quando você fala.

Pense nisso e vá em frente!

PARA APRENDER, VOCÊ PRECISA AGIR 46

Será que esta história é familiar para você?

Você falou para você mesmo: "Vou voltar a estudar inglês". Fez um monte de planos, pensou que sabendo inglês muita coisa ia melhorar na sua vida, que ia conseguir um emprego melhor e tudo o mais. E aí você precisava procurar uma escola boa, mas deixou para a próxima semana, depois para a próxima... e a próxima... e aí o tempo passou e você não voltou a estudar inglês.

Ou então você resolveu: "Vou começar a ver filmes em inglês sem legenda". Você disse para você mesmo que isso ia melhorar o seu inglês, que você ia entender mais, que isso ia te ajudar a falar melhor. E depois, na hora de ver um filme, ligou a legenda e disse que na próxima vez ia ver sem legenda, depois deixou para a próxima e acabou não fazendo.

Você ia comprar um livro de gramática e estudar sozinho... Ia ler livros em inglês... Você ia baixar letras de música da internet... E a história se repete com tudo. Vou começar na segunda-feira... Vou começar no ano que vem...

Você sabe o que é "indolência"? É a falta de ação! É a falta de vontade de fazer as coisas. É esperar que as coisas aconteçam sem fazer nada para isso.

No nosso mundo moderno, a indolência é cada vez maior. Nós já temos tudo pronto, e não precisamos fazer nada. Nós compramos comida conge-

> **NO NOSSO MUNDO MODERNO, A INDOLÊNCIA É CADA VEZ MAIOR. NÓS JÁ TEMOS TUDO PRONTO, E NÃO PRECISAMOS FAZER NADA.**

lada, compramos a salada já lavada, achamos as informações prontas para nós na internet. Você perdeu o capítulo da novela? Você pode encontrá-lo no YouTube no dia seguinte. Você compra as figurinhas para o seu álbum favorito e elas já são autocolantes. Você não precisa nem passar cola atrás. Tudo isso está incentivando as pessoas a parar de agir e esperar que as coisas venham para elas. De mão beijada!

Você precisa fazer alguma coisa e pensa: "Puxa vida, mas vai dar um trabalho danado! Melhor deixar pra lá". É uma atitude cada vez mais comum. Estamos perdendo o hábito de fazer acontecer.

Eu não sou contra o mundo moderno. Há muita coisa que nos ajuda a viver melhor. Não sou contra a internet. Pelo contrário, acho a internet maravilhosa, mas você precisa saber usá-la. Fazer uma pesquisa não significa digitar as palavras no Google e copiar o que está escrito no site que você encontra. Fazer uma pesquisa significa ler sobre o assunto em várias fontes diferentes, selecionar as ideias mais importantes de cada uma e depois escrever o seu texto, com as suas palavras. Você pode dizer: "Mas dá muito trabalho!". Sim, dá mesmo.

Para aprender inglês, você precisa agir. Você é responsável pelo seu aprendizado. Se você não entende uma coisa, não espere que as respostas venham todas do professor, prontas para você. Pesquise, leia, faça exercícios, pergunte, e mais importante, pense! Ponha a cabeça para funcionar. Sua mente é capaz de descobrir muitas coisas se você usá-la bem.

Muitas vezes numa sala de aula um aluno pergunta o que significa uma palavra e o professor diz: "Leia a frase e tente adivinhar pelo contexto". E o aluno fala: "Puxa vida, não pode falar logo a resposta?".

Na verdade, se o professor fala a resposta, muitas vezes o aluno acaba esquecendo. No entanto, colocando a cabeça para funcionar e descobrindo por conta própria, ele lembrará muito mais.

O aluno está com dificuldades e o professor sugere que ele faça uns exercícios extras. O aluno reclama: "Esse professor fica dando mais exercícios para eu fazer".

PESQUISE, LEIA, FAÇA EXERCÍCIOS, PERGUNTE, E MAIS IMPORTANTE, PENSE! PONHA A CABEÇA PARA FUNCIONAR.

No entanto, se ele fizer aqueles exercícios, vai aprender mais e talvez superar as dificuldades. Não adianta o professor fazer o exercício por você. Você precisa da experiência e o professor está ajudando você a ter essa experiência. Ou, se você quiser, você mesmo pode fazer por conta própria.

Por que temos tanta dificuldade em começar alguma coisa? Por que vamos sempre deixando para amanhã e para depois? O que precisamos é deixar de lado a preguiça e começar já.

É difícil mudarmos a nossa rotina. É difícil incluirmos uma coisa nova. Lembra as aulas de física quando você aprendeu sobre inércia? O nosso corpo tem vontade de continuar fazendo aquilo que já estava fazendo. É difícil colocá-lo em movimento. Mas depois que o corpo já estiver em movimento, ele entra num estado novo e aí é mais difícil de parar. Você só precisa criar esse estado novo.

Em vez de começar na segunda-feira, comece já. Essa coisa de ficar adiando e adiando só leva a mais preguiça. Depois de você começar, você vai ver que não era tão difícil assim. E mesmo que dê aquela preguiça e a vontade de deixar para depois, se force a continuar. Depois de algum tempo, aquilo vai fazer parte da sua rotina e vai ficar cada vez mais fácil.

Então comece a agir a seu favor. Tome as rédeas do seu aprendizado. Faça acontecer. Não fale "Eu não consigo". É claro que você consegue! Vá atrás do que você quer! Pode levar um tempinho, mas você consegue! Por isso, da próxima vez que você tiver um plano novo para o seu estudo de inglês, comece na mesma hora. Não espere! Deixe a preguiça de lado e ponha-se em movimento.

Eu li uma vez que toda grande jornada começa com um primeiro passo. Sem esse primeiro passo você não chega a lugar nenhum.

ESTUDE GRAMÁTICA   47

Muitas pessoas não gostam de estudar gramática. Mas o estudo de gramática também é muito importante para você saber inglês. Você precisa conhecer as regras para poder aplicá-las e falar e escrever inglês corretamente.

Quando nós aprendemos a nossa própria língua, primeiro aprendemos a falar. E não aprendemos gramática. Você aprendeu a falar português ouvindo as pessoas falarem ao seu redor. Você foi falando, falando, até que aprendeu a falar. Depois de alguns anos foi para a escola para aprender gramática, entre outras coisas. Na escola você aprendeu diversas regras que ajudaram o seu português a ficar melhor. Em inglês acontece a mesma coisa. Não adianta só saber falar — você precisa de gramática também.

Eu não estou dizendo que a aula de inglês deva ser baseada em gramática. Antigamente somente se ensinavam regras, mas há muitos anos não se ensina inglês assim. A maioria das escolas ensina inglês através da conversação. Você aprende a gramática, numa primeira fase, dentro de uma conversação — como aconteceu com a sua língua nativa. Mas a gramática entra sim, para estruturar as coisas.

Muitas vezes há alunos que me pedem aulas particulares e dizem que só querem conversação e nada de gramática. Eu respondo que não dou esse tipo de aula, pois a meu ver é uma enrolação. Deixar o aluno ficar falando sem parar não vai melhorar o inglês dele. Ele precisa ser corrigido para aprender a maneira correta de falar. Ele precisa de um pouco de gramática junto com a conversação. Uma aula pode ter ênfase na conversação, mas para corrigir os erros que o aluno comete é necessário uma dose de gramática. Caso contrário, o inglês daquele aluno não vai evoluir.

O ideal é você ter um livro de gramática para estudar por conta própria. Você vai usar esse livro para complementar o seu aprendizado na escola. Com esse livro você pode estudar mais, treinar aqueles pontos em que você ainda tem dúvidas e tentar solucioná-las. Há muitos livros de gramática com exemplos e exercícios. Vários deles são livros feitos para você estudar por conta própria. Muitos deles têm as respostas no final para você conferir. Você faz o exercício e no final corrige as respostas. E se errou muito ou ainda tem dúvida, pode fazer mais exercícios.

Você pode usar esse livro na mesma sequência do seu curso de inglês ou não. Você pode estudar coisas que não aprendeu ainda na escola. O livro é seu — use-o como achar melhor, mas use-o.

Existem muitos livros de gramática no mercado. Se você tiver alguma dúvida sobre que livro comprar, peça uma sugestão para o seu professor. Ele com certeza vai saber qual é bom para você.

Na internet também existem centenas de sites com exercícios criados por professores de inglês. Entre em um ou mais deles e pratique. Você pode achar esses sites pesquisando, ou também pedindo sugestões ao seu professor.

Você não está fazendo isso nem por mim, nem pelo seu professor, nem para perder o seu tempo. Você está fazendo isso por você mesmo, para ter um inglês melhor. E isso com certeza vai ajudar.

PROCURANDO COLLOCATIONS   48

***Collocations* é uma palavra** que significa palavras que são colocadas juntas. Essas palavras ficam bem juntas. Pois é, numa língua existem palavras que aparecem sempre juntas e nem sempre há uma explicação para isso. Se usa assim, porque sim. Essas combinações soam corretas aos nossos ouvidos e soam corretas aos ouvidos de um nativo. Por outro lado, se você usar combinações diferentes, a expressão não soa natural.

Como me disse a minha amiga Rose um dia, você fala "cachorro-quente", mas não fala "cão-quente". Você pode argumentar que "cão" e "cachorro" são a mesma coisa. É verdade, mas se usa uma combinação de palavras e não outra. Talvez se você ouvir alguém pedindo um "cão-quente" numa lanchonete você vá entender o que a pessoa está querendo, mas vai achar aquilo muito estranho.

A mesma coisa acontece em inglês. Você fala que um restaurante tem "fast-food" mas não fala "quick-food" mesmo que "fast" e "quick" sejam a mesma coisa.

Pense agora na sua aula inglês. Você já se pegou discutindo com o professor o porquê de não se poder falar uma certa expressão? Pois é, às vezes a explicação é pura e simples. É assim que as pessoas falam e pronto. Não adianta tentar entender, nem discutir.

Para aprender as *collocations*, você precisa estar sempre atento, prestando atenção às palavras que você vê juntas. Leia bastante, pois você sempre encontrará as expressões dentro de contextos que ajudarão você a se lembrar delas. E lendo bastante, vai aprender a reconhecer as *collocations*. Tente usá-las quando for falar ou escrever. E vendo filmes e ouvindo músicas em inglês você ouve muitas expressões desse tipo.

Uma outra ideia é sempre estudar *collocations* como grupos de palavras. É mais fácil se lembrar das palavras em grupo do que isoladas.

Os bons dicionários mostram as palavras e as *collocations* para elas. Existem dicionários online e sites que mostram *collocations*.

Por exemplo, no site http://www.just-the-word.com/ você escreve a palavra e ao clicar aparecem vários tipos de *collocations* com aquela palavra. Clicando em uma delas, você vê vários exemplos com a mesma *collocation*. O interessante é que aparecem números em parênteses indicando quantos exemplos existem. Quanto maior o número, significa que aquilo é mais comum.

LEIA BASTANTE, POIS VOCÊ SEMPRE ENCONTRARÁ AS EXPRESSÕES DENTRO DE CONTEXTOS QUE AJUDARÃO VOCÊ A SE LEMBRAR DELAS.

O Corpus of Contemporary American English é um banco de dados de frases e expressões tiradas do inglês escrito e falado. É como se fosse uma coleção de tudo o que é dito e escrito em inglês. Nele você encontra as expressões mais faladas e escritas dentro de diversos contextos. Você pode escolher se quer frases tiradas da literatura, de jornais, de inglês falado (na TV, no cinema, por exemplo) e muito mais. Visite o site e conheça: http://www.americancorpus.org/

É uma fonte riquíssima de exemplos, onde você pode conhecer melhor como se usam as palavras. Quando você tem dúvidas de como se usa uma palavra, você pode ler os exemplos e aprender. É uma excelente fonte para você conhecer as *collocations* de cada palavra.

Nesse site você também pode escolher de que fontes você quer os exemplos. Pode escolher, por exemplo, linguagem falada usada na rede de TV ABC, linguagem usada em filmes e muitas outras coisas. Como muitos sites que existem por aí, vale a pena você entrar e ir descobrindo aos poucos todos os recursos. É muito bacana.

Hoje em dia há muitos autores de livros didáticos de inglês que pesquisam no Corpus para saber quais são as palavras mais comuns na língua inglesa e assim incluí-las em seus livros. Desta maneira, os livros saem sempre com o inglês mais atualizado. Como você sabe, a língua é viva e há sempre palavras novas e palavras que vão deixando de ser usadas.

Esse é um recurso muito bom que você pode usar para expandir e saber usar o seu vocabulário. Quando eu comecei a aprender inglês não havia nada disso. Você tem uma grande vantagem sobre mim. Aproveite!

Uma ideia legal é você fazer uma lista das *collocations* que são usadas com cada palavra. Você pode fazer um desenho com a palavra no meio e todas as *collocations* em volta. Isso ajuda você a visualizar melhor — há pessoas que aprendem mais visualizando as coisas.

E se você não se lembrar de tudo, não há problema — o importante é sempre tentar. Com o tempo e com o uso, você começará a sentir se tal expressão soa bem ou não. Quando você consegue usar uma expressão, mas não sabe explicar por que, é sinal de que a língua já está incorporada dentro de você. Aí você sabe falar inglês. Com paciência e persistência você chega lá.

49 — O INGLÊS NÃO É SÓ O QUE ESTÁ NO SEU LIVRO

Na maioria das aulas de inglês é adotado um livro. O conteúdo dele é o que será estudado naquele curso. Será que é suficiente?

Quando uma escola ou um professor adotam um livro didático em inglês, não significa que tudo o que você precisa aprender está nele. É impossível colocar tudo em um livro. Quando um autor vai escrever um livro didático, ele faz escolhas que dependem dele ou da editora. Há limitações de número de páginas e número de capítulos, por exemplo. Não cabe tudo em um livro. O autor precisa escolher o que ele vai ensinar e o que vai deixar de fora.

Muitas vezes um livro ensina um tipo de vocabulário que outro não ensina. Livros para crianças incluem vocabulário relativo a brinquedos, por exemplo. Em um livro para adultos isso não é ensinado. Mesmo dois livros para adultos podem ter lições que ensinam vocabulário diferente. No entanto, se um livro não ensina determinada palavra ou estrutura gramatical, não significa que ele seja ruim. Há muita coisa que você vai aprender por fora do livro.

Você não está querendo aprender o inglês daquele livro — você está querendo aprender inglês. Por que um adulto não vai gostar de saber falar os nomes dos brinquedos em inglês? O inglês é muito abrangente. Ele vai além do seu livro. Por isso é importante você usar inglês o tempo todo na escola. Quando for perguntar, pergunte em inglês, mesmo que aquela pergunta não esteja no livro.

Quando você for viajar ou usar o inglês numa situação de trabalho, as pessoas não vão falar com você só as coisas que havia no seu livro (aliás, elas nem vão saber que livro você usou). Elas vão falar em inglês e você vai ter que se comunicar. Você não pode falar: "Ah, mas essa palavra eu não aprendi!". Você vai ter que se virar!

Na sala de aula, muitas vezes a comunicação é falsa. O professor pergunta uma coisa e ele já sabe qual é a resposta. Você olha para uma figura e pergunta para o colega o que é aquilo. Se você está vendo, para que precisa perguntar? Isso acontece pois é um treino para você falar inglês. Numa conversa de verdade, ninguém sabe o que o outro vai dizer ou que palavras vai usar. E a gente se prepara para isso.

O livro didático é um instrumento que vai ajudar você a aprender inglês. Mas tente sempre procurar mais e expandir seus horizontes. Quanto mais você souber, melhor para você.

Vá além do livro. Uma maneira de fazer isso é ler. Quando você lê, mesmo que você não entenda todas as palavras, você é exposto a muitas palavras novas. Há palavras que você não vai lembrar, mas há palavras que aparecem tanto que você vai acabar aprendendo. E isso é um vocabulário que fica.

Muitos estudantes de línguas costumam ler apenas sobre coisas que dizem respeito à sua área. Claro que isso é bom, pois eles aprendem um vocabulário que é muito importante para a sua vida profissional. Mas a vida não é só isso. Quando você quiser falar inglês, você não vai falar somente sobre o seu trabalho. Se você viajar para o exterior, vai também fazer compras, vai ao supermercado, vai contar a alguém sobre o seu país e sobre a sua família. Se você receber um cliente estrangeiro aqui no Brasil, você vai levá-lo para jantar e vai conversar com ele. É importante saber falar sobre tudo.

Leia de tudo um pouco. Por exemplo, existem revistas para donas de casa nas quais você vai aprender muito vocabulário que se usa no dia a dia. Vai aprender nomes de comidas, pratos, ingredientes, produtos de limpeza, móveis e utensílios domésticos. Esse é um vocabulário que todo nativo conhece, mas que normalmente não se aprende na escola. Se um autor de livro de inglês coloca isso no vocabulário de um livro, os alunos reclamam, mas é um vocabulário básico do cotidiano.

> **O LIVRO DIDÁTICO É UM INSTRUMENTO QUE VAI AJUDAR VOCÊ A APRENDER INGLÊS. MAS TENTE SEMPRE PROCURAR MAIS E EXPANDIR SEUS HORIZONTES.**

A Cris já era professora de inglês quando foi para os Estados Unidos e disse que não sabia falar uma das coisas mais básicas que é "dar a descarga" em inglês. Será que alguém já aprendeu isso num livro de inglês? Acho que não, mas se você estiver num hotel e a descarga não funcionar, como você vai reclamar à recepção?

Nessas revistas para donas de casa há aquelas seções nas quais especialistas dão conselhos sobre como educar os filhos, por exemplo. Ali você vai aprender muito vocabulário sobre relacionamentos e comportamento humano. Vai aprender também como descrever emoções em inglês. Além disso, é um vocabulário sempre atual.

Revistas de fofocas sobre celebridades apresentam vocabulário sobre roupas, carros, viagens, relacionamentos, coisas glamorosas, mas também sobre vício, bebidas, drogas, brigas e muitas coisas que você vê todos os dias na vida, mas não acha nos livros de inglês.

E assim por diante. Há revistas de esportes, revistas sobre viagens, revistas sobre vestidos de noiva e uma variedade enorme de assuntos. Lendo um pouco de tudo você estará sempre atualizado sobre os assuntos que são notícia Isso é importante, pois às vezes numa conversa você fica de fora porque não sabe nada sobre o assunto. E de quebra você vai expandindo o seu vocabulário. E o seu inglês vai ficando cada vez melhor.

50 QUERER SER PERFEITO SÓ CAUSA SOFRIMENTO E ESTRESSE

Eu me lembro de uma frase que li há muito tempo que dizia que a pessoa que é perfeccionista na verdade odeia os outros. É verdade, pois como ninguém é perfeito, ninguém nunca é bom o suficiente para um perfeccionista. Todos estão abaixo do padrão estabelecido por ele. O perfeccionista é um solitário.

Eu vou ainda mais além: eu acho que a vontade de ser perfeito causa muito sofrimento. Como não dá para ser perfeito, o perfeccionista nunca está satisfeito nem consigo mesmo. Assim, ele vive infeliz. Segundo um estudo recente que li no jornal, o perfeccionismo é um dos fatores de risco para o estresse. Queremos tanto ser perfeitos, queremos tanto acertar sempre, que acabamos ficando doentes. Embora o estudo se relacionasse ao ambiente de trabalho, o mesmo pode ser aplicado ao estudo do inglês.

Você quer tanto ser perfeito que fica estressado. E eu pergunto: para quê? Por que querer a perfeição? Já escrevi antes que ninguém é perfeito, e que nem os nativos falam inglês perfeitamente. Se você já viajou para o exterior ou se já conversou com uma pessoa nativa de inglês aqui no Brasil, deve ter percebido que eles sempre elogiam o nosso inglês, mesmo que nós achemos que não falamos tão bem. É porque eles não estão interessados na perfeição — eles apenas querem se comunicar conosco. Conseguindo, está bom.

Não me interprete mal. Eu não estou dizendo que, como perfeição não existe, é melhor fazer tudo de qualquer jeito. Existe uma diferença importante entre o perfeccionista e a pessoa que busca sempre melhorar. O perfeccionista nunca está satisfeito, pois ele tem expectativas irreais. Os seus padrões são altos demais. Ele está sempre querendo ser perfeito e, como perfeição não existe, está sempre frustrado. Já a pessoa que busca sempre melhorar pode se satisfazer, pois sempre é possível melhorar um pouco. Embora seus padrões sejam altos, eles são reais e atingíveis.

QUEREMOS TANTO SER PERFEITOS, QUEREMOS TANTO ACERTAR SEMPRE, QUE ACABAMOS FICANDO DOENTES.

Quando eu dirijo peças de teatro em inglês com os meus alunos e termina um ensaio, eu sempre digo que foi bom, mas que pode ser ainda melhor. E digo para cada ator em que pontos ele pode melhorar. Além disso, dou ideias e sugestões para a sua atuação, para a sua pronúncia, para o seu posicionamento no palco e tudo o que envolve uma peça de teatro. Meu objetivo é que no próximo ensaio as coisas saiam um pouco melhores — não perfeitas! Isso é uma coisa positiva.

Eu acredito que a gente sempre tem que tentar fazer as coisas da melhor maneira possível. Devemos dar o melhor de nós mesmos e sempre tentar melhorar. Se você já fala inglês, o que pode fazer para melhorar a sua pronúncia? O que pode fazer para aumentar o seu vocabulário? Se você costuma cometer um certo tipo de erro com frequência, que estratégias vai usar para corrigir o erro e aprender corretamente?

Em relação ao seu inglês, isso é muito importante a se considerar. Se você está esperando o dia em que vai falar inglês sem errar nada, ou que vai entender tudo o que ouve ou lê, ou ainda saber todas as palavras da língua inglesa, estará sempre se decepcionando. Por outro lado, se você está sempre tentando aprender um pouco mais, mesmo sabendo que muitas vezes vai cometer erros ou não entender alguma coisa, você estará sempre feliz pelo seu progresso.

E se você errar alguma coisa, tudo bem! Lembre-se de que você não é perfeito e que errar é normal. O perfeccionista sofre pois perfeição é não errar nunca. Se errar uma vez, ele já está infeliz. E ninguém obriga ninguém a ser perfeito. É a gente mesmo que se obriga a isso. Por que criarmos esse sofrimento para nós mesmos?

Aprender coisas novas deve ser sempre uma coisa gostosa. Cada pequeno passo é uma vitória, cada nova descoberta é uma nova conquista. Nunca um motivo de tensão. Mesmo quando você tem dificuldade, relaxe. Continue tentando, continue se esforçando, pois você sabe que em algum momento vai aprender. É tudo uma questão de atitude.

Pense nisso e não tente ser perfeito. Tente melhorar, tente aprender mais, ouça as correções que fizerem ao seu inglês sem se sentir mal e perceba que você está sempre progredindo. Você é melhor do que era antes — e isso é que é importante.

DESAFIE A SI MESMO E CRIE DIFICULDADES   51

Um dos erros que cometemos ao aprender é nos acomodarmos na zona de segurança ou zona de conforto. Achamos mais fácil fazermos aquilo em que nos sentimos seguros, pois não temos perigo de errar ou de nos frustrarmos. Muitas vezes nos esquecemos que o próprio ato de caminhar significa nos desequilibrarmos. Quando você está em pé parado, você está totalmente equilibrado. Ao levantar um pé e colocá-lo para a frente, você perde o equilíbrio, mas é isso que impulsiona você a andar. Sem esse desequilíbrio ficaríamos parados para sempre.

Um dia fui levar o meu filho Pedro para aprender a andar de bicicleta sem as rodinhas atrás. No começo fui segurando ele por trás, até ele conseguir andar sozinho (já contei isso antes). Poucos minutos depois de ele estar andando de bicicleta, ele veio falar comigo e disse: "Agora vou tentar pedalar em pé na bicicleta".

Ele já estava tentando um novo desafio! É muito mais difícil pedalar em pé do que sentado, mas para ele era uma nova brincadeira.

Esse é o espírito que todos devemos ter para aprender. Quando já estamos num certo patamar, devemos tentar subir um pouco mais. Devemos desafiar a nós mesmos. Você deve dizer para si mesmo: "Agora que eu já sei fazer assim, vamos ver se eu consigo fazer assado".

E se não conseguir, tudo bem! Você tenta até conseguir. E quando conseguir, parta para outros desafios. Isso é divertido e a sensação de vitória é muito boa.

Num ambiente escolar, tudo é planejado para que aconteçam as situações ideais. Mas na vida real, as condições não são sempre ideais. Na sala de aula, o professor toca um diálogo para os alunos ouvirem e pede que todos fiquem em silêncio. Se os alunos não entenderem, ele toca o diálogo mais uma vez — e às vezes até mais de uma. Na vida real, você pode estar falando inglês com alguém numa rua barulhenta, ou num parque de diversões onde há muita gente falando ao mesmo tempo e música tocando por todo lado. Se você vai assistir a uma peça de teatro num país estrangeiro, ninguém repete a frase se você não entender.

Às vezes você vai à biblioteca da sua escola e retira um livro em inglês, e pede um livro que seja do seu nível, para que você consiga entender tudo. Os livros didáticos têm textos com vocabulário e estruturas que o aluno que está naquele nível consegue entender. Na vida real, pode ser que você tenha que ler um relatório no seu trabalho cujo nível de inglês seja muito acima do seu.

NUM PROCESSO NORMAL DE APRENDIZADO, VAMOS AUMENTANDO O NÍVEL DE DIFICULDADE AOS POUCOS. VOCÊ VAI DANDO UM PASSO DE CADA VEZ.

Num processo normal de aprendizado, vamos aumentando o nível de dificuldade aos poucos. Você vai dando um passo de cada vez. E os professores e autores de livros didáticos sabem o que estão fazendo. No entanto, se você for viajar e conversar com alguém, ou se você tiver um cliente estrangeiro aqui no Brasil, as pessoas não vão perguntar em que nível você está antes de começar a falar com você. Elas vão simplesmente conversar.

Por isso é que eu digo que de vez em quando é um bom exercício você criar problemas para si mesmo. Dificulte a sua vida, para ver o que acontece. Tente ler um livro bem acima do seu nível. Tente ouvir um CD com um diálogo em um lugar barulhento. Assista a um filme inteiro sem legendas e não volte para trás se não entender. É importante você estar preparado para as dificuldades que a vida coloca no seu caminho.

Encare isso como um desafio que você vai fazer consigo mesmo. Mesmo que seja difícil, esse tipo de exercício vai preparar você para situações inesperadas. Não precisa ficar triste nem desanimado se não der certo. Se você não conseguiu, encare isso como "Eu **ainda** não consegui, mas vou conseguir". E quando você conseguir vai ficar super feliz. Mas não deve parar por aí. Curta esse momento e parta para novos desafios.

Você pode dizer: "Ah não, é muito difícil." ou "É mais difícil! Legal! Vou tentar e vou conseguir!".

Como eu já falei outras vezes, tudo depende da sua atitude. Você vai perceber que você é capaz, sim. Você vai perceber que a cada tentativa, você vai se sair um pouco melhor.

Continue estudando da maneira normal, aumentando a dificuldade aos poucos. Mas de vez em quando faça esse tipo de desafio. Você vai estranhar um pouco no início, mas aos poucos vai se acostumar. Como eu sempre digo, a vida real é bem diferente da situação da sala de aula. E se você enfrentar situações difíceis enquanto estiver aprendendo, ficará mais preparado para situações reais. Se você tiver tudo muito fácil enquanto estiver estudando, no primeiro problema na vida real você entrará em pânico. E não é isso que você quer. Você quer ser capaz de resolver os seus problemas.

52 INCLUA O INGLÊS NA SUA VIDA

Eu sei que você não tem só o inglês na sua vida. Você tem o seu trabalho, a sua escola, a sua família, os seus amigos. E você não vai usar todo o seu tempo para estudar inglês. Uma maneira de você utilizar melhor o seu tempo é incluir o inglês na sua vida usando-o para coisas que você faz normalmente.

Você lê o jornal diariamente? Então leia jornais em inglês! Você pode comprar um ou pode ver os sites de jornais na internet. Você não vai achar lá as notícias do Brasil, mas as notícias internacionais são as mesmas. Você sabe o que está acontecendo no mundo e usa o seu inglês.

Você vai ler um livro? Ler é uma ótima maneira de se divertir. Se o original do livro é em inglês, por que ler a tradução? Leia o original. É sempre melhor. Você vai saber a história do livro e treinar o seu inglês.

Você escreve bilhetes para você mesmo? Eu faço isso diariamente. Coisas como "Pagar a colégio das crianças", "Não esqueça de comprar leite" e por aí vai. Você pode fazer as mesmas coisas em inglês. Você vai lembrar o que precisa fazer e vai treinar o seu inglês.

Você vai ver um filme em DVD? Veja sem a legenda. Você vai saber a história, ver as imagens e ainda treinar o seu inglês.

Se você costuma fazer atividade física, pode unir a sua atividade com o aprendizado de inglês. É muito fácil encontrar DVDs de aulas de todo tipo, ou até vídeos no YouTube onde você pode aprender dança, ginástica, ioga e muito mais. Se você procurar um desses vídeos em inglês, vai fazendo a sua aula e treinando o inglês ao mesmo tempo. Você de quebra consegue aprender os nomes das partes do corpo, dos músculos e os tipos de movimento.

Se você, assim como eu, gosta de assistir a séries de TV, hoje em dia é muito fácil deixar o som do programa no original e se divertir em inglês. Você pode também achar todos os seus seriados favoritos online. É cada vez mais fácil baixar as séries no seu computador. No dia seguinte à sua exibição nos Estados Unidos já é possível baixar o episódio.

Todos os anos, no final de setembro, com o início do outono e das aulas nos Estados Unidos, é dada a largada para a nova temporada de séries de TV. Estreiam muitas séries novas e as novas temporadas das séries antigas. Algumas séries fazem sucesso, outras são um fracasso e são canceladas depois de pouco tempo, outras duram só até o fim da primeira temporada. Muitas delas nem chegam a ser exibidas no Brasil. É divertido assistir às séries novas: você pode descobrir programas super legais que ainda não foram lançados aqui e ver as novas tendências da TV. Se você assistir a uma série e não gostar, não assista mais. Se gostar, continue assistindo. Você pode até tentar adivinhar quais farão sucesso e brincar de sugerir aos seus amigos. Aqueles que ainda não viram vão ficar mais curiosos.

Não assista às séries, não faça ginástica, não leia com o objetivo de aprender inglês. Faça isso para se divertir, para conhecer, para poder sugerir aos amigos que assistam, ou até para falar mal. Mas como tudo é em inglês, você vai junto treinando o seu inglês. O inglês é uma consequência, não o objetivo nesses casos.

Pense um pouco e veja em quantas coisas do seu dia a dia você pode incluir o inglês. São maneiras de combinar coisas que você já gosta de fazer ou que já faz rotineiramente com o seu inglês. Experimente! É diferente e é divertido!

NÃO ASSISTA ÀS SÉRIES, NÃO FAÇA GINÁSTICA, NÃO LEIA COM O OBJETIVO DE APRENDER INGLÊS. FAÇA ISSO PARA SE DIVERTIR, PARA CONHECER, PARA PODER SUGERIR AOS AMIGOS QUE ASSISTAM, OU ATÉ PARA FALAR MAL.

COMUNIQUE-SE COM O CORPO TODO   53

O que acontece quando duas pessoas se comunicam? Muitas coisas. Não são apenas palavras que estão sendo ditas. A comunicação vai muito além disso. Em primeiro lugar, é preciso ouvir, porque enquanto um está falando o outro ouve. Em segundo lugar, é preciso pensar, pois você pensa sobre o que a pessoa falou para poder responder, ou continuar a conversa.

Mas a comunicação não é só isso. Quando você conversa com alguém, você usa todas as partes do seu corpo. Além de usar a sua voz, você usa gestos, expressões faciais, e o olhar. Até a sua postura comunica algo a quem está falando com você. O tom da sua voz também comunica. Se você fala mais alto ou mais baixo isso carrega um significado. A comunicação envolve a emoção que você está sentindo naquele momento.

Numa conversa em português você faz isso naturalmente. Você nem percebe que está mexendo as mãos. Você faz caras diferentes ao reagir ao que a pessoa falou. E isso é automático.

Quando você fala inglês, isso tem que acontecer também. No entanto, numa sala de aula, quando um professor pede que dois alunos tenham um diálogo, eles falam mecanicamente, olhando para o livro, com a voz sem nenhuma entonação — parecendo dois robôs falando. A comunicação fica totalmente artificial. Não há vida. Não é natural.

Vejam este simples diálogo, por exemplo:

GIRL: Hi, how are you?
BOY: Fine, fine.

GIRL: Well, bye.

É um diálogo que você já deve ter treinado muitas vezes. Há pessoas que falam o diálogo sem expressar sentimento algum. Dizem "Fine, fine" com a mesma entonação que falariam "Bad" ou "Great".

Há uma cena muito divertida no seriado *The Wonder Years* (procure no YouTube por "hi how are you the wonder years") na qual esse diálogo fica completamente diferente da maneira que se costuma fazer apenas pelo tom de voz, pela postura, pelos gestos e pelos olhares dos atores. Assistam, porque é muito interessante.

Há alguns anos uma escola de inglês tinha um comercial na televisão em que mostrava um mímico e dizia que se você não estudasse lá você ia ficar como ele. No entanto, os gestos e a mímica fazem parte da comunicação e você precisa incluí-los na conversa. Muitas vezes você aponta para um objeto, faz uma mímica para demonstrar um objeto e isso te ajuda a se comunicar melhor. A mímica é importante para a comunicação. O que não pode é ficar só na mímica, ou usar só palavras, sem gesto nenhum.

Lembre-se de que a sala de aula é uma preparação para as situações da vida real. Pense nisso quando você for falar com alguém em inglês, mesmo que seja num simples diálogo. Primeiramente, olhe para a pessoa com quem você está falando. Ninguém fala com outro sem olhar. Depois lembre-se de que as palavras devem ser ditas com emoção — alegria, tristeza, seriedade etc. E tente gesticular, como faria numa conversa de verdade. Isso vai fazer a conversa soar muito mais natural. E é assim que nós queremos aprender a falar!

QUEM É MELHOR: O PROFESSOR NATIVO OU O PROFESSOR BRASILEIRO? 54

Muitas pessoas que querem aprender inglês dizem que querem ter aulas com um nativo. Você vê anúncios em jornais de aulas particulares com professores nativos. Há escolas que anunciam ter professores nativos. Será que o professor nativo é melhor do que o professor brasileiro?

Não necessariamente. Há professores nativos que são ótimos e há professores nativos que não são bons. Dá mesma forma, há professores brasileiros que são ótimos e outros que não são tão bons assim. Na realidade, isso acontece em qualquer profissão.O que você precisa levar em conta é que dar aulas de inglês não faz de alguém um professor. Há nativos que dão aula mas não são professores.

Eu, por exemplo, sou nativo do Brasil. Minha língua nativa é o português. Eu falo português muito bem. Apesar disso, eu não sei dar aula de português — eu não sou um professor de português. Se você pensar bem, os professores de português no Brasil não ensinam você a falar. Quando você entra na escola, você já sabe falar. Você aprende gramática, regras em geral, aprende leitura e interpretação de texto e outras coisas mais. Da mesma maneira, um professor de inglês nos Estados Unidos ou outro país de língua inglesa não ensina a falar inglês.

Para ser um professor de inglês para estrangeiros você precisa de qualificação. Você precisa saber como ensinar a língua a um falante de outra língua. Eu conheço vários nativos americanos e ingleses que têm qualificação e são excelentes professores. Mas também conheço muita gente que dá aula aqui no Brasil só por ser nativo, mas que não tem qualificação nenhuma. Eu já vi americanos que lá na sua terra são jardineiros, padeiros e massagistas (nada contra essas profissões) e que chegam ao Brasil e vão dar aulas de inglês — sem serem professores de inglês.

Numa situação semelhante, há alguns anos eu fui contratado por uma empresa para levar um grupo de adolescentes brasileiros para o exterior para fazerem um curso de inglês de um mês. Era uma oportunidade de eu viajar de graça e fui acompanhá-los e ver como era. Fiquei chocado ao ver que as pessoas que estavam dando aula para os adolescentes não eram professores, mas pessoas comuns que estavam de férias e pegaram este trabalho como bico. Eles não sabiam ensinar inglês e os pobres dos alunos quase não aprenderam nada. Eu fiquei chateado e quase entrei para dar aula no lugar dos professores nativos. Isso foi o caso de uma instituição em particular. É claro que existem muitas empresas sérias que levam os alunos para aprender inglês de verdade no exterior.

> **PARA SER UM PROFESSOR DE INGLÊS PARA ESTRANGEIROS VOCÊ PRECISA DE QUALIFICAÇÃO. VOCÊ PRECISA SABER COMO ENSINAR A LÍNGUA A UM FALANTE DE OUTRA LÍNGUA.**

Uma grande vantagem de você ter um professor brasileiro é que ele passou pelas mesmas dificuldades que você passa para aprender inglês. Ele sabe o que é mais difícil para um brasileiro e tem condições de ajudar você a superar essas dificuldades, justamente por tê-las vivenciado antes.

Atenção! Não me interpretem mal! Eu não estou dizendo que os professores nativos não são bons! Eu só estou dizendo que só o fato de serem nativos não faz com que sejam bons professores.

Na minha carreira como professor de inglês já conheci diversos nativos que davam aulas de inglês. Muitos deles eram professores. E excelentes professores. O meu amigo Ethan Talmadge é um deles. Ele é americano, formado em inglês, com experiência no ensino de inglês e antes de chegar ao Brasil morou em vários países onde sempre deu aulas de inglês. Veio para o Brasil e continuou exercendo a sua profissão. Sabia como ensinar — tinha o conhecimento teórico e prático. E por isso, sempre foi um excelente professor. Depois de muitos anos morando no Brasil, voltou aos Estados Unidos, onde — adivinhem? — ainda é professor de inglês.

Uma coisa muito curiosa e que sempre chama a minha atenção é que há alunos que insistem em ter um professor nativo. E depois, quando estão na aula, ficam querendo saber a tradução das palavras para o português! Não é uma inconsistência?

55 PLANEJE O SEU DIA EM INGLÊS

Uma verdade em relação a aprender inglês é que quanto mais você incluir o inglês no seu dia a dia, mais próximo o inglês vai ficando de você. E quando você se der conta, estará pensando em inglês.

Essa dica é uma atividade em inglês que vai ajudar você a organizar o seu dia. Toda noite antes de dormir dedique alguns minutos para pensar sobre tudo o que fez naquele dia. Descreva todas as atividades que fez desde a hora que acordou até a hora de dormir — em inglês, é claro. Se você ainda é iniciante, pode fazer isso com frases mais simples, e se você já está mais adiantado pode usar frases e estruturas mais elaboradas. Isso pode ser feito de várias maneiras: apenas mentalmente, falando em voz alta, ou até por escrito. Você pode até ter um tipo de diário sobre os seus dias. É uma maneira de você organizar a sua vida, refletir sobre o que fez durante o dia e praticar o seu inglês. Essa atividade pode ser feita em qualquer lugar — no banho, na cama, ou até no carro, quando estiver voltando para casa.

Uma outra possibilidade dentro da mesma ideia é algo para você fazer de manhã, ao acordar. Faça o planejamento do seu dia em inglês. Faça isso mentalmente enquanto está lavando o rosto, tomando banho, fazendo a barba, se penteando, colocando maquiagem etc. É um bom exercício para você treinar o seu inglês e também vai ajudar você a planejar melhor o seu dia e se lembrar de tudo o que precisa fazer. Se você não consegue fazer isso em casa, pode fazer no caminho para o trabalho ou para a escola, enquanto dirige o seu carro ou anda de ônibus. Como é um exercício mental, você pode fazer isso a qualquer hora e em qualquer lugar.

Quando você descreve o seu dia antes de dormir, você treina os verbos no passado, pois as atividades já aconteceram. No caso de planejar o seu dia, como as atividades ainda não aconteceram, você vai trabalhar com outros tempos verbais. Com isso, você aplica o seu inglês a coisas concretas do seu dia a dia. É sempre mais fácil aprendermos quando estamos associando a língua com situações reais.

Esse tipo de exercício vai estimular o seu cérebro a pensar em inglês. Se você fizer isso constantemente, vai ver que em um dado momento você já vai pensar diretamente em inglês. Tudo é o resultado do treino. E pensar em inglês vai ajudar você a falar melhor em inglês também.

TUDO É O RESULTADO DO TREINO. E PENSAR EM INGLÊS VAI AJUDAR VOCÊ A FALAR MELHOR EM INGLÊS TAMBÉM.

A minha amiga Tamara Czeresnia leu a dica no meu blog quando eu escrevi sobre tentar lembrar o que fez durante o dia. Ela experimentou e depois me escreveu contando que achou a ideia boa para aprender inglês, mas que além disso era ótimo para a memória, pois muitas vezes ele não conseguia se lembrar de tudo o que tinha feito durante o dia. Fazendo esse exercício, ela começou a se lembrar mais. Esse tipo de exercício mental ajuda o nosso cérebro a ficar sempre ativo. E é comprovado cientificamente que quando mais ativo o nosso cérebro está, maior a nossa capacidade de aprender. É bom saber que há atividades que servem tanto para o seu inglês como para você como pessoa.

56 A IMPORTÂNCIA DA ENTONAÇÃO

Esta é uma cena comum no Brasil e em qualquer país: os habitantes de uma região adoram se divertir imitando e fazendo piadas sobre o sotaque dos habitantes de outras regiões. E dizem que eles não falam, mas cantam. Os paulistas dizem que os gaúchos falam cantando. Os gaúchos acham que são os baianos que cantam. Os baianos acham que são os cariocas que cantam. Os cariocas acham que todos cantam, menos eles mesmos.

A verdade é que todos nós cantamos. Cada um canta a sua melodia. Sim, a língua tem uma melodia e é isso o que nós chamamos de entonação. Quando se aprende uma língua, não adianta apenas você aprender os sons ou a pronúncia das palavras. É muito importante você aprender a entonação também. Ou seja, você precisa aprender a cantar como os falantes dessa língua cantam.

Já me disseram que se você tiver uma pronúncia perfeita, mas uma entonação ruim, você não será tão bem entendido pelos nativos. Por outro lado, dizem que se a sua pronúncia não for tão boa, mas a entonação for, você será entendido melhor. Claro que o ideal é você ter boa pronúncia e boa entonação.

A pronúncia é o som das palavras, e a entonação é a melodia que se usa ao falar. São duas coisas distintas e precisam ser trabalhadas. Como podemos melhorar a nossa entonação? Ouvindo e treinado. Quando você estiver tentando falar inglês, não é suficiente você só falar as palavras em inglês. Você tem que tentar usar o mesmo ritmo e a mesma melodia.

Se você estiver ouvindo um CD ou mesmo uma pessoa — seu professor, por exemplo — é importante você tentar imitar a pessoa ou a gravação. E imitar em todos os sentidos.

Este é um exercício legal e divertido: ouça um diálogo (pode ser do seu livro de inglês, de um filme, de um programa de TV) e tente imitá-lo como se fosse uma música que você estivesse cantando. Copie a melodia e tente "cantar" o mais parecido possível com o original. Você pode falar ao mesmo tempo que o original. Isso vai fazer você falar mais rápido e seguir o ritmo da língua também. Faça isso como se fosse uma brincadeira. Você vai dar risadas e vai melhorar muito o seu inglês.

A PRONÚNCIA É O SOM DAS PALAVRAS, E A ENTONAÇÃO É A MELODIA QUE SE USA AO FALAR. SÃO DUAS COISAS DISTINTAS E PRECISAM SER TRABALHADAS.

A entonação também comunica as emoções das pessoas. Você pode falar a mesma coisa de várias maneiras diferentes dependendo do que está sentindo. Isso também é importante saber, pois a entonação errada pode comunicar a mensagem errada.

Para você ter uma boa entonação é preciso observar, ouvir com cuidado e tentar imitar. Mesmo que você não consiga de primeira, a tentativa é muito importante. Uma hora você chega lá.

57 VOCÊ NÃO PRECISA FALAR COMO UM NATIVO, MAS PRECISA FALAR COM O NATIVO

Quando você começa a estudar inglês você quer aprender a falar, e o seu objetivo é falar muito bem. Isso é muito importante para você, é claro. Mas tome cuidado! Não exija demais de si mesmo! Você deve ficar feliz por ser brasileiro e conseguir se comunicar bem em inglês. Quando você falar inglês, você precisa entender e ser entendido. Mas você não precisa falar exatamente igual a um nativo. Se você está buscando a perfeição, só vai se frustrar, como já falei em uma dica anterior.

Eu não estou dizendo que você não deve tentar falar corretamente. É claro que deve, é claro que deve estudar gramática, vocabulário e tentar melhorar cada vez mais. Você deve trabalhar a sua pronúncia e sempre tentar se aprimorar. Só estou dizendo que é muito difícil você se passar por um nativo. Um pouquinho de sotaque você sempre vai ter, e isso é normal. O importante é você conseguir se comunicar com o nativo.

A minha amiga Vânia Pires, quando era adolescente, foi fazer intercâmbio nos Estados Unidos. Ela já tinha um inglês excelente e quando chegou lá perguntou para a família americana que tipo de sotaque eles percebiam nela. Ela estava esperando que eles dissessem nova-iorquino, sulista, texano, coisas do tipo. E eles responderam: "Brasileiro". Ela ficou toda frustrada, achando que o inglês dela não era

> **UM POUQUINHO DE SOTAQUE VOCÊ SEMPRE VAI TER, E ISSO É NORMAL. O IMPORTANTE É VOCÊ CONSEGUIR SE COMUNICAR COM O NATIVO.**

bom, mas isso não tinha nada a ver. Ela tinha um pouquinho de sotaque, mas seu inglês era ótimo assim mesmo, tanto que depois ela virou até professora de inglês.

É bom a gente ter objetivos e expectativas cada vez mais altos. Só não podemos exagerar. Pense nisso, que o seu aprendizado vai ser muito mais tranquilo e feliz.

58 TRABALHE EM DUPLAS

Compartilhar é uma parte muito importante do aprendizado. A troca de experiências é sempre boa para todas as partes. Você ensina e também aprende.

Numa sala de aula de inglês é muito comum os professores pedirem aos alunos para trabalharem em duplas. As duplas fazem atividades em que um faz uma pergunta e o outro responde e depois invertem os papéis. Há atividades em que os colegas discutem um assunto, treinam um diálogo e tantas outras coisas. Essa troca de experiência é muito rica e muito importante.

Infelizmente, alguns alunos têm o costume de querer trabalhar sempre com a mesma pessoa. Muitas vezes por amizade ou afinidade, eu compreendo. No entanto, isso é uma atitude que você deve tentar evitar. Procure trabalhar com todos os colegas. Troque de lugar na sala todas as aulas, se possível. Você vai ver que isso será muito mais proveitoso para você e o seu aprendizado será mais rico.

Trocando de parceiro nas aulas, você aprende a ouvir pessoas diferentes. Cada pessoa fala de uma maneira, e é importante você aprender a se comunicar com todos. Lembre-se de que na aula você está treinando para situações que depois irá vivenciar na vida real. Você vai falar com pessoas que falam inglês de maneiras diferentes e deve estar treinado para entender todas. Quanto mais variedade, melhor para você.

Uma vez eu tive um aluno japonês chamado Toshio que morava havia pouco no Brasil. Ele não falava português e falava inglês com um sotaque muito carregado. Muitos alunos não queriam trabalhar com ele, pois reclamavam que não entendiam o que ele dizia. Eu sempre insistia que todos deveriam trabalhar com ele, e que isso os ajudaria a entender melhor. No final do curso, todos os alunos conseguiam entender o que o Toshio falava, mesmo que a sua pronúncia fosse bem diferente. Foi uma grande vitória para todos. Eles estavam mais preparados a entender pessoas diferentes e isso é sempre bom.

Às vezes na sala de aula você fará dupla com alguém que tem mais dificuldade do que você. Você terá a oportunidade de ajudar essa pessoa. Ensinar aos outros é uma ótima maneira de aprender também. Ao explicar alguma coisa para alguém, você mesmo acaba entendendo melhor.

E pode acontecer o inverso, também. Às vezes você terá dificuldade e o seu colega poderá ajudá-lo. Tudo é uma troca e isso é sempre positivo. Tenha paciência com aqueles colegas que têm um pouco mais de dificuldade e eles aprenderão a ter paciência com você também. Essa é uma lição importante também sobre a convivência entre as pessoas.

> **VOCÊ VAI FALAR COM PESSOAS QUE FALAM INGLÊS DE MANEIRAS DIFERENTES E DEVE ESTAR TREINADO PARA ENTENDER TODAS.**

Pode ser que haja colegas na sua turma dos quais você não gosta muito. E daí? Você estará fazendo apenas algumas atividades com eles. Não precisa ficar amigo. Mas isso é um ótimo treino, pois na sua vida real você também terá de conversar com pessoas das quais não gosta.

Trabalhar em grupo é muito importante pois você também tem a chance de discutir assuntos diversos. Às vezes você troca opiniões sobre alguma coisa não relacionada ao inglês, mas ao mundo. Às vezes você não tem opinião sobre um determinado assunto, e conversando com alguém começa a formar a sua opinião. Na vida prática você também vai trocar opiniões com as pessoas, concordar, discordar e, quem sabe, até brigar.

Aproveite as oportunidades que o ambiente da sala de aula oferece a você. Todas as experiências que você acumular farão a sua vivência em inglês muito mais proveitosa. É bom para o seu inglês e é bom para a sua vida.

TENTE ESCREVER O DIÁLOGO DE UM FILME   59

Eu já escrevi que uma parte importante do aprendizado é a gente se desafiar a fazer coisas mais difíceis. Vencer desafios nos leva cada vez mais para a frente. Tentar escrever o diálogo de um filme é uma atividade que vai ajudar você nesse sentido. Pode ser um pouco difícil se você for muito iniciante no inglês, mas você pode tentar assim mesmo.

Escolha um filme ou seriado de TV que você tenha em DVD — ou alugue o DVD. Escolha uma cena curta (de 2 a 3 minutos) e desligue a legenda. Assista várias vezes e tente escrever o diálogo numa folha de papel. Assista quantas vezes forem necessárias. Você pode escrever um pedaço, apertar o botão "Pause" e continuar. É uma atividade que pode demorar bastante, por isso não escolha uma cena muito longa.

Antes de começar, lembre-se de que não será muito fácil para você entender todas as palavras. Faça isso como uma brincadeira, já sabendo que provavelmente não vai conseguir escrever tudo corretamente. E se não conseguir, não fique triste, pois é difícil mesmo. Mesmo pessoas nativas têm dificuldade em entender todas as palavras. Eu, que já fiz isso muito, também muitas vezes não consigo entender tudo. Coloque fones de ouvido, que ajudam você a ouvir melhor e se concentrar nos sons.

Quando não entender alguma palavra, repita-a em voz alta algumas vezes. Repetir o som às vezes ajuda você a identificar a palavra. Pode ser que o que você pensou que fosse uma palavra fosse, na verdade, duas pronunciadas juntas. Se você acha que ouviu uma palavra, mas não a conhece, pense como será que essa palavra se escreve. Analise várias possibilidades e procure no dicionário inglês-inglês. Pode ser que seja realmente uma palavra que você não conhecia.

Quando você terminar, ou quando chegar a um ponto onde você não consegue mais continuar, ligue a legenda em inglês e confira o texto que você escreveu. Tome cuidado, pois muitas vezes a legenda não é exatamente o que os atores dizem. Há muitas diferenças. Existem também sites na internet onde você encontra scripts de filmes e seriados de TV — você pode conferir em alguns deles.

Se você fizer essa atividade com vídeos baixados da internet ou com vídeos do YouTube eles também não têm legendas, mas você pode achá-las online, tomando os mesmos cuidados.

Muitas das palavras que você não entender serão palavras que você não conhecia e, portanto, difíceis de identificar. Aí está uma boa oportunidade para você aprender palavras novas. Consulte seu dicionário inglês-inglês e descubra o significado e alguns exemplos — nada de tradução. Às vezes você não vai entender algumas palavras pois você não sabe pronunciá-las corretamente e como consequência não entende quando elas são faladas. Aí está uma boa oportunidade para você melhorar sua pronúncia. Também pode acontecer de você não entender a pronúncia ou o sotaque de um determinado ator. Tem pessoas que articulam melhor os sons ao falar e tem gente que fala mais enrolado mesmo (isso em qualquer língua).

A escolha do filme é importante também. Num filme policial há muito vocabulário de polícia, ou de crime, que você pode não saber. Se você escolher o seriado *House*, por exemplo, a menos que você seja médico, não vai entender nada. Eu quando assisto a *House* não entendo sem legenda, com legenda, e nem com legenda em português. Meu problema não é o inglês, mas o vocabulário médico.

Depois de ter o texto escrito, assista ao filme novamente, lendo e falando as falas junto com os personagens. Copie a pronúncia e a entonação das falas. Quanto mais vezes fizer isso, melhor para você.

O mais importante de tudo é: não fique frustrado com o que não entender. Como eu já disse, encare tudo como um desafio. Se você fizer isso constantemente, vai cada vez entender melhor. O que importa é o seu progresso.

> **MUITAS DAS PALAVRAS QUE VOCÊ NÃO ENTENDER SERÃO PALAVRAS QUE VOCÊ NÃO CONHECIA E, PORTANTO, DIFÍCEIS DE IDENTIFICAR. AÍ ESTÁ UMA BOA OPORTUNIDADE PARA VOCÊ APRENDER PALAVRAS NOVAS.**

60 APRENDER INGLÊS DEPENDE SÓ DE VOCÊ — BASTA VOCÊ QUERER

Tudo o que acontece conosco é um reflexo do que nós mesmos fazemos. Nós somos responsáveis pelas nossas vidas. Consequentemente, somos responsáveis também pelo nosso aprendizado. É verdade que muitas coisas que acontecem fogem ao nosso controle, mas nós podemos decidir o que fazer depois disso. Nós temos esse poder sobre as nossas ações.

Por isso eu insisto: você pode e consegue aprender inglês. Basta você querer. E fazer algo a respeito.

Você já percebeu quantas desculpas você dá a si mesmo para não aprender? Muitas vezes não estamos aprendendo direito, temos alguma dificuldade, temos dúvidas e acabamos colocando a culpa em circunstâncias externas a nós. "Meu professor é ruim, o livro é chato, meu chefe fica me dando trabalho demais e não me dá tempo pra estudar, minha mãe não me colocou no inglês quando eu era criança e agora já sou muito velho, eu não entendo o *present perfect*, eu tenho muita lição de casa no colégio, o trânsito está muito ruim e não consigo ir para a aula..." são algumas das desculpas que nós damos a nós mesmos. Será que tudo isso é verdade? Pense bem no que você está fazendo pelo seu aprendizado de inglês.

A minha amiga Andreza Lago, uma professora de inglês e escritora de Manaus, me disse uma frase muito verdadeira: "Se você não tem tempo de fazer uma coisa, você está dormindo demais". É isso aí, se você quer mesmo fazer algo, diminua um pouco o tempo de sono e terá mais tempo. Mas você pode dizer: "Mas se eu dormir menos, vou ficar muito cansado". Vai mesmo, mas também vai aprender mais inglês! O que eu estou dizendo é que se você realmente quiser, você consegue. Que sacrifício você é capaz de fazer pelo seu aprendizado de inglês?

Um outro amigo e professor de inglês em São Paulo, o Vinicius Nobre, ou Vinnie, compartilhou com os seus seguidores no Twitter um filme que está no YouTube. Nesse filme, um bailarino que não tem uma das pernas dança com uma bailarina que não tem um dos braços. O vídeo é lindo e comprova que quando a gente quer mesmo uma coisa e vai atrás, a gente consegue (procure no YouTube por "superação hand in hand"). Pode ser algo como esse filme, ou pode ser algo tão simples como aprender inglês.

Dizem que querer é poder. E você, o que você faz para ir atrás do resultado?

Quando você tem dúvidas, você pergunta ou fica com vergonha, achando que se perguntar vão achar que você não sabe? (Quando é verdade que você não sabe, e isso não é vergonha.)

Você tem estudado o suficiente? Quando você tem uma dificuldade, você procura estudar mais até entender ou desiste depois de algumas tentativas?

Se você tem dificuldade para entender quando ouve um diálogo, você tem procurado ouvir mais? Você tem tentado ouvir coisas diferentes, como filmes, rádio em inglês, programas de TV ou mesmo diálogos de livros de inglês?

Se a leitura não é muito fácil para você, você tem tentado ler mais? Quanto mais você ler, melhor você vai ler.

Aprender é um verbo ativo — não é para ser usado na voz passiva. Ninguém pode fazer você aprender. As pessoas podem ajudar você, mas quem vai aprender mesmo é você.

De vez quando é bom fazer uma reflexão e pensar em que caminho queremos seguir. Dá até para mudar de caminho e mudar a maneira de percorrê-lo, mas nós temos que fazê-lo com as nossas próprias pernas.

Eu também aprendi uma lição muito importante fazendo teatro como ator e como diretor: o sucesso de hoje não garante o sucesso de amanhã. Você ensaia uma peça, apresenta-a para o público e é o maior sucesso. Isso não significa que o dia seguinte vai ser bom. Aliás, existe uma maldição em teatro que diz que a segunda apresentação é sempre péssima. Isso acontece porque os atores usam toda a sua energia na estreia, pensam que a peça foi boa e relaxam na segunda apresentação. Não se pode relaxar. Para você fazer uma peça de teatro, é necessário construir a sua personagem a partir do zero a cada dia. Você precisa vivê-la inteiramente outra vez, como se fosse a primeira vez. É preciso toda a energia novamente em cada apresentação.

APRENDER É UM VERBO ATIVO — NÃO É PARA SER USADO NA VOZ PASSIVA. NINGUÉM PODE FAZER VOCÊ APRENDER.

Para você aprender inglês é a mesma coisa: se você aprendeu um ponto gramatical com sucesso, isso não é garantia de que vai aprender o próximo. Você precisa se esforçar tudo outra vez. Fazer exercícios, estudar, tudo como fez anteriormente.

Se você tirou uma nota boa numa prova, não significa que a nota na próxima prova está garantida. Você precisa estudar tanto quanto estudou para a última.

Se você já decorou muitos verbos no passado, não significa que nunca mais vai ter que estudá-los. Há outros verbos para aprender, e a gente acaba esquecendo alguns que não usa tanto. Você precisa sempre revisar.

O sucesso se constrói a cada dia e precisamos tentar a cada dia.

Eu li uma entrevista do diretor de cinema Hector Babenco no jornal na qual ele dizia que o sucesso é ruim, porque depois que você teve um sucesso, se você não tem outro, você acha que foi um fracasso. Eu acho que isso acontece se você fica vivendo em função do seu sucesso passado.

Não adianta ficar se vangloriando e querendo viver da fama. Você teve um sucesso? Ótimo! Parabéns! Agora vá atrás do próximo! Tente, se esforce e ele chegará. Pode demorar um tempo diferente do anterior. Cada caso é um caso, e cada etapa do nosso aprendizado de inglês acontece num ritmo diferente.

O importante é você aproveitar o progresso que está tendo e sempre olhar para trás e ver o quanto já progrediu. E saber que sempre há um pouco mais a aprender. E isso continua por toda a nossa vida.

61 — NÃO SE SINTA CULPADO QUANDO ERRAR

Para você falar inglês bem, você precisa colocar dentro da sua cabeça que nunca vai falar inglês perfeitamente. E não é sua culpa! Ninguém fala perfeitamente — nem os nativos. Você, por acaso, fala português perfeitamente? Você não fala "eu vou no cinema" quando o certo é "eu vou ao cinema"? Você às vezes não troca uma palavra por outra? Você não conjuga um verbo errado, e depois percebe e se corrige?

Eu tenho dois filhos, Bruna e Pedro, e sei muito bem quem é quem, mas às vezes eu chamo a Bruna de Pedro e o Pedro de Bruna. Ou o que é mais comum, me corrijo no meio e chamo a Bruna de Pe-Bruna e o Pedro de Bru-Pedro. A minha sogra vive me chamando de San-Carlos (pois o filho dela é o Sandro). Nesse caso eu até gosto, pois a sogra me chama de santo, o que é uma coisa rara numa relação sogra-genro.

Outro dia eu chamei travesseiro de guarda-chuva. Quando a Cris me corrigiu, eu falei que me confundi pois troquei duas palavras compostas. Ela riu de mim, pois "travesseiro" não é uma palavra composta... Outro erro!

Todos erramos de vez em quando — até na nossa língua. Mas eu garanto que, quando você faz isso, você não fica falando para você mesmo: "Ai, eu nunca vou falar português perfeitamente". Ou fica? Então por que fazer isso em inglês?

Errar é normal e todo mundo erra. O erro é uma tentativa de acerto e o nosso objetivo final é acertar. Não faz mal você errar muitas vezes até chegar ao acerto. Mas é sempre importante você tentar corrigir os seus erros.

Porém, o que nos atrapalha muito no processo de aprendizado é o fato de nos sentirmos culpados por termos errado. A culpa é um sentimento muito negativo. Você fica se torturando por alguma coisa que fez e que já passou. Esse sentimento de culpa muitas vezes bloqueia você e o impede de seguir em frente. Em vez de pensar no futuro, você fica remoendo o passado e sofrendo por causa dele.

Errou? OK, todo mundo erra! Vamos seguir em frente! Não adianta ficar chorando por algo que já passou. Isso não vai resolver nada. Afinal, você não errou de propósito.

Para seguir em frente, tente aprender com os seus erros. O que aquele erro mostrou para você? Qual vai ser a sua atitude para corrigi-lo e tentar aprender de maneira correta?

Uma ideia que funciona é fazer uma lista das coisas que você costuma errar. Essa é uma coisa simples que você pode fazer. Por exemplo, você sempre esquece de colocar o "s" no final dos verbos no presente? Cada vez que você errar, anote na lista. Depois veja o que você pode fazer para corrigir.

> **ERROU? OK, TODO MUNDO ERRA! VAMOS SEGUIR EM FRENTE! NÃO ADIANTA FICAR CHORANDO POR ALGO QUE JÁ PASSOU.**

Muitas vezes a gente aprende uma coisa, mas demora para "cair a ficha" e você começar a usar aquilo naturalmente. Pode ser que você precise fazer mais exercícios para treinar mais. Então, mãos à obra. Faça mais exercícios! O fato de você visualizar numa lista que está repetindo sempre aquele erro pode fazer você prestar um pouco mais de atenção a isso. E, com o tempo, você resolverá esse problema.

A estratégia que você vai usar para corrigir esse erro depende de você. O importante é tentar e não desanimar com os erros. Analise seus erros sem culpa e pense numa nova estratégia. Você precisa ter uma atitude positiva sempre. Isso vai levar você a se desenvolver cada vez mais.

Errou a gramática? Qual foi a causa? Não havia entendido? E agora, após ver a correção já entendeu? Ou será que errou pois não estudou o suficiente? Como vai fazer para estudar mais daqui para a frente? Errou pois não prestou atenção? O que vai fazer para se concentrar mais nas próximas vezes? Falou alguma coisa e as pessoas riram? O que será que aquilo que você falou significa? O que fez aquilo soar tão engraçado? Qual será a maneira correta de falar o que você estava tentando dizer? Se você aprendeu a diferença, valeu a pena ter errado.

A culpa é inútil e negativa. Aprender com os seus erros é útil. É uma forma melhor de usar a sua energia.

O que eu quero dizer com tudo isso é que nós sempre devemos encarar os nossos erros como uma lição. Ao invés de nos perguntarmos "O que foi que eu errei?", devemos nos perguntar "O que foi que eu aprendi com isso?".

Quando o seu professor de inglês corrigir algum exercício que você fez, ou mesmo quando entregar uma prova corrigida, não faça cara feia e diga "Puxa vida, errei o terceiro exercício". Leia o exercício e pense: "O que foi que esse erro me ensinou?".

Na próxima vez que você ficar se martirizando quando cometer um erro, lembre-se de que errar é normal, principalmente quando se está aprendendo. Por isso relaxe!

O IMPORTANTE É TENTAR E NÃO DESANIMAR COM OS ERROS. ANALISE SEUS ERROS SEM CULPA E PENSE NUMA NOVA ESTRATÉGIA.

Mas atenção! Não é porque todo mundo erra que você não vai tentar falar corretamente. É claro que você vai tentar acertar! Quando você estiver estudando, treinando, praticando, você vai fazer o possível para falar direito. Você vai repetir várias vezes as estruturas, vai praticar a pronúncia. Mas na hora em que você estiver falando, não fique pensando nisso. Fale, comunique-se, e se falar alguma coisa errada, tudo bem. Não fique se culpando por isso.

62 — NÃO ESCREVA NO SEU LIVRO

Todas as pessoas que convivem conosco influenciam a nossa vida. Tudo o que nós somos é o resultado da influência de todas elas, mesmo que a gente não perceba isso.

O filme *It's a wonderful life* (*A felicidade não se compra*), de Frank Capra, é de 1946 e passa todos os anos na TV americana na época do Natal. Nele, George Bailey (interpretado por James Stewart) está desencantado com a vida e pensa em se matar. Ele diz que queria nunca ter nascido. Um anjo ouve o seu pedido e resolve mostrar a George como o mundo seria se ele não tivesse nascido. Aí a grande descoberta: a vida de cada um de nós é influenciada e influencia cada um que já teve contato com a gente. Se não viram esse filme, vejam! (Mas não vejam ao meu lado. Eu choro de soluçar toda vez e não deixo os outros se concentrarem...)

Eu aprendo com você e você aprende comigo — é uma troca que não acaba nunca e acontece a cada dia. Cada pessoa que passou pela minha vida aprendeu comigo e me ensinou muito. Meus alunos, meus amigos, meus filhos, minha amada Cris, o zelador do meu prédio – todos me ensinaram alguma coisa.

Quando eu virei professor de inglês, em 1987, eu passei por um curso de treinamento com uma professora maravilhosa chamada Rosa Erlichmann. Aprendi com ela coisas que faço até hoje. Uma pessoa que sabia — e sabe até hoje — muito sobre o ensino de inglês. Ela sempre foi muito rígida e cheia de princípios. Esses princípios, no entanto, foram fundamentais na minha formação como professor.

Uma das coisas que aprendi com a Rosa — que havia sido minha professora antes de me treinar — foi não deixar os alunos escreverem as respostas no livro. Alguns alunos ficavam bravos e diziam: "O livro é meu. Eu escrevo onde quiser". Mas, na verdade, existe uma razão muito válida para isso.

Quando você escreve as respostas no livro, fica tudo lá registrado. Quando você for estudar novamente, ou revisar a lição, você simplesmente irá ler o que está escrito. E muitas vezes nós lemos as coisas e não prestamos atenção ao que estamos lendo. Somos capazes de ler e não saber dizer o que lemos, pois a nossa mente estava pensando em outra coisa. Lemos mecanicamente.

Ao invés disso, o que você pode fazer é escrever as respostas em um caderno ou em uma folha de papel. Quando o professor corrigir o exercício, você corrige no seu caderno. Quando você for estudar novamente, o livro estará em branco. Você terá que ler, pensar e responder novamente. Aí você vai lá no seu caderno, confere a resposta e vê se realmente acertou. Você vai saber se você realmente está sabendo aquilo ou se está apenas lendo a resposta certa.

Para aprender, você precisa pensar. Isso vai ajudar você nesse aspecto. Você ainda terá as respostas, só que elas estarão em outro lugar. Aprender não significa saber as respostas. Significa saber produzir as respostas. Se você conseguir produzi-las sem ler, é sinal de que realmente está sabendo. E como a gente aprende e às vezes esquece, é sempre importante revisar para lembrar.

63 USE O DICIONÁRIO

Eu já escrevi aqui que quando você está lendo um texto você não precisa entender todas as palavras. Muitas vezes você pode e deve tentar entender pelo contexto. Mas ter um dicionário e saber usá-lo é também muito importante.

Tenha um bom dicionário inglês-inglês, aquele que tem as palavras em inglês e as definições em inglês. Você pode também consultar os vários dicionários disponíveis na internet. Os bons dicionários têm as palavras, as definições e exemplos de frases usando essas palavras. Esses exemplos são excelentes, pois ele permitem que você veja a palavra dentro de um contexto. Além de facilitar a compreensão da palavra, os exemplos ajudam você a aprender como se usa as palavras.

Uma das grandes dificuldades quando se está aprendendo vocabulário é justamente esta: você aprende uma palavra, entende o que significa, consegue reconhecê-la se aparece num contexto, mas não sabe como usá-la. Nesse caso, dizemos que a palavra faz parte do seu vocabulário passivo. Você precisa fazer com que ela faça parte do seu vocabulário ativo, aquele você usa naturalmente quando fala ou escreve. Os exemplos nos dicionários vão ajudar você nessa parte. Além disso, os dicionários trazem a pronúncia das palavras.

Se você é ainda iniciante no inglês, resista à tentação de comprar um dicionário inglês-português. Embora seja tentador no início, o hábito de traduzir é difícil de largar. Você precisa aprender a pensar em inglês desde o princípio.

Uma outra maneira muito boa de aprender vocabulário é através dos dicionários ilustrados. Nesses dicionários, ao invés de definições, você encontra as figuras que ilustram as palavras. Dessa maneira, fica super fácil você se lembrar das palavras pois você as associa diretamente com as imagens. É claro que esses dicionários não têm todos os tipos de palavras, pois há palavras que são muito abstratas para serem representadas por desenhos. Mas há muitas que você pode encontrar. Você pode usar um dicionário ilustrado para procurar uma palavra que você não conhece ou pode usar para aprender palavras novas. Você pode, por exemplo, escolher uma categoria — digamos, "frutas" — e tentar aprender os nomes de todas as frutas que aparecem ali. Assim você vai expandindo o seu vocabulário.

Há vários dicionários que você pode comprar nas melhores livrarias e há várias versões online. Embora os dicionários online sejam ótimos, eu acho sempre bom ter o seu de papel também. Tenha-o em casa, onde você possa consultá-lo quando precisar.

A minha amiga Cida Ikeda tinha uma estratégia muito legal de lembrar palavras. Quando ela procurava uma palavra no dicionário, ela marcava um pontinho ao lado da palavra. Se numa outra oportunidade ela ia procurar a mesma palavra, ela dizia para si mesma: "Eu já procurei essa palavra uma vez. Já deveria saber". E marcava mais um pontinho. Quando ela ia procurar a mesma palavra e já tinha vários pontinhos — não sei qual era o limite dela — era sinal de que ela agora tinha mesmo que saber a tal palavra. E assim ela se forçava a lembrar as palavras. Acho essa ideia super interessante. Funcionava para a Cida. Talvez funcione para você.

64 FAÇA UMA PAUSA

Sabe aquelas vezes que em você não consegue aprender uma coisa de jeito nenhum? Você estuda, lê, procura exemplos e mesmo assim a "ficha não cai"? Nessas horas, o melhor a fazer é dar um tempo. Faça uma pausa. Descanse a cabeça. Simplesmente deixe pra lá por um tempo. Não pense mais naquilo. Vá fazer uma coisa diferente: relaxar, passear, jogar um jogo no computador... Enquanto você está fazendo outra coisa, o seu inconsciente continua trabalhando naquilo sem você perceber e de repente — plim! — você tem uma "revelação" e entende claramente. Às vezes não vem assim como uma revelação, mas quando você for estudar aquilo novamente vai ser muito mais fácil.

É verdade! Isso acontece mesmo! Vou contar uma história que aconteceu comigo. Há muitos anos eu e a Cris dirigíamos o grupo de teatro *That's EnterTEENment* com adolescentes da escola onde trabalhávamos e estávamos tentando tirar a letra de uma música do filme *On the town* (*Um dia em Nova York*) para usar na peça *The TEENS visit the great musicals*. Nós tínhamos a fita VHS da nossa amiga Lílian Loureiro com o filme. Naquele tempo não havia internet para você achar as letras (a gente vivia sem o Google, acredite!), não havia DVD com legendas e a gente ouvia muitas vezes até entender — ou não. Quando chegamos num determinado trecho da música, não conseguíamos entender de jeito nenhum o que o Frank Sinatra cantava. Veja o video se tiver curiosidade (Procure no YouTube por "you can count on me from the movie on the town".). Nós entendíamos:

You can count on me, you can count on me
??????????????????????????????
You can count on me

E a segunda frase não tínhamos a menor ideia do que era.

Chamamos alguns americanos que trabalhavam conosco, entre eles o nosso amigo Jim Broady, e nenhum deles entendia também. Ficamos aliviados, pois se nem os nativos entendiam, tudo bem... Depois de muitas e muitas tentativas, desistimos. Chegamos a pensar em não usar essa cena na peça, pois não poderíamos escrever o script sem o texto correto.

À noite, no meio da madrugada, enquanto dormíamos, a Cris acorda, senta na cama e diz "As the adding machine once said". Que eram as palavras certas da letra. Elas vieram à cabeça da Cris enquanto dormia. A mente dela ficou trabalhando naquilo inconscientemente e — plim! — lá veio a resposta. Depois que a gente ouviu a música de novo pareceu tão claro que era isso que eles estavam cantando... É, mas é assim mesmo que funciona.

O nosso cérebro trabalha para a gente mesmo quando estamos pensando em outra coisa. Muitas vezes eu tenho as minhas melhores ideias quando não estou pensando naquilo — quando estou tomando banho, dirigindo, fazendo ginástica... É que lá no fundo o inconsciente vai sempre trabalhando para a gente. Isso é muito bom e devemos usar essa estratégia em favor do nosso aprendizado. Fazer uma pausa, descansar e pensar em outra coisa também ajuda a aprender mais.

65 TENHA DISCIPLINA: PLANEJE E FAÇA ACONTECER

Muitas e muitas vezes queremos fazer alguma coisa e ficamos somente na intenção! Todo início de ano fazemos as nossas promessas de ano-novo. Vamos fazer esportes, vamos guardar dinheiro para uma viagem, vamos voltar a estudar inglês. As escolas de inglês se enchem de alunos no início de cada ano e, com o passar dos meses, o número de alunos vai caindo. Nas academias de ginástica, acontece a mesma coisa. Muitos alunos no começo e menos alunos no final. Todo ano acontece a mesma coisa...

Eu tenho um amigo que sempre me diz que vai estudar inglês. E não estuda. Passa um tempo e ele fala: "Se eu tivesse estudado inglês, hoje eu já poderia viajar e falar bem" ou "Se eu soubesse inglês, poderia tentar conseguir um emprego melhor". Tudo fica no "Se eu..." mas não sai do plano.

Nós fazemos muitos planos. Por que será que eles não vão para a frente? A resposta é simples: somos nós que fazemos os planos acontecerem. Não adianta só planejar — temos que executar. Só depende de nós. E para isso precisamos de disciplina.

Você é uma pessoa disciplinada? Você consegue se organizar para fazer uma determinada coisa e depois fazê-la? Ou você é daqueles que não conseguem se organizar? Ou que iniciam algo, mas depois começam a inventar desculpas para não fazer?

Ter disciplina é muito importante para conseguir realizar qualquer coisa. No nosso caso específico, aprender ou melhorar o nosso inglês. E se você não se considera uma pessoa disciplinada, nunca é tarde para ser uma. É possível adquirir disciplina — basta querer e se esforçar.

Realmente não é fácil adquirirmos um hábito novo, justamente porque é novo e não faz parte da nossa rotina. Mas podemos incluí-lo na rotina até o momento em que não conseguiremos mais viver sem fazê-lo.

Quando resolvemos que vamos voltar a fazer ginástica, por exemplo, começamos a acordar mais cedo todos os dias, vamos correr ou vamos para a academia com muita boa vontade. Então um dia chove e você fala: "Hoje eu não vou pois está chovendo". Num outro dia está muito frio e você resolve que só nesse dia vai dormir um pouco mais. No dia seguinte você pensa que já não foi dois dias nessa semana, e então é melhor deixar para voltar na segunda-feira. Quando vê, já ficou dois meses parado.

Ao invés disso, você precisa se forçar, levantar no frio, na chuva ou mesmo se estiver cansado... O seu corpo vai se acostumar tanto com aquilo que vai sentir falta se você não fizer um dia. O seu corpo pede pela ginástica.

SE VOCÊ NÃO SE CONSIDERA UMA PESSOA DISCIPLINADA, NUNCA É TARDE PARA SER UMA.

A mesma coisa acontece com o seu estudo de inglês. O que você pode fazer? Separe um horário em que você vai estudar. Marque na agenda e trate aquilo como um compromisso. Na hora marcada, vá estudar. Desligue o celular, o MSN, não abra e-mails, não atenda o telefone fixo. Apenas estude. É como se você não estivesse ali — você está estudando inglês.

Prepare-se para estudar inglês. Separe o que você vai precisar: livros, cadernos, lápis, caneta, borracha, o que você quiser. Limpe a mesa de outras coisas que vão distrair você. Isso também faz parte da disciplina e vai facilitar a sua vida.

Tenha uma disciplina de estudos. Você pode escolher como vai fazer. Pode estudar 30 minutos por dia, pode estudar gramática às segundas e quartas e vocabulário às terças e quintas. Pode dividir o seu tempo em períodos de 20 minutos em que estuda uma coisa de cada vez. Isso é você quem vai determinar. Se você mantiver a disciplina, tudo vai dar certo.

Há algum tempo eu fui assistir a uma aula de ballet da minha filha e a professora dela, Gláucia Lobo, falou uma coisa muito interessante que ficou na minha cabeça. Ela dizia que para dançar ballet é preciso ter muita disciplina. As alunas precisam chegar cedo, trocar de roupa, prender os cabelos, fazer aquecimento etc. E aí ela disse algo mais ou menos assim: "A disciplina é sua amiga. No dia em que você aceitar isso, a sua vida vai ficar muito mais fácil".

É a pura verdade. A gente fica se rebelando e lutando contra a disciplina, quando na verdade ela ajuda as coisas a funcionarem melhor. Ela organiza a sua vida. Se você conseguir se organizar, até sobra mais tempo para outras coisas. Isso é muito bom.

"A DISCIPLINA É SUA AMIGA. NO DIA EM QUE VOCÊ ACEITAR ISSO, A SUA VIDA VAI FICAR MUITO MAIS FÁCIL".

Não estou dizendo que você tenha que se comportar como uma máquina e fazer tudo programado sempre, mas ter disciplina facilita muito as coisas.

É difícil? É, mas com o tempo você vai incorporar esse hábito na sua rotina e vai fazer parte de você.

Experimente. Crie um hábito e seja disciplinado para segui-lo. Você vai aprender muito mais inglês e vai ficar muito mais feliz também. Na música

Every Day do filme *High School Musical 2*, Troy e Gabriella cantam: **"No matter where we're going, it starts from where we are."**

A verdade é essa. Não importa aonde você vai, você precisa partir de algum lugar. Não adianta ficar chorando pelo que não fez ainda. É um passo de cada vez!

66 AUMENTE O SEU VOCABULÁRIO

É sempre bom aumentar o nosso vocabulário. Quando você era pequenininho, seus pais diziam para você " Olha o au-au, filhinho". Já pensou se você falasse "au-au" até hoje? Todo mundo ia entender você, mas iam achar aquilo meio esquisito, não acha? Não acha que aos 30 anos você já pode falar "cachorro" ao invés de "au-au"?

Eu estou dizendo isso porque há muitos alunos que acham que se já sabem uma palavra não precisam mais aprender outra que signifique a mesma coisa. Quando aprendem "pretty" e ficam sabendo que é a mesma coisa que "beautiful", falam: "Mas se eu já sei falar **beautiful**, pra que aprender **pretty**? Não posso usar só **beautiful**?". Pode, mas é importante você enriquecer o seu vocabulário.

> PROCURE SEMPRE SE DESAFIAR. AMPLIAR SEU VOCABULÁRIO É SINAL DE QUE VOCÊ CONHECE MELHOR A LÍNGUA.

Em primeiro lugar, ampliar o vocabulário dá a você um domínio maior sobre a língua. Em segundo lugar, os sinônimos nunca significam exatamente a mesma coisa. Há palavras que são usadas numa situação, mas não em outra. Tem a ver também com as *collocations* sobre as quais eu já escrevi antes. E muitas vezes é bom variar, não usar sempre a mesma palavra. A nossa conversa fica mais rica quando variamos o vocabulário.

Algumas pessoas se acomodam um pouco ao aprender. Procure sempre se desafiar. Ampliar seu vocabulário é sinal de que você conhece melhor a língua. Além do mais, você não consegue controlar o que as pessoas falam para você. Mesmo que você opte por usar um vocabulário mais simples, você precisa conhecer mais vocabulário também para poder entender as pessoas que falam com você.

Quando a gente está começando a aprender inglês, começa com um vocabulário mais simples e depois vai sofisticando cada vez mais. Isso acontece também na nossa própria língua e é normal. Ou você quer falar "au-au" pra sempre?

Uma maneira boa e divertida de você treinar e aprender o vocabulário novo que está aprendendo é tentar inventar histórias usando as palavras novas. Isso vai ajudar você a se lembrar mais das palavras e a saber usá-las em diversas situações.

Faça uma lista de palavras que você aprendeu recentemente. Relembre o significado de cada uma. Depois tente inventar uma história em que use todas as palavras. Se conseguir usar várias palavras na mesma frase, melhor ainda.

Crie uma história engraçada, maluca, mas que tenha começo, meio e fim. Não precisa ser uma história muito longa, mas aí tudo depende da sua imaginação. Não fique julgando se a história é boa ou se faz sentido. O importante é soltar a criatividade. E a autocrítica é inimiga da criatividade. Não se preocupe, pois você está criando essa história para você mesmo — você não precisa mostrá-la para ninguém.

Só o fato de você escrever a história e se divertir vai fazer com que você se lembre mais do vocabulário que usou. Depois de a história estar pronta, você pode tentar se lembrar dela novamente, pode contar para alguém (se quiser) ou pode até publicar num blog e compartilhar com os seus amigos e colegas da aula de inglês.

Um dia eu e os meus alunos estávamos fazendo uma atividade parecida na minha aula, e eu pedi que os alunos fizessem uma frase com cada palavra nova que estávamos estudando. Duas das minhas alunas me chamaram com um sorriso nos lábios dizendo que tinham conseguido fazer uma frase só usando todas as palavras. Elas estavam super felizes com essa conquista e o resto da turma adorou ouvir a frase delas. Com certeza essa atividade fez com que elas aprendessem melhor. E elas vão se lembrar das palavras mais facilmente também. A gente sempre aprende mais quando se diverte. E a sensação de sucesso é muito maior.

Experimente fazer isso também. Vai ser uma nova maneira de você aprender cada vez mais. Lembre-se de que o aprendizado depende de você, do seu esforço e da sua vontade de aprender.

67 CONVENÇA-SE DE QUE VOCÊ CONSEGUE APRENDER INGLÊS E VOCÊ VAI CONSEGUIR

A nossa mente é muito poderosa. Ela é capaz de coisas incríveis. Ela pode nos ajudar e pode também nos atrapalhar.

Há muitas pessoas que falam coisas horríveis para nós, e nós acreditamos. A mãe de um amigo meu disse para ele quando jovem: "Olhe o exemplo dos seus irmãos, que trabalham tanto. Você nunca vai ser nada na vida!". Que coisa terrível para se dizer! A sorte é que o meu amigo não acreditou nela e é uma pessoa bem-sucedida hoje em dia. Se tivesse acreditado, hoje realmente não seria nada na vida.

Eu conheci uma professora de inglês que quando o aluno cometia um erro batia na cabeça dele como se estivesse batendo numa porta e perguntava: "O que você tem aí dentro?". Convenhamos que isso é uma coisa horrível de se dizer — e hoje em dia ela poderia até ser processada por isso — mas só é horrível se você acreditar no que ela disse. Se você perceber que ela é quem estava errada e não se deixar afetar por isso, vai continuar tentando falar inglês e não se importar quando cometer erros.

Muitas vezes a pessoa que nos xinga e nos ofende está dentro da nossa cabeça. Você comete um erro e diz para você mesmo: "Eu sou burro.", "Eu sou péssimo de inglês.", "Eu nunca vou aprender inglês.", "Eu não tenho jeito para línguas mesmo." ou "Eu sabia que ia ser um fracasso". Muitas dessas coisas nem o seu pior inimigo diria para você. Por que você precisa se tratar tão mal? E de tanto pensarmos nisso, acabamos acreditando.

É muito comum as pessoas se rotularem e depois acreditarem nesses rótulos. E depois disso nunca mais farão nada, pois acham que é a verdade. É isso que as impede de conseguirem as coisas. Uma vez eu li, não me lembro onde, que se você disser que consegue fazer alguma coisa ou se você disser que não consegue, você está sempre certo. A nossa mente controla as nossas ações.

Rotular-se é uma atitude muito forte. Só porque uma vez você teve dificuldades para fazer alguma coisa não significa que terá dificuldades para sempre. Eu acredito que todas as pessoas são capazes de qualquer coisa. Basta querer fazer e dedicar-se que conseguirão. Tudo depende de uma mudança de atitude.

Quando alguém ou quando nós mesmos falamos essas coisas negativas, temos que forçar a nossa mente a acreditar no contrário. Se você repetir muitas vezes uma coisa na sua cabeça, você vai começar a acreditar naquilo. Mas não adianta repetir por repetir: você tem que realmente acreditar naquilo.

> **SE VOCÊ DISSER QUE CONSEGUE FAZER ALGUMA COISA OU SE VOCÊ DISSER QUE NÃO CONSEGUE, VOCÊ ESTÁ SEMPRE CERTO.**

Se você disser "Eu nunca vou entender o *past perfect*", isso vai acontecer. E você nunca vai entender. Se ao invés disso você disser para si mesmo "Eu tive dificuldades para entender o *past perfect* uma vez, mas vou estudar novamente e vou aprender.", você com certeza irá aprender.

Não existe essa história de dizer "Eu sou assim mesmo e sempre serei assim". Se você não está contente com alguma coisa, é possível mudar. Você pode até dizer "Eu fui assim." ou pode dizer "Eu achava que era assim, mas a partir de hoje não vou mais ser assim".

Claro que se você está se rotulando de alguma coisa boa, pode continuar, pois é ótimo para você. "Eu sou inteligente" ou "Eu consigo aprender qualquer coisa" são ótimos rótulos que vão ajudar você em toda a sua vida. Mas parece que para nós é mais fácil colocarmos rótulos negativos em nós mesmos. Por que será que fazemos isso conosco?

Na próxima vez que você for estudar inglês, preste atenção às coisas que você diz e pensa sobre si mesmo. Lembre-se de que tudo pode mudar. Não se rotule, ou mude o rótulo que criou para si mesmo. Você pode tudo.

68 TENTE CONHECER A CULTURA DOS PAÍSES DE LÍNGUA INGLESA

Aprender inglês não é apenas aprender uma língua. A língua está intimamente relacionada com a cultura do lugar, e por isso é importante que você conheça a cultura dos outros países. Claro que é muito difícil você conhecer intimamente a cultura de todos os países de língua inglesa, mas há muita coisa que você pode conhecer.

Existem hábitos e costumes diferentes nos Estados Unidos, na Inglaterra, na Nova Zelândia e por aí vai. E tudo se reflete na língua. Às vezes uma coisa não consegue entrar na sua cabeça e o problema é cultural. Você não entende, pois aquela atitude não faz sentido para você.

Todo mundo comenta que os brasileiros quando estão conversando ficam muito perto uns dos outros, se tocam, se abraçam mais. Os americanos ficam a uma distância maior. Isso não significa que os americanos sejam piores ou menos afetivos do que os brasileiros. Isso é apenas uma questão cultural. Se você começar a chegar muito perto de um americano, ele vai recuar para trás, pois é muito estranho para ele ficar tão perto da pessoa com quem está falando.

A gente aprende muita coisa sobre os outros países com filmes, programas de TV, livros e muito mais. E existem coisas que a gente aprende estudando a língua. Por isso devemos sempre prestar atenção aos detalhes.

E lembre-se! Quando você aprende outra cultura, você não deve ficar julgando. Ninguém é melhor ou pior do que ninguém. As pessoas apenas são diferentes e devemos aceitá-las como elas são. Muitos hábitos de cada cultura são representados pela língua. Há palavras que não existem em inglês, porque aquele costume não existe.

Só para dar um exemplo, no Brasil a gente usa a esponja para se ensaboar e tomar banho. Nos Estados Unidos isso não é comum. Eles usam uma toalhinha pequena que eles chamam de *washcloth* para fazer a mesma coisa. Se você já foi aos Estados Unidos deve ter visto no hotel aquela mini-toalha e se perguntado o que é aquilo. Se você aprender a palavra *washcloth* e perguntar ao seu professor "Como se fala isso em português?", não vai ter uma resposta, pois aqui não se usa essa toalhinha. É uma diferença cultural.

> **MUITOS HÁBITOS DE CADA CULTURA SÃO REPRESENTADOS PELA LÍNGUA. HÁ PALAVRAS QUE NÃO EXISTEM EM INGLÊS, PORQUE AQUELE COSTUME NÃO EXISTE.**

Muitos gestos são relacionados com a língua. Na Inglaterra, quando você vai mostrar o número 2 com os dedos, se a palma da mão estiver virada para você isso é um xingamento. Se a palma da mão estiver virada para o outro, é o número 2. Se você viu o maravilhoso filme *Inglourious Basterds*, vai se lembrar da cena em que o espião é descoberto pela maneira como faz o número 3 com as mãos. Ele falava a língua perfeitamente, mas se entregou pelas diferenças culturais.

Não dá para aprender a cultura somente em livros, mas muito por observação. E lembre-se de não ficar comparando o inglês e o português, pois muitas das diferenças são culturais.

No mundo atual o inglês é muito usado em reuniões de trabalho. Você pode ir a uma reunião na China e falar inglês. Num caso desses, também é importante você conhecer a cultura da China. Um gesto ou uma atitude sua pode ser mal interpretado se você não souber o que está fazendo.

Para quem quiser ler mais a respeito, existe um livro chamado *Do's and taboos around the world*, de Roger E. Axtell, que fala sobre isso. Não é para você decorar todas as coisas que se faz em cada país, mas como curiosidade é interessante.

E para aprender as diferenças culturais, fique de olhos e sentidos abertos.

APRENDER É EXPLORAR O DESCONHECIDO — E ISSO É BOM

Aprender é uma coisa maravilhosa. Aprender é descobrir coisas novas, expandir nossos horizontes, ver o mundo de formas diferentes. Quando aprendemos algo, nós crescemos como pessoas e vamos ficando cada vez melhores. Por isso você deve ficar feliz em aprender.

No entanto, para algumas pessoas, principalmente adultos, aprender é um processo um tanto tenso. Um dos fatores dessa tensão é o medo do desconhecido. Crianças em geral gostam de explorar coisas novas, mas os adultos aprendem a valorizar a segurança e o conforto e por isso é tão difícil embarcar rumo ao desconhecido.

Para aprender você precisa sair da sua zona de conforto e ir ao encontro de uma coisa nova. Você não sabe o que vai encontrar, não sabe o que vai acontecer no processo. Cada vez que você aprende uma coisa nova o processo é um pouco diferente, mas a ideia de que você explora uma coisa desconhecida e depois consegue descobri-la é mais ou menos a mesma. É como um segredo que você vai desvendando aos poucos.

No caso do inglês, isso acontece com vocabulário, com gramática, com pronúncia — quando você vai tentar produzir sons novos — e com tudo. Por exemplo, quando você começa a estudar um tempo verbal novo, você se sente perdido, não entende, e parece que nunca vai conseguir entender. Mas se parar para pensar, vai ver que as outras coisas que você aprendeu também foram assim. Houve um estranhamento inicial, mas você foi explorando e chegou lá. Então é só acreditar que o processo vai se repetir novamente.

No livro *Vivendo, amando e aprendendo*, Leo Buscaglia conta que, quando era criança, todos os dias, na hora do jantar, seu pai perguntava a cada pessoa da família o que haviam aprendido naquele dia. Todos tinham que contar alguma coisa. Quando eles não tinham nada para contar, iam procurar num livro ou enciclopédia. Aprendiam uma coisa nova só para ter o que contar ao pai. Isso criou na família o hábito de valorizar o aprendizado diariamente. Não é uma ideia incrível? E um exemplo maravilhoso?

Muitas pessoas acham que aprender não é uma coisa boa. Outros acham que já estão velhos para aprender. Alguns não têm mais vontade de aprender nada. Eu acho isso uma atitude muito triste. O mundo vai sempre para a frente. Por que devemos ficar para trás?

> **PARA APRENDER VOCÊ PRECISA SAIR DA SUA ZONA DE CONFORTO E IR AO ENCONTRO DE UMA COISA NOVA.**

Fique feliz em aprender! Você está melhorando cada vez mais. Você pode aprender uma coisa nova a cada dia. Pode ser amarrar um sapato ou resolver uma equação. Pode ser aprender a capital de um país distante ou usar um programa no computador. Aprender é sempre bom.

Em relação ao seu inglês você também deve ficar feliz por estar aprendendo mais. Você pode também tentar aprender uma coisa nova por dia. Pode ser uma palavra, um tempo verbal, o passado de um verbo, qualquer coisa. E quando algo for difícil, mas você conseguir aprender, a sensação é melhor ainda.

Aprender inglês é sempre uma experiência fascinante. Descobrir coisas novas, tentar falar de maneiras diferentes, experimentar com as palavras novas vai fazer um novo mundo se abrir para você. Se você ficar na segurança do que já sabe, vai ficar só no que já sabe. Pense nas imensas possibilidades em explorar coisas novas.

No poema de Robert Frost, *The road not taken*, há duas estradas a seguir. Uma delas é mais usada do que a outra. Um viajante fica se perguntando se deve seguir pela mais usada e mais segura, ou ir pela menos usada e mais misteriosa. A decisão pode fazer uma grande diferença. A escolha é sempre nossa. Se você está escolhendo sempre aquilo que já sabe, está perdendo muitas opções. A segurança nos limita.

No filme *Procurando Nemo* o pai do Nemo quer sempre protegê-lo para que nada aconteça com ele. Nesse momento, Dory, na sua sabedoria, diz a ele: "Se você não deixar nada acontecer com ele, nada vai acontecer com ele". Acho que é uma boa lição para todos nós.

Aprender coisas novas é muito bom! Inclua esse hábito na sua vida!

70 SEJA AMIGO DE VOCÊ MESMO

Há algum tempo eu li um livro muito interessante chamado *Autossabotagem*, escrito por Bernardo Stamateas. O livro fala sobre como nós sabotamos a nós mesmos. E, infelizmente, fazemos isso tantas vezes!

Um trecho que me chamou a atenção dizia que o nosso pior inimigo não são os outros, e sim a nossa própria mente. E ia mais além, dizendo que o nosso pior inimigo não são as críticas que recebemos, e sim aquelas que aceitamos, aquelas críticas que nós permitimos que nos penetrem e que nos destruam lentamente.

Na minha sala de aula estou sempre corrigindo os alunos. Eles falam alguma coisa errada e eu os corrijo. Por que eu faço isso? Para que eles aprendam a falar da maneira correta! Alguns alunos ouvem a minha correção e a repetem, tentando aprender. Outros fazem aquela cara horrível e já começam a se criticar e culpar por errar — você percebe pela expressão deles que estão se xingando. Quantas vezes eu tenho que repetir que não há problema, que é normal errar, que todo mundo erra, coisas que eu já repeti algumas vezes aqui. Há ainda aqueles que me olham com cara de ódio, como se estivessem me culpando por corrigi-los.

Seja seu amigo! Lembre-se de que o seu erro foi uma tentativa de acerto. No livro *Autossabotagem* o autor cita esta frase de Albert Ellis, com a qual eu concordo plenamente; "Hoje pude vir até aqui, mas sei que amanhã farei muito mais". Não importa onde você esteja. O que importa é que você está indo sempre para a frente.

Repita para você mesmo que você consegue aprender inglês, que inglês não é tão difícil assim, e verá que vai acreditar nisso. Mas também não adianta ficar repetindo isso e não fazer nada a respeito. Ao mesmo tempo você precisa estudar, praticar, falar, ouvir, enfim, fazer alguma coisa. Não se aprende inglês por hipnotismo. O poder da mente não funciona assim!

Valorize cada progresso que você tiver. Aprendeu uma palavra nova? Entendeu uma frase num filme? Conseguiu falar uma frase inteira sem gaguejar? Dê os parabéns a você mesmo. Repita mentalmente que você está progredindo. Uma palavra a mais já é um progresso. Por menor que seja o seu progresso, você está indo para a frente. A imagem que você tem de si mesmo é muito mais importante do que a imagem que os outros têm de você. É a sua opinião que conta mais.

Basta você acreditar em si mesmo, ser seu amigo e continuar estudando inglês. Um passo de cada vez!

> **SEJA SEU AMIGO! LEMBRE-SE DE QUE O SEU ERRO FOI UMA TENTATIVA DE ACERTO.**

71 TER UMA BOA PRONÚNCIA AJUDA VOCÊ A OUVIR E ENTENDER MELHOR

O título desta dica parece meio sem sentido, mas não é. O que a pronúncia tem a ver com entender melhor? A pronúncia não é para falar melhor? Sim, mas ela vai muito além disso.

Quando você está ouvindo alguém falando inglês, seja pessoalmente, seja num filme, numa música ou em qualquer lugar, você só vai entender as palavras que você reconhecer. Se você não sabe pronunciar uma determinada palavra, quando você a ouvir pronunciada corretamente, você não perceberá que é essa palavra, e como consequência não vai entender.

Algumas pessoas acham que assistir a um filme com legendas em inglês ajuda a entender melhor. Dizem que se você fizer isso sempre a sua compreensão auditiva vai melhorar. Eu duvido um pouco disso. Quando você lê ao mesmo tempo que você ouve, você entende mais porque você está lendo. Nessa hora você não está mais ouvindo. Você está somente lendo e pronunciando na sua cabeça do jeito que você acha que é a pronúncia. Se depois você ouvir novamente, sem ler, vai ter a mesma dificuldade para entender. Ou seja, a sua compreensão auditiva não vai melhorar necessariamente.

Se você quiser ouvir e ler junto com o objetivo de trabalhar a sua pronúncia, isso é um ótimo exercício e vai ajudar muito. Mas não leia para tentar entender o que eles estão dizendo. É por isso que eu sou contra assistir a filmes com a legenda em inglês. Para melhorar a compreensão precisamos nos concentrar em ouvir. Se você assistir a filmes sem legenda, aos poucos sua compreensão auditiva vai melhorar.

Trabalhar a pronúncia é muito importante para você entender o que os outros dizem. Se você tiver uma pronúncia ruim, muitas vezes os nativos até entendem o que você está dizendo, pois muitos estão acostumados a ouvir estrangeiros falando inglês. Mas é você quem terá dificuldade para entendê-los. Como falei antes, você não reconhecerá as palavras por não saber o som correto delas.

Você deve ter notado que quando uma pessoa falante de espanhol conversa com brasileiros nós os entendemos muito melhor do que eles nos entendem quando falamos português. Isso se dá porque a língua portuguesa tem muito mais sons do que a língua espanhola. Ou seja, nós reconhecemos os sons do espanhol, mas eles não conhecem muitos dos sons do português e por isso não nos entendem.

Eu tive um problema parecido quando fui à Inglaterra pela primeira vez. Como eu tinha muita prática em entender o inglês americano e não sabia pronunciar as palavras em inglês britânico, demorei a começar a entender o que eles falavam. Depois de um tempo, comecei a brincar de imitar os sons britânicos, e tudo foi ficando mais fácil. Sabendo pronunciar as palavras, comecei a entender mais também.

Por isso, trabalhe sua pronúncia e você vai ver que a sua compreensão auditiva vai melhorar muito.

72 O PROBLEMA NÃO SÃO OS OBSTÁCULOS, MAS A SUA ATITUDE

Imagine-se nessa situação: você está estudando inglês e tudo parece estar indo bem. Você está melhorando, está falando melhor, já consegue entender um pouco mais quando assiste a um filme ou quando falam com você. Você está feliz, tranquilo e confiante com o seu progresso no inglês. Mas, cuidado, sua tranquilidade está prestes a acabar! Lá vem o seu professor com um ponto gramatical mais difícil. Você não sabe nada sobre ele, ou já ouviu falar mas não entendeu. Pronto! Você está lá no fundo do poço novamente.

Você estuda, faz exercícios, pergunta ao seu professor e aos seus colegas, mas aquilo não consegue entrar na sua cabeça. Ou você até entende mais ou menos, mas não sabe como aplicar aquilo numa frase. Não sabe usar aquele tempo verbal numa situação em que precisa falar.

O que fazer? Se desesperar? Desistir?

Em primeiro lugar, fique calmo! Se você está no fundo do poço, não tem mais para onde cair. Agora é só ir estudando, praticando, treinando e aprendendo. E, aos poucos, você vai começar a ver a luz lá em cima do poço. Tudo vai melhorando outra vez. E depois tudo começa novamente. Dizem que as coisas sempre pioram antes de melhorar. Mas elas sempre melhoram! O aprendizado é composto de ciclos.

É normal surgirem obstáculos na nossa vida. Todos os dias enfrentamos problemas — alguns maiores, outros menores. Você já deve ter ouvido falar que os problemas nos fazem crescer. Quando conseguimos resolver um problema, saímos mais fortalecidos daquela situação e estamos preparados para a próxima vez que o mesmo problema aparecer. Ou para outros problemas.

Na verdade, o problema não é o obstáculo. O problema é a nossa reação para remover o obstáculo. Se você se desesperar, espernear, reclamar e não fizer nada, aquele obstáculo vai sempre estar ali. Se você agir para tentar remover o obstáculo, vai acabar conseguindo. É uma questão de atitude. Uma atitude negativa em relação ao obstáculo não vai levar a lugar nenhum. Com uma atitude positiva e proativa, conseguimos sempre remover o obstáculo.

> **OS PROBLEMAS NOS FAZEM CRESCER. QUANDO CONSEGUIMOS RESOLVER UM PROBLEMA, SAÍMOS MAIS FORTALECIDOS DAQUELA SITUAÇÃO**

Às vezes queremos fazer alguma coisa difícil e desistimos por acharmos que não vamos conseguir. Mas se tentarmos com todas as nossas forças, o resultado é incrível! Por isso sempre vale a pena tentar.

Se aquele tempo verbal é uma pedra no seu caminho, pense em como remover aquela pedra. Há vários caminhos e você precisa descobrir o seu. Pode ser que a maneira com que você resolveu o último problema não dê certo com esse — cada caso é um caso. Por isso você sempre precisa ter muitas opções e colocá-las em prática.

Obstáculos vão aparecer a cada momento. Se você está buscando aprender inglês sem nunca ter que enfrentar nenhum problema, vai sempre se decepcionar. Por outro lado, se você está estudando inglês sabendo que vai encontrar problemas, mas sabendo que é capaz de resolvê-los, você se sentirá mais tranquilo e confiante.

Você precisa ter força de vontade. Uma vez eu li que quando a gente realmente quer uma coisa, todas as forças do universo se juntam para que ela aconteça. Se tudo está a nosso favor, só o que temos a fazer é ir à luta.

Se você já estuda inglês há algum tempo, tente se lembrar das coisas que foram difíceis no começo. E quantas vezes você pensou: "Oh meu Deus, isso é muito difícil"! Agora que você está mais adiantado, aquilo parece ser tão fácil... É assim mesmo, e as coisas que hoje parecem difíceis um dia vão parecer mais fáceis também.

Esse é um processo que não acaba nunca. Mas é isso que nos estimula a ir para frente. Então encare essa piora como algo positivo e mexa-se para transformá-la numa coisa boa. Como eu já falei, depende de você. Você pode estar no fundo do poço e alguém pode jogar uma corda para você subir, mas quem vai ter que fazer a força para subir é você mesmo.

Aprender inglês é só um exemplo do que você pode conseguir se realmente tentar. Tudo depende de você!

CONHEÇA O ALFABETO FONÉTICO — 73

Ter uma boa pronúncia é importante para você ser entendido e para você entender os outros também. Conhecer o alfabeto fonético pode ajudar muito a você melhorar a sua pronúncia em inglês.

A pronúncia das palavras em inglês não é uma coisa óbvia. Em português, por exemplo, é fácil saber a pronúncia das palavras. Se você ler palavras como "tergiversar", "pacóvio" ou "rubicundo", por exemplo, você consegue pronunciá-las mesmo sem saber o que significam. Em inglês isso não acontece. Em inglês a pronúncia das palavras não é sempre fácil de descobrir e por isso até os nativos usam os símbolos fonéticos para saber a pronúncia correta. Todos os dicionários inglês-inglês têm a pronúncia escrita com os símbolos fonéticos ao lado da palavra. E os nativos consultam para aprender também.

O alfabeto fonético é formado por símbolos. Cada símbolo representa um som. Se você souber todos os sons, você consegue pronunciar qualquer palavra. Conhecer os símbolos fonéticos não é um bicho de sete cabeças — é uma questão de prática. Existem alfabetos fonéticos diferentes, mas a maioria dos símbolos é parecida.

Para facilitar, os dicionários têm uma tabela de pronúncia mostrando os símbolos fonéticos usados naquele dicionário e palavras-chaves com aquele som. Essas são palavras mais conhecidas, nas quais você consegue identificar o som facilmente.

> **TODOS OS DICIONÁRIOS INGLÊS-INGLÊS TÊM A PRONÚNCIA ESCRITA COM OS SÍMBOLOS FONÉTICOS AO LADO DA PALAVRA.**

Como funciona então? Se você lê a transcrição fonética de uma palavra e não entende a que som o símbolo fonético se refere, procure a tabela no início ou no fim do dicionário. Ache o símbolo que você não entendeu e leia a palavra de referência. Você vai então entender que som é aquele.

Com a prática, você vai associar cada símbolo com o som correto e não vai precisar mais da tabela de referência.

A notação fonética ao lado da palavra ainda contém a indicação da sílaba tônica da palavra, e isso também é uma informação importante para você pronunciar corretamente.

Aprender o alfabeto fonético é como aprender qualquer outro símbolo, como decorar os elementos químicos da tabela periódica, por exemplo, ou como aprender os símbolos dos sinais de trânsito. Com um pouco de treino você aprende.

O livro *English Pronunciation for Brazilians*, publicado pela editora Disal, também é excelente para quem quer trabalhar a pronúncia. Ele foi escrito levando-se em conta os problemas específicos que os brasileiros têm ao pronunciar os sons em inglês.

Você pode melhorar a sua pronúncia. Tudo depende do seu esforço!

MONTE PEÇAS DE TEATRO EM INGLÊS 74

Fazer teatro é uma ótima maneira de treinar o seu inglês e também de se divertir. O teatro é uma brincadeira na qual você finge ser outra pessoa. Quando você faz teatro, você vive uma personagem que pode ser alguém totalmente diferente de você. Você pode fazer coisas que nunca faria na sua vida real. Pode fazer loucuras, maluquices, tudo aquilo que sempre quis fazer e nunca teve coragem. E ninguém vai achar que você é maluco, pois quem está fazendo aquilo não é você, e sim a personagem. É uma excelente válvula de escape.

Fazer teatro em inglês tem ainda a vantagem de tornar você mais fluente. Quando você ensaia uma peça, você tem que decorar as falas e, de tanto treinar, aquelas frases e expressões acabam ficando na sua cabeça. Um dia você começa a usá-las naturalmente quando for falar. Você vai se pegar muito tempo depois falando frases inteiras que aprendeu ensaiando uma peça. Além da fluência, você aprende muito vocabulário. E tudo isso vai ajudar o seu inglês a melhorar.

Uma sugestão é você reunir um grupo de amigos e montar uma peça em inglês. Se quiser, você pode escolher uma peça famosa, de um autor famoso. No entanto, às vezes o nível de inglês pode ser difícil para você, principalmente se você for iniciante. Uma outra ideia é transformar em peça alguma história que você acha legal. Você pode também transformar os diálogos do seu livro de inglês em uma peça. Você pode aumentar esses diálogos e fazer uma história completa. Você pode escolher cenas do seu programa de TV favorito, tirar o texto (copie das legendas em inglês) e encenar. Você ainda pode fazer uma gozação da novela do momento da TV, escrevendo o texto em inglês. Vale tudo.

No meu livro *The classroom is a stage – 40 short plays for English students*, publicado pela editora Disal, há 40 peças escritas especialmente para alunos de inglês. Elas são classificadas de acordo com o nível de inglês — há peças mais fáceis e mais difíceis. Uma vantagem do livro é que é fotocopiável. Você pode ter só um ou tirar da biblioteca da escola e fazer cópias para todos os atores. Outra vantagem é que no livro eu dou dicas para você adaptar as peças e também escrever as suas próprias peças. Você mais tarde pode até virar escritor e escrever o seu próprio livro.

VOCÊ VAI SE DIVERTIR, VAI CONHECER PESSOAS NOVAS E VAI MELHORAR MUITO O SEU INGLÊS.

Há muitos anos eu dirigi uma peça sobre os feriados americanos com os alunos da escola onde eu trabalhava. Um dos feriados era o dia do Martin Luther King Jr. O ator que fez o papel do Martin Luther King era o Fernão Morato, que na época tinha uns dez anos. Ele decorou aquele discurso famoso — "I have a dream..." — e falava na peça. É um discurso super difícil, com um vocabulário muito complexo, mas ele decorou tudinho e sabia o que estava dizendo. Quando o Fernão foi fazer o exame final do curso dele, ele tinha que escrever uma redação e nela usou várias frases do discurso em outro contexto. Os professores ficaram impressionados com o seu nível de inglês. Mas o mais bacana é que não era apenas decoreba. Ele sabia o que estava dizendo e aplicou as frases no contexto correto.

Se você tiver a sorte de estudar numa escola que acredite nesse tipo de trabalho e que resolva montar um grupo de teatro, aproveite e participe. Você vai se divertir, vai conhecer pessoas novas e vai melhorar muito o seu inglês. Quem sabe você mesmo não sugere que a escola monte um grupo de teatro?

Ou então, como eu disse no começo, reúna uma turma de amigos e monte o seu próprio grupo. Se não conseguir, faça um teatro de fantoches, no qual você opera todos os personagens. Há várias alternativas.

Teatro é divertido e faz bem!

75 USE A SUA CRIATIVIDADE

Uma vez eu li uma frase que dizia mais ou menos assim: "Se você continuar fazendo o que você sempre faz, vai continuar tendo os mesmos resultados que sempre tem". Em outras palavras, se quiser ter outros resultados, tem que procurar fazer as coisas de modo diferente. Ou seja, usar a sua criatividade.

Criatividade é fazer uma coisa de maneira diferente do que sempre se faz. Ou usar uma coisa conhecida de um modo novo. Ou ainda combinar duas coisas conhecidas e montar uma nova. Por exemplo, se você usar um garfo para comer, está fazendo uma coisa normal. Se você usar um garfo para se pentear, estará fazendo uma coisa criativa. Se você canta uma música enquanto está ouvindo o rádio, você está agindo normalmente. Se você canta uma música na aula de inglês, para treinar um tempo verbal, por exemplo, você está sendo criativo.

QUANTAS VEZES VOCÊ NÃO PENSOU EM ALGUMA IDEIA MALUCA OU NUMA MANEIRA DIFERENTE DE FAZER ALGUMA COISA?

Todos nós temos criatividade. Até você! Quantas vezes você não pensou em alguma ideia maluca ou numa maneira diferente de fazer alguma coisa? A diferença pode ter sido que você pensou na coisa maluca e depois desistiu, dizendo para si mesmo: "Ah, não, essa ideia é maluca". Por outro lado, as pessoas que têm essas ideias e as colocam em prática muitas vezes recebem elogios do tipo "Como ele tem ideias ótimas" ou "Puxa, como ele é criativo". Talvez a sua ideia tenha sido até melhor que aquela, mas você não tentou colocá-la em prática.

É tudo uma questão de prática. Quanto mais você exercitar a sua criatividade, melhor ainda ela vai ficar. Muitas vezes você pode ter uma ideia que você mesmo acha super boba e as pessoas vão dizer "Que ideia legal!" ou "Como você é criativo!" — isso acontece muito comigo... Por isso, experimente colocar a sua criatividade para funcionar. Não é fácil! Muitas vezes para você colocar em prática uma ideia você vai levar muito tempo pensando, preparando e executando. Mas garanto que vai valer a pena.

Como usar a criatividade com o seu inglês? Há muitas formas diferentes. Isso não significa que você vai inventar uma língua nova. Mas você aprendeu um monte de coisas nas suas aulas, nos seus estudos, nos filmes a que você assistiu, nas músicas que ouviu. Tudo aquilo está dentro de você — algumas coisas mais firmes, outras menos. Para falar e se comunicar, você vai usar tudo o que você aprendeu, combinar uma coisa com a outra e criar a sua maneira de falar. Isso também é criatividade!

> **MUITAS VEZES PARA VOCÊ COLOCAR EM PRÁTICA UMA IDEIA VOCÊ VAI LEVAR MUITO TEMPO PENSANDO, PREPARANDO E EXECUTANDO.**

Você vai usar o inglês correto, mas aplicando-o a outras situações. Uma frase que você aprendeu num diálogo que se passava num restaurante, por exemplo, pode ser usada numa situação diferente. E é você que vai experimentar isso usando o seu conhecimento e a sua criatividade. Saber falar inglês é isso: conseguir usar aquilo que você aprendeu em situações diferentes.

Como eu já disse outras vezes, pode ser que você perceba que aquela sua criação não deu muito certo. Você disse uma coisa, mas as pessoas entenderam outra. Não se preocupe. Agora você vai por outro caminho. Mas o importante é sempre tentar.

Uma dica importante sobre a criatividade é: nunca pense que a sua ideia é ruim demais. Experimente! Tente! E se depois de um tempo você tiver uma ideia melhor, use-a. Nada impede você de tentar uma coisa diferente!

Uma ideia para você usar a sua criatividade e treinar o seu inglês é escrever histórias em inglês. Escrever em inglês é importante para muitas pessoas. E para você escrever bem, é necessário escrever bastante. Quanto mais você treinar, melhor irá escrever.

Você pode começar escrevendo histórias curtas e com o tempo ir fazendo histórias maiores. Comece com histórias simples. Invente uma ou mais personagens e escreva. Não se preocupe se a história é boa ou ruim — apenas escreva. Não precisa mostrar para ninguém. Solte a imaginação. Você pode criar histórias engraçadas, sérias, de suspense — do jeito que quiser. Escreva livremente, sem se policiar ou criticar. Não fique julgando se está bom, horrível ou ridículo. Apenas escreva. Tente dar um fim legal para a história. Se não conseguir, tudo bem — isso é normal acontecer. Muitas vezes eu escrevo uma história ou peça de teatro e não sei como acabar. Deixo inacabada mesmo.

> **ESCREVER EM INGLÊS É IMPORTANTE PARA MUITAS PESSOAS. E PARA VOCÊ ESCREVER BEM, É NECESSÁRIO ESCREVER BASTANTE.**

Mesmo que durante a sua vida pessoal e profissional você não vá escrever histórias, é um bom exercício para você brincar com as palavras em inglês e ter um maior domínio sobre elas.

Lembre-se, no entanto, de não criar a história em português e traduzir. Tente pensar as frases diretamente em inglês. Se você pensa em português e escreve em inglês, em geral escreve "português traduzido", e não inglês.

Se você fizer isso constantemente, vai perceber que isso vai ficar cada vez mais fácil e que você vai se sentir cada vez mais confortável escrevendo em inglês. E vai escrever cada vez melhor. Paralelamente, leia bastante em inglês. A leitura sempre ajuda você a escrever melhor.

Todos nós somos criativos e podemos usar a criatividade em diversas áreas da nossa vida. Basta exercitarmos. Então, mãos à obra!

76 DIVIRTA-SE EM INGLÊS COM SEUS AMIGOS

Quando você se diverte, é muito mais fácil aprender. Eu sempre acreditei nisso e por isso procuro sempre dar aulas divertidas e dou cursos e palestras para professores ensinando técnicas para fazerem o mesmo em suas aulas.

Você como estudante de inglês também pode tornar o seu aprendizado mais divertido. Uma ideia é reunir os amigos para se divertirem em inglês.

Vocês podem, por exemplo, fazer uma sessão de música — em inglês, é claro! Escolha uma série de músicas de que vocês gostem e façam cópias das letras. Se houver um amigo que toque algum instrumento, ele pode tocar. Ou então use o CD da música original e cantem junto. Se você tiver CDs ou aparelho de karaokê, melhor ainda.

É melhor se vocês forem lendo a letra enquanto cantam, pois muitas vezes quando você não sabe o que está cantando, você canta qualquer coisa e pode não ser inglês o que você está dizendo. Há muitos conjuntos que cantam por aí em festa de casamento que cantam qualquer coisa, achando que é inglês. Eles fazem a maior cara de quem está arrasando no inglês e, para quem entende, é duro manter a cara séria numa hora dessas.

Se você acompanha a letra da música, vai associando os sons com as palavras e isso vai ajudar você a melhorar o seu inglês. Sua pronúncia vai ficar melhor quando estiver cantando, e como consequência na hora de falar você vai sentir a diferença.

Você gosta de cinema? Gosta de sair com os amigos para ver um filme? Depois do filme vocês não costumam ir comer alguma coisa, jantar, fazer um lanche e discutir o filme? Vocês podem fazer a mesma coisa, tudo em inglês. Reúna uma turma de amigos para falar inglês. Pode ser até a sua turma do curso inglês. Podem escolher um filme em DVD e assistir juntos. Combinem de falar somente em inglês e assistam sem legenda, é claro. Quando terminar o filme, continuem falando apenas em inglês. Façam um lanche (pipoca, cachorro-quente, peçam uma pizza, o que quiserem) e discutam o filme, conversando em inglês. Cada um pode dar a sua opinião e, se alguém não tiver entendido alguma coisa, um pode explicar para o outro.

Vocês podem falar sobre todos os aspectos do filme, desde a atuação dos atores até os cenários e os figurinos. Podem discutir a história, a mensagem do filme e o que vocês acham que deveria ter sido diferente. Mesmo se vocês não gostaram do filme, podem falar mal dele, desde que falem em inglês.

Todas as pessoas que vão ao cinema fazem isso. Quando acaba o filme, trocam ideias sobre ele. Falam bem, falam mal, elogiam os atores — ou não. A diferença é fazer isso em inglês. Vai ser uma coisa diferente e divertida. Como eu já falei outras vezes, é um jeito de você deixar o inglês fazer parte da sua vida diária. Você vai se tornar cada vez mais familiar com ele e usá-lo cada vez mais naturalmente.

Mas cuidado! Quando você for convidar os amigos, não os convide para estudarem inglês. Convide-os para virem cantar em inglês ou para verem um filme em inglês. Isso não é uma reunião de estudo. É uma brincadeira em inglês.

Se você fizer esse tipo de coisa de vez em quando, e quem sabe incluir na sua rotina (uma vez por mês, por exemplo), o inglês vai cada vez mais fazer parte da sua vida. E é isso que você quer, não é? Quanto mais próximo e mais real o inglês for para você, mais confortável você vai se sentir falando.

77 É IMPORTANTE ENTENDER DIFERENTES VARIEDADES DE INGLÊS

Existem diferentes variedades de inglês — o americano, o britânico, o australiano, o irlandês e assim por diante. Há escolas que se especializam em ensinar um tipo ou outro. Você pode até estudar um deles, mas é importante que você entenda os outros também. Você pode dizer, "Eu gosto mais do inglês britânico do que do americano", mas o que você vai fazer se um americano vier falar com você? Você também precisa conseguir entendê-lo. E se você for viajar para a Inglaterra e lá for ao cinema assistir a um filme americano? Lá não há legenda nos filmes em inglês, e você vai ter que entender o filme.

Eu fui passar um fim de semana na cidade de Foz do Iguaçu com minha família, e num dos passeios que fizemos havia três turistas estrangeiros (dois rapazes e uma moça) que falavam francês. Eles conversavam entre si. Um deles era da França, um da Bélgica e ela era de Montreal, no Canadá. Embora os três fossem nativos no idioma francês, cada um falava de uma maneira diferente. Eu entendo muito pouco de francês e é difícil perceber as diferenças, mas dava para notar uma música diferente na maneira em que cada um deles falava. E eu percebi que eles comparavam algumas palavras que são usadas em um país ou no outro — e se divertiam com isso.

Na sua vida profissional e em viagens você vai encontrar pessoas que falam inglês com sotaques diferentes. Além disso, muitas das pessoas que você vai encontrar não são nativos, assim como você. Se você for para a Alemanha participar de um congresso, por exemplo, vai encontrar japoneses, chineses, coreanos, franceses e muitas outras pessoas de nacionalidades diferentes, e a língua em comum será o inglês. Alguns falarão inglês melhor do que você, outros falarão pior e muitos terão um sotaque forte da sua língua nativa. E você terá que entender todos. E terá que ser entendido por todos.

Hoje em dia a maioria dos livros usados para ensinar inglês apresenta diálogos gravados com pessoas de sotaques diferentes, justamente para treinar você a entender pessoas diferentes. Quanto maior a variedade de sotaques a que você for exposto, mais você irá entender.

O que você pode fazer para treinar mais é assistir a filmes americanos, ingleses, australianos, e tudo o que encontrar pela frente. Procure ouvir rádios de países diferentes — há várias online para você escolher. Quanto mais, melhor para você.

> **NA SUA VIDA PROFISSIONAL E EM VIAGENS VOCÊ VAI ENCONTRAR PESSOAS QUE FALAM INGLÊS COM SOTAQUES DIFERENTES.**

Eu já falei isso anteriormente, mas nunca é demais reforçar. Na sua sala de aula, procure trabalhar com pessoas diferentes. Mesmo pessoas de mesma nacionalidade têm sotaques diferentes e você vai se acostumando a entender uma variedade maior de pessoas.

Muitas vezes, como estudantes de inglês, nos preocupamos em ter o sotaque perfeito, mas isso não existe. Mesmo que fosse possível você ter um sotaque perfeito, você não pode ter 20 sotaques perfeitos e usar cada um com uma pessoa diferente. Você não pode ter um sotaque americano da Califórnia, outro de Nova York e outro do Texas. Mesmo que você tenha como ambição falar inglês sem nenhum sotaque, dependendo de quem ouve você, sempre vão achar que você tem um sotaque. Assim como no Brasil, onde os gaúchos acham que não têm sotaque e que os paulistas têm, e vice-versa. E cada um brinca com o sotaque do outro. Se você falar inglês com um sotaque perfeito da Califórnia e conversar com um americano de algum estado do sul, ele vai reparar que o seu sotaque não é igual ao dele.

Por isso, relaxe. Você não precisa falar de várias maneiras diferentes. O importante é você conseguir entender todos os diferentes sotaques. E para isso é preciso se acostumar, ouvindo tipos diferentes de inglês. Não adianta você dizer "Eu não gosto de inglês britânico", pois um dia talvez você tenha que falar com alguém de Londres, e você vai precisar entender a pessoa para poder conversar.

E quanto a falar, você pode tentar sempre melhorar e falar um bom inglês. Se prefere o sotaque americano, treine esse sotaque. Você pode trabalhar para diminuir o seu sotaque brasileiro e tentar se aprimorar cada vez mais. Isso já fará uma grande diferença na maneira como você se comunica em inglês.

O PORTUGUÊS É MUITO MAIS DIFÍCIL DO QUE O INGLÊS

78

Muita gente que está estudando inglês reclama que inglês é muito difícil. Mas se você analisar bem, português é muito mais difícil do que inglês. Se você aprendeu português, com certeza também conseguirá aprender inglês.

A gramática do português é super complicada. Para conjugar um verbo, você tem que saber uma forma diferente para cada pronome pessoal (Eu **fui**, tu **foste**, ele **foi**, nós **fomos**, vós **fostes**, eles **foram**). Em inglês são muitos menos formas (I **ate**, you **ate**, he **ate**, we **ate**, you **ate**, they **ate**). No presente, você precisa saber apenas duas formas (**like**, **likes**). Não é muito mais fácil?

Há pessoas que reclamam que em inglês a mesma palavra pode significar coisas diferentes. Mas em português nós também temos palavras que significam coisas diferentes dependendo da situação. Se você fala "manga" fora de um contexto não sabe se é a fruta ou a manga da camisa. A palavra "pena" pode ser um sentimento ou a pena da galinha. Mas nem por isso você xinga cada vez que ouve essas palavras, dizendo que português é muito complicado. Você sabe perceber a diferença.

Uma vez eu estava jogando com a minha família aquele jogo *Imagem & Ação*, em que você tem que desenhar a palavra para o seu time adivinhar. A palavra que me caiu era "timão" e eu passei o meu tempo todo tentando desenhar o símbolo do Corinthians. Não consegui, pois não entendo nada de futebol, nem de times e nem sei desenhar os símbolos dos times. No final, meu grupo brigou comigo, pois podia ter desenhado o timão do navio, que era muito mais óbvio. Mas quando eu vi a palavra "timão" só pensei numa coisa e nem me lembrei da outra. E olha que nem sou corintiano.

ANALISE BEM A NOSSA LÍNGUA E VOCÊ VAI VER QUÃO DIFÍCIL ELA É.

O português também tem várias regras de acentuação. Aliás, depois que mudaram as regras de acentuação do português, muita gente está se confundindo. O inglês não tem nada disso. Também é mais fácil nesse aspecto.

Há muitos outros exemplos. Analise bem a nossa língua e você vai ver quão difícil ela é. Se o português é muito mais difícil e você aprendeu, com certeza também vai aprender inglês. Pense nisso, e você vai relaxar mais na hora de estudar inglês.

BRINQUE EM INGLÊS 79

Você já percebeu que quando você aprende se divertindo, você aprende muito mais? E quando você usa o que aprendeu para se divertir você se sente duplamente feliz?

Aproveite que você está aprendendo inglês para brincar em inglês. Que tal aqueles jogos que você costuma jogar com os amigos, tipo mímica, charadas, *Imagem & A*ção (aquele que você desenha algo para o grupo adivinhar o que é)? Jogue em inglês para variar! Você pode reunir um grupo de amigos para brincar com você e fazer uma festinha em inglês.

Você pode também jogar sozinho, fazendo, por exemplo, palavras cruzadas em inglês. Você pode comprar revistas ou até encontrar palavras cruzadas (em inglês) online. Procure no Google "crossword puzzles". Fazer palavras cruzadas é uma ótima atividade para aumentar o vocabulário (até mesmo em português).

Aqui vai o exemplo de uma brincadeira divertida que você pode fazer a qualquer hora e em qualquer lugar, e que vai te ajudar a treinar e lembrar vocabulário. Só o que você precisa é uma folha de papel e um lápis ou uma caneta. Ela funciona da seguinte maneira: escreva uma lista de palavras. Cada palavra deve iniciar com a última letra da palavra anterior. Para iniciar escreva uma palavra qualquer. Vá aumentando a lista até você não conseguir mais continuar. Veja quantas palavras você escreveu. Na próxima vez que jogar, veja se consegue fazer uma lista maior.

Por exemplo:

blu**e** – **e**lephan**t** – **t**eache**r** – **r**adi**o** – **o**range - ...

E assim por diante. Quando você começa, parece ser difícil, mas você vai perceber que vai se lembrar de muitas palavras e a sua lista vai cada vez aumentar mais. É um bom exercício para revisar vocabulário. E é também uma forma legal de passar o tempo.

Se você gosta de piadas, aprenda umas piadas em inglês para contar aos amigos. Entender piadas e achá-las engraçadas é um desafio, pois você precisa entender as sutilezas da língua e muitas vezes os aspectos culturais dela. Vale a pena tentar.

Para pessoas que preferem jogar no computador, uma dica é o site Big Fish Games (www.bigfishgames.com), que tem jogos de diversos formatos para se baixar no computador. É possível comprar os jogos, mas você também pode jogar gratuitamente por 60 minutos, como um *test drive*. Os formatos mais interessantes para estudantes de inglês são os de palavras (Word Games), que incluem alguns clássicos como Wheel of Fortune e Scrabble, e os de objetos ocultos (Hidden Objects). Estes últimos são excelentes para vocabulário. Eles apresentam uma lista de palavras e uma figura bem complexa, e você tem que clicar nos objetos da lista. Alguns são mais elaborados e apresentam uma historinha e missões que têm que ser cumpridas com os objetos encontrados. Os meus filhos, para jogar, montaram um pequeno glossário com as palavras mais recorrentes, e aprenderam um monte de vocabulário graças a isso.

Um outro jogo divertido é o Akinator (http://en.akinator.com/). Nesse jogo, você pensa em uma personagem qualquer. Pode ser uma pessoa de

> **QUANDO NÓS ÉRAMOS CRIANÇAS, BRINCÁVAMOS MUITO E MUITAS DESSAS BRINCADEIRAS NOS AJUDARAM A APRENDER SOBRE AS COISAS DO MUNDO DOS ADULTOS.**

verdade — famosa ou não — ou pode ser uma personagem de ficção. No jogo aparece um gênio da lâmpada que faz perguntas sobre essa personagem. Você vai respondendo às perguntas e no final ele adivinha quem é, inclusive mostrando a foto do personagem. É incrível! Embora você responda às perguntas clicando em uma das cinco respostas prontas, é um treino bacana porque você vai ler muitas perguntas em inglês e acaba aprendendo várias perguntas diferentes e bastante vocabulário.

Brincar é bom! Quando nós éramos crianças, brincávamos muito e muitas dessas brincadeiras nos ajudaram a aprender sobre as coisas do mundo dos adultos. As brincadeiras são parte fundamental do aprendizado. Por isso devemos deixá-las vivas dentro de nós.

Um dia eu estava falando sobre brincadeiras com alguns alunos meus de nove anos de idade e um deles me disse: "Eu já tenho nove anos. Agora eu não brinco mais". Eu achei aquilo tão triste... e falei para ele. Brincar é tão bom!

Se você é daqueles que já parou de brincar, nunca é tarde para recomeçar. Inclua as brincadeiras na sua vida. Você vai se divertir mais, e no caso do seu inglês, vai aprender muito mais também.

80. VOCÊ ENTENDE TUDO EM PORTUGUÊS?

Quando estamos aprendendo uma língua estrangeira, nós costumamos nos cobrar muito. Ao invés de pensarmos em tudo o que já conseguimos aprender, ficamos pensando em tudo o que ainda falta. É uma visão muito negativa, como eu já comentei antes.

Por exemplo, é comum as pessoas reclamarem que não entendem tudo quando ouvem alguém falar inglês ou quando assistem a um filme em inglês. Isso acontece com você? Então pense um pouco. O que acontece quando você ouve português? Você sempre entende tudo?

Quando eu estou sozinho ou com a Cris nós sempre assistimos a filmes sem legendas. Quando estamos na companhia de pessoas que não entendem inglês muito bem nós assistimos com legendas. Quando nossos filhos eram menores e não conseguiam ler muito depressa, às vezes assistimos a filmes dublados em português com eles.

SE VOCÊ TAMBÉM NÃO ENTENDE TUDO EM PORTUGUÊS, NÃO TEM POR QUE FICAR ESTRESSADO POR NÃO ENTENDER TUDO EM INGLÊS.

Muitas vezes eu estou assistindo a filmes em inglês sem legenda e não entendo alguma coisa. Viro para a Cris e pergunto: "O que foi que ele disse?". (Só pergunto quando estou em casa, pois no cinema não se fala! Quem fala no cinema atrapalha os outros.)

Uma vez nós estávamos com os nossos filhos assistindo a um episódio do seriado *Hannah Montana* dublado em português. E durante o programa várias vezes eu perguntei: "O que foi que ela disse?". Ou seja, meu problema não é entender inglês — meu problema é ouvir.

Segundo a Cris, eu estou ficando surdo, mas tenho feito audiometria todos os anos e os resultados sempre dão normais. O que acontece? Pode ser falta de concentração, pode ser um barulho externo que me distraiu, pode ser a minha cabeça pensando em outras coisas, pode ser que determinado ator ou locutor tenha uma dicção ruim. Há muitos fatores que podem dificultar a nossa compreensão.

Quando eu assisto a um filme no computador usando fones de ouvido eu entendo bem melhor do que assistindo na televisão. Pode ser que o som da TV seja pior, pode ser que eu me concentre mais com os fones de ouvido, ou pode ser que minha audição não seja mesmo tão boa.

Será que a mesma coisa não acontece com você? Procure fazer um teste e observe a você mesmo assistindo a filmes e programas de TV em inglês e português. Veja se você também tem problemas para entender português. Você vai ver que o seu problema não é só com inglês e vai se culpar menos.

Quando nós assistimos a um filme em português e não entendemos alguma coisa, deixamos aquilo passar sem nem perceber. Para nós aquilo é uma coisa normal e conseguimos entender o geral do que foi dito. Não existe a cobrança para entender tudo. E nos cobramos muito mais na língua estrangeira.

Quando a nossa filha Bruna era bebê, nós colocávamos desenhos animados em inglês para ela assistir. Ela assistia sem pensar que era outra língua. Às vezes ela perguntava alguma coisa e nós explicávamos. Quando nós colocávamos o mesmo filme dublado em português, ela fazia as mesmas perguntas. Na verdade o que ela não entendia não era relacionado à língua, mas à história do filme.

Se você também não entende tudo em português, não tem por que ficar estressado por não entender tudo em inglês. Afinal, você ouve português desde que nasceu. Inglês é apenas uma língua estrangeira. Faça o teste e vai ver que você vai relaxar mais quando estiver ouvindo inglês. E estando mais relaxado, vai até entender melhor.

É IMPORTANTE DAR E RECEBER FEEDBACK   81

Para que nós possamos melhorar em qualquer coisa é muito importante recebermos feedback. Dar feedback significa dar informações a alguém sobre o seu desempenho. Além disso, o feedback nos mostra a impressão que causamos nos outros ao agirmos ou ao nos comportamos de uma determinada maneira. Se você fala algo errado numa determinada situação, a reação das pessoas mostra claramente que você errou.

Ninguém faz as coisas erradas de propósito. Nós erramos por não sabermos fazer ou por termos dificuldades, e muitas vezes nos comportamos de uma determinada maneira por não perceber que aquilo incomoda os outros. Ao receber feedback, temos uma chance de mudar o nosso comportamento.

O objetivo do feedback é melhorar o desempenho, e não criticar. Assim sendo, se você comete um erro de inglês e alguém mostra o erro para você, você tem a chance de se corrigir e aprender o que é correto. Por isso é muito importante saber ouvir e também saber dar feedback.

Eu escrevi uma dica dizendo que você precisa se convencer de que é capaz de aprender. No entanto, convencer-se de que é capaz não significa que você deve ficar convencido de que já sabe tudo e não aceitar correções. Se você se convencer que já sabe tudo, não irá aprender mais. É muito importante para o seu aprendizado que você erre, e que preste atenção aos seus erros. Depois tente corrigi-los. É assim que você vai progredir.

Há várias pessoas que não aceitam críticas. Pode ser até que seja um mecanismo de defesa, mas ao serem corrigidas elas ficam bravas.

Algumas dizem "Eu já sei isso". Mas essa é uma atitude que prejudica o aprendizado.

Eu tenho uma amiga que abandonou uma aula de dança porque a professora a corrigia. Ela achava que a professora pegava no pé dela. Ora, tentar ensinar é pegar no pé? Se for assim, eu pego no pé dos alunos, sim, para que eles se corrijam. E faço isso com a melhor das intenções.

Como já escrevi várias vezes, todas as pessoas erram, e a correção nos ajuda a melhorar. É o papel do professor e também dos seus colegas de turma apontar os seus erros para que você possa se dar conta deles — muitas vezes nós erramos sem perceber. Depois de se dar conta dos seus erros, você vai tentar corrigi-los. Pode ser que ainda cometa o mesmo erro outras vezes até aprender. Esse é o processo normal de aprendizado.

Por isso, quando alguém corrigir você, não interprete aquilo como uma crítica. Agradeça a oportunidade que está tendo para melhorar. Não se coloque na defensiva, como se estivesse sendo atacado. Quem está dando o feedback está tentando ajudar você.

É claro que a maneira de dar o feedback também é importante. Você deve sempre se lembrar de mostrar que aquilo está errado, mas de uma maneira positiva, sem criticar a pessoa. Lembre-se de que todo mundo erra, e que não se erra porque se quer.

Muitas vezes nós percebemos que alguém falou alguma coisa errada e não falamos nada. Por quê? Não nos custa nada corrigir a pessoa e ajudá-la a melhorar. É claro que você não vai interromper a pessoa, ou falar na frente de todo mundo, mas você pode chamar a pessoa depois e dar o seu feedback.

Na sala de aula, quando os alunos trabalham em duplas, eu percebo que muitas vezes um deles fala errado e o outro colega não o corrige. Corrigir o colega é uma atitude que deve ser estimulada. Você deve se lembrar que, ao corrigir e ao ser corrigido, você está sempre ajudando e sendo ajudado.

É comum nas escolas, quando os alunos fazem redações, que um aluno leia o que o outro escreveu e dê feedback. A ideia é você mostrar ao colega em que ele poderia melhorar. Você pode simplesmente dizer "Está bom" para o seu colega não ficar chateado, mas na realidade você não o estará ajudando a fazer uma redação melhor. Você pode mostrar a ele as partes que você não entendeu, os erros de gramática e vocabulário que ele cometeu, e assim colaborar para que ele aprenda a escrever melhor.

> **QUANDO ALGUÉM CORRIGIR VOCÊ, NÃO INTERPRETE AQUILO COMO UMA CRÍTICA. AGRADEÇA A OPORTUNIDADE QUE ESTÁ TENDO PARA MELHORAR.**

Há pessoas que não gostam de ser corrigidas pelo colega. Mas isso também é importante, pois é tudo uma troca de experiência. Na vida fora da sala de aula, os seus amigos também podem corrigir você quando você errar. É bom e saudável você ter esse tipo de liberdade com os seus amigos e companheiros de escola.

Havia uma professora numa escola onde eu trabalhei que sempre pronunciava a palavra *ambulance* errada. Os outros professores falavam mal dela pelas costas. Ninguém tinha coragem de corrigi-la. Um dia eu cheguei perto dela e falei que a pronúncia correta não era aquela e a corrigi. Ela ficou espantada, pois disse que sempre havia falado daquele jeito e nunca ninguém a tinha corrigido. E a partir dali, nunca mais errou. Fácil, não?

Pense nisso quando estiver sendo corrigido. Não interprete como uma crítica pessoal. O fato de você errar não faz de você uma pessoa pior. Você está tentando. Não se convença de que é infalível nem de que já sabe tudo. Convença-se de que é capaz de superar os seus erros e aprender cada vez mais.

A vida é sempre uma troca — às vezes a gente dá e às vezes recebe. E assim, todos crescem.

DÊ UM PASSO DE CADA VEZ 82

No aprendizado de qualquer coisa — e no nosso caso, de inglês — temos sempre que nos lembrar de dar um passo de cada vez. O aprendizado é a soma de tudo o que nós aprendemos. Você usa o que aprendeu antes para construir o conhecimento novo e vai acumulando experiências e conhecimento.

Todos os dias quando acordamos, há um mundo cheio de oportunidades nos esperando. Temos a possibilidade de aprender coisas novas, de recomeçar, e de corrigir nossos erros passados. Se você aprendeu alguma coisa errada, você pode "apagar" e aprender novamente. E isso é um processo contínuo. Ele se repete para sempre.

Um filme que eu adoro e já vi muitas vezes é *Como se fosse a primeira vez* (*50 First dates*). Nesse lindo filme, a personagem de Drew Barrymore tem um acidente de carro e perde a memória para coisas novas. Ela acorda todos os dias e só se lembra o que aconteceu até o dia anterior ao acidente. A cada dia ela tem que reaprender tudo quando acorda. Ela vive o seu dia, aprende coisas novas, e quando vai dormir esquece tudo novamente. E a cada dia ela aprende tudo mais uma vez. É uma lição de vida para todos nós.

Para nós é muito mais fácil, pois só temos que aprender as coisas novas. É só construir por cima do que já foi construído. Por isso é sempre importante que a base seja sólida. Você não deve ter pressa em seguir em frente se ainda não está seguro do que aprendeu antes. Não adianta tentar pular etapas.

Há alguns alunos que têm pressa em acabar o curso. Se eles tiram uma nota alta num determinado nível, já querem tentar pular o próximo nível. Isso acaba deixando lacunas no aprendizado. Se você faz isso, você pode deixar de aprender alguma coisa por ter pulado uma fase do processo. Eu sempre acho melhor você ser um ótimo aluno no nível 5 do que um aluno médio no nível 6.

> **VOCÊ NÃO DEVE TER PRESSA EM SEGUIR EM FRENTE SE AINDA NÃO ESTÁ SEGURO DO QUE APRENDEU ANTES.**

Eu me lembro do meu professor Phil Ruggiero, um americano de Nova York, que dando aula de história americana nos ensinou uma frase mais ou menos assim: "Quando uma coisa é difícil, a gente tenta até conseguir. Quando é uma coisa impossível, nós demoramos um pouco mais". A persistência é muito importante quando queremos atingir um objetivo, como aprender inglês. Em qualquer caminho sempre há obstáculos, dificuldades e problemas que precisamos superar. E qual é o segredo do sucesso? É continuar, tentar, lutar até conseguir — um passo de cada vez.

Quantas pessoas desistem quando encontram uma dificuldade! Já ouvi tantas vezes frases como: "Pra mim chega! Eu nunca vou entender o *present perfect*. Desisto de estudar inglês!".

Está difícil? OK, continue! Em algum momento vai se tornar menos difícil. Em uma determinada hora você vai entender. Mas tem que persistir.

A americana Amber Riley fez um teste para o programa *American Idol* e foi recusada. Não passou nem da primeira entrevista com os produtores do programa. Ela poderia ter desistido ou desanimado, mas não. Continuou fazendo testes e tentando até que ganhou o papel de Mercedes no maravilhoso seriado *Glee*.

Por isso tudo, não adianta ter pressa. O importante é o processo. Você não vai saber inglês só quando chegar ao fim do curso. Você já está aprendendo e falando inglês o tempo todo. E isso é o que importa!

Todos os dias nós aprendemos alguma coisa. Mesmo as coisas ruins nos ensinam muito. Mesmo aquele professor chato que você odeia te ensina coisas que você nem se dá conta, mas ficam lá dentro de você.

Para você aprender inglês, aproveite todas as oportunidades que a vida oferece. Elas estão aí e as pessoas estão aí. Você vai ser a soma de tudo o que viveu.

83 APRENDA INGLÊS USANDO TODOS OS SENTIDOS

Interessado em manter o meu cérebro ativo até a minha velhice, comprei um livro sobre neuróbica, que é um tipo de ginástica para o cérebro. Segundo o livro, a mente pode se desenvolver mais se for estimulada. Assim como fazemos com o nosso corpo, há exercícios para isso. Esses exercícios neuróbicos ajudam a prevenir a perda de memória e a aumentar a capacidade mental.

Uma das coisas que o livro enfatiza é que o nosso cérebro precisa ser sempre estimulado. Ele tem uma capacidade enorme de crescer e, quanto mais estimulado ele for, mais conexões ele vai criando e, como consequência, aumentando a nossa capacidade de aprender. Provavelmente você já ouviu falar sobre isso. A neuróbica diz que o importante não é fazermos mais coisas, e sim fazer o que já fazemos de uma maneira diferente. Mas o que me chamou mais a atenção foi o fato de que, quanto mais sentidos diferentes nós usarmos, mais conexões o cérebro vai formar.

Se você observar uma criança aprendendo, vai ver que ela não usa só a visão para conhecer um objeto. Ela põe na boca, ela toca, ela cheira, ela balança para ouvir o som que faz. E todos esses sentidos ficam armazenados na cabeça dela e vão permitir que ela reconheça o objeto no futuro.

Quando nós vamos crescendo, acabamos deixando de lado o aprendizado com todos os sentidos e aprendemos usando praticamente só a visão e a audição. Mas se nós utilizarmos todos os sentidos, vamos aprender mais ainda e aumentar cada vez mais a nossa capacidade de aprender, pois o nosso cérebro vai se desenvolvendo junto. E isso acontece em qualquer idade.

Eu já faço muitas dessas coisas intuitivamente nas minhas aulas. Várias vezes faço os alunos tocarem em objetos, fecharem os olhos e adivinharem o que é, fazerem mímica e usarem o corpo mais ativamente para aprender. Depois de ler esse livro, fiquei pensando em como tirar vantagem disso ainda mais.

Como você pode fazer isso? Por exemplo, quando você for aprender uma palavra nova, ao invés de apenas escrevê-la ou desenhar a figura, você pode associá-la a um gesto. Se for um verbo, você pode fazer a mímica desse verbo enquanto fala a palavra para você mesmo. Para aprender emoções você pode imitar a expressão facial correspondente. Associe as palavras com uma postura do corpo.

Torne o aprendizado uma experiência sensorial. Para se lembrar da palavra "hot", por exemplo, abane-se como faz quando está calor. Para se lembrar da palavra "hungry" passe a mão sobre a barriga. E assim por diante. Isso vai ajudar você a se lembrar mais. Você pode fazer isso sozinho, na sua casa, quando tiver estudando. Associe cada palavra a um gesto diferente. Depois, o mesmo gesto vai fazer você se lembrar da palavra.

Você pode associar as coisas que você aprende com um cheiro ou um gosto. Quando você aprende o nome das frutas, por exemplo, vá até a sua cozinha, pegue a fruta, cheire, morda, saboreie com os olhos fechados e repita o nome em inglês. Quando você tiver que se lembrar do nome dela, todos esses sentidos que foram armazenados no seu cérebro vão ser recuperados e vão ajudar você a se lembrar.

Você pode usar o tato, fechando os olhos, tocando os objetos e falando os nomes. Mais tarde, você pode fazer o inverso. Tocar os objetos com os olhos fechados e tentar se lembrar do nome, ou tentar adivinhar o que é.

Isso não precisa ser feito apenas com palavras. Pode ser feito com frases completas. Você pode associar uma frase com uma situação da sua vida e tentar se lembrar do cheiro daquele momento. Muitas vezes você vai sentir o cheiro e depois lembrar aquela frase.

Se você tiver interesse, leia mais sobre a neuróbica. Eu não sou um especialista no assunto, mas pelo pouco que li vi que ela pode ser boa não só para você aprender inglês como para aprender qualquer coisa.

USANDO O GOOGLE PARA APRENDER INGLÊS 84

Hoje em dia, todo mundo usa o Google (www.google.com) para pesquisar. Eu entro no site várias vezes por dia. O Google pode também pode ser um excelente auxílio para o ensino de inglês. Há muitas coisas que você pode fazer com ele para ajudar no seu aprendizado.

É comum, por exemplo, aprendermos uma palavra nova, ou uma expressão nova, entendermos o que significa, mas não sabermos muito bem como usá-la. Num caso desses, você pode procurar essa palavra no Google. Escrevendo a palavra e clicando na busca, você vai encontrar milhares de sites onde essa palavra ou expressão aparece. Lendo as frases, você começa a ter ideia de como a palavra é usada. Muitas vezes, vendo a palavra isolada nós não temos muita noção de como empregá-la, mas dentro de um contexto ela fica mais clara.

Os contextos em que você vai achar as palavras são em geral contextos autênticos. Isso é bom para o seu aprendizado. É claro que você vai encontrar muitas frases em contextos que você não vai entender direito — podem ser textos mais específicos ou técnicos até. Mas você não precisa ler todos os exemplos. Leia alguns — os que fizerem mais sentido para você — e se quiser copie alguns dos exemplos. Acrescente esses exemplos aos do seu livro e terá mais elementos para entender o vocabulário novo.

Às vezes você tem uma dúvida sobre qual preposição se usa com uma determinada palavra. Escreva as opções no Google dentro de aspas. Você vai ver pelo número de resultados que aparecem qual das combinações é mais comum. Além disso, às vezes você vai ver que pode usar as duas preposições, mas que o sentido de cada uma é diferente. Você vai perceber isso pelos exemplos.

Pode acontecer de você ler sobre um assunto no seu livro de inglês e se interessar por aquele assunto. Mais tarde, você pode procurar no Google mais informações sobre aquilo — é sempre bom conhecer mais. Neste caso você não está só estudando inglês, mas também está usando o seu inglês para aprender sobre outras coisas. Não é o máximo? Eu acho que sim. Afinal, nós não aprendemos inglês só para saber inglês. O objetivo de aprender inglês é usá-lo como um instrumento para outra coisa.

Existem também muitos sites com exercícios de gramática e vocabulário escritos por professores de inglês no mundo inteiro. É outra coisa que você pode procurar e tentar fazer. Quando você tem uma dúvida sobre um assunto mais específico, sempre vale a pena treinar mais.

Uma boa maneira de aprender vocabulário é usando o Google Images. Quando você não entender uma determinada palavra, entre no Google e clique em "Images" ou "Imagens". Escreva a palavra e clique em "Pesquisar". Você vai achar muitas figuras que podem servir para esclarecer o que é a palavra que você procurou. Muitas vezes quando nós aprendemos uma palavra nova e lemos a definição, ela não fica clara na nossa cabeça. Ver a foto pode ser um elemento a mais para ajudar na compreensão

NESTE CASO VOCÊ NÃO ESTÁ SÓ ESTUDANDO INGLÊS, MAS TAMBÉM ESTÁ USANDO O SEU INGLÊS PARA APRENDER SOBRE OUTRAS COISAS.

Você já deve ter ouvido falar que uma imagem é melhor do que mil palavras. Você vai encontrar centenas ou até milhares de figuras. Porém, fique atento: algumas das figuras não vão ter nada a ver com a sua busca, pois a pessoa que colocou a foto online pode ter dado um nome estranho ao arquivo. Mas se você se basear na maioria das fotos, com certeza isso vai ajudar você.

Lembre-se, porém, de que nem tudo na internet é confiável. É preciso ter um filtro. Você também pode encontrar informações erradas. Por isso prefira sites mais confiáveis. Veja também o número de ocorrências de cada palavra. Se a palavra tiver poucas ocorrências, pode ser que esteja errada, ou não seja tão comum.

O mundo do inglês está aberto para você! É só você estender a mão. Está tudo ao seu alcance. Quando eu comecei a aprender inglês, nada disso existia. Você já está muito melhor equipado do que eu. Eu como eu sempre digo, se eu aprendi, você também consegue. Eu não sou melhor do que ninguém.

85 APRENDA INGLÊS COM *NURSERY RHYMES*

Você sabe o que são *nursery rhymes*? *Nursery rhymes* são aqueles versinhos rimados que a gente fala quando criança (como "Batatinha quando nasce..."). Quando a gente é criança e aprende esses versinhos, nem sabe o que está dizendo, mas é divertido repetir, pois a gente brinca com os sons das palavras. E brincar com as palavras nos ajuda a aprender a língua — tanto a nossa quanto a língua estrangeira.

Eu sempre gostei de rimas e passei a minha vida inteira escrevendo versinhos. Para mim é uma coisa muito natural. E para o inglês é um instrumento muito útil também.

As palavras que rimam terminam com os mesmo som, e conhecê-las ajuda você a melhorar a sua pronúncia. Muitas vezes você pode não saber a pronúncia correta de uma palavra, mas se descobrir as palavras que rimam com ela, fica muito mais fácil.

Existem vários dicionários de rimas online. Você escreve a palavra e aparecem várias outras que rimam com ela. Há muitas que são palavras de baixa frequência, ou palavras que você não conhece, mas não se preocupe. Preocupe-se apenas com o som.

Uma ideia é você fazer uma lista de palavras que rimam. Se quiser, pode tentar escrever alguns versinhos com elas. Não precisa ser nada elaborado, mas frases que vão ajudar você a se lembrar das palavras e, consequentemente, dos sons.

> **AS PALAVRAS QUE RIMAM TERMINAM COM OS MESMO SOM, E CONHECÊ-LAS AJUDA VOCÊ A MELHORAR A SUA PRONÚNCIA.**

É um recurso interessante quando aprendemos uma palavra nova e não nos lembramos da pronúncia. Colocando a palavra no dicionário de rimas, entre as várias palavras que vão aparecer deve haver pelo menos uma que você conhece e sabe como se pronuncia. Rimando com a palavra que você está procurando, você consegue saber a pronúncia daquela palavra.

Por exemplo, escrevendo a palavra "cough" você encontra rimas como "off", "turnoff", "payoff", "boff" e outras. Será que dá para saber o som da palavra "cough"?

Inglês é uma língua cuja maneira de escrever não é sempre associada com a pronúncia. Há palavras que se escrevem de maneira totalmente diferente e que rimam, e outras que se escrevem com as mesmas letras, mas cujo som é totalmente diferente. Aprender as rimas vai ser mais um recurso para ajudar você no seu aprendizado. As *nursery rhymes* vão além disso, pois também treinamos o ritmo das frases. Pode ser divertido e pode até despertar o poeta que existe dentro de você.

> **COLOCANDO A PALAVRA NO DICIONÁRIO DE RIMAS, ENTRE AS VÁRIAS PALAVRAS QUE VÃO APARECER DEVE HAVER PELO MENOS UMA QUE VOCÊ CONHECE E SABE COMO SE PRONUNCIA.**

Lembre-se de que brincar com as palavras também ajuda você a se sentir mais confiante no uso do seu inglês.

Mesmo que você não seja criança, vale a pena brincar com esses versinhos divertidos. Você pode recitá-los e até cantá-los. Existem vários livros com *nursery rhymes*. Existem também muitos sites com centenas delas. Alguns apresentam até uma versão gravada para você ouvir e falar junto. Você pode encontrar no YouTube várias versões musicadas de *nur-*

sery rhymes. Você pode cantar, mas pode também só declamá-las como um versinho mesmo.

Brincar com os sons da língua é divertido. Você vai aprender palavras novas também, pois muitas dessas palavras usadas por crianças não aparecem em livros didáticos. E se você tiver crianças na família, pode até fazer uma sessão de *nursery rhymes* para elas. Elas vão adorar!

RESPONDA A TODAS AS PERGUNTAS MENTALMENTE

86

Se você estuda inglês numa sala de aula, sabe que o professor precisa dar atenção a todos os alunos. Há alunos que gostam de falar muito e há aqueles que não querem falar de jeito nenhum. O professor precisa fazer com que todos falem um pouco.

Aqueles que gostam de falar mais ficam chateados porque o professor não os chama tanto quanto eles gostariam. Mas é assim mesmo: todos têm que ter oportunidades iguais. E isso é muito positivo. O ambiente de sala de aula é riquíssimo, pois permite uma troca de experiências entre todos. E para aprender, você não precisa de 100% da atenção. Muito do aprendizado acontece dentro da sua cabeça. Você aprende processando a informação que ouve e vê.

Uma maneira de você aumentar o seu aprendizado é tentar sempre responder a todas a perguntas mentalmente. Quando o professor perguntar alguma coisa a outro colega, responda a pergunta na sua cabeça. Quando o seu colega responder e o professor corrigir, você terá a oportunidade de verificar se o que pensou estava certo também. E assim você pratica muito mais.

> UMA MANEIRA DE VOCÊ AUMENTAR O SEU APRENDIZADO É TENTAR SEMPRE RESPONDER A TODAS A PERGUNTAS MENTALMENTE.

Muitos alunos acham que quando o professor está falando com outro aluno é a hora de descansarem, pois eles não estão fazendo nada. Isso não é verdade. Nós aprendemos também se prestarmos atenção ao que os outros colegas fazem e dizem. Eles às vezes formam uma frase diferente da que a gente havia pensado, usam palavras diferentes, tempos verbais diferentes, e tudo isso vai contribuindo para o nosso aprendizado. Você tem a chance de aumentar o seu repertório em inglês e testar hipóteses sobre a língua.

Vamos imaginar que dez colegas da sua turma responderam à mesma pergunta. Se sete acertaram e três erraram, você aprendeu sete maneiras diferentes de responder àquela pergunta. E também aprendeu três maneiras que você não deve usar para respondê-la. Isso também é importante no aprendizado.

Se o professor chamar uma dupla para apresentar um diálogo na frente da sala, ouça o diálogo com atenção. Pense no que os colegas falaram e em como você teria falado se o escolhido tivesse sido você. Existem várias maneiras de expressar a mesma ideia.

Ficando ligado a tudo o que acontece durante a aula, você aprende muito mais. Aproveite o tempo que você está dentro da sala de aula. Você só tem a ganhar.

GRAVAR A SUA VOZ AJUDA A APRENDER A OUVIR E A MELHORAR A PRONÚNCIA

Saber ouvir é muito importante sempre. Para aprender uma língua é fundamental. Você precisa prestar atenção ao que está ouvindo. Você precisa prestar atenção não somente à mensagem, mas também aos sons que essa mensagem tem.

Falar inglês bem não é apenas falar as palavras em inglês, mas falar as palavras com os sons corretos. A maneira de falar as palavras é importante. Os sons são diferentes do português e a melodia da fala é diferente da do português. Isso é o que nós chamamos de pronúncia e de entonação, como eu já escrevi antes.

É normal um estrangeiro ter sotaque ao falar inglês. Mas com esforço e dedicação, você consegue diminuir o seu sotaque. Eu já falei anteriormente que falar corretamente ajuda você a entender melhor, pois quando você não sabe pronunciar uma palavra corretamente, você também não a reconhece quando a ouve.

No seriado *Friends* há um episódio engraçadíssimo, *The One Where Joey Speaks French* (episódio 13 da décima temporada). Nesse episódio Joey precisa aprender a falar francês para conseguir um papel em uma peça. Ele pede ajuda a Phoebe, que é fluente em francês. No entanto, Joey não escuta os sons que Phoebe fala. Ele repete coisas que não têm nada a ver e diz que para ele parece exatamente igual. Claro que isso é um exagero cômico, mas há muitas pessoas que não percebem as diferenças entre os sons, pois simplesmente não ouvem. Isso também é uma questão de treinar o ouvido, e você pode fazê-lo. Se você puder, assista a esse episódio para ver do que estou falando.

Existem aqueles exercícios que contrastam sons parecidos. Nós chamamos esses pares de palavras de *minimal pairs*. Há vários exemplos, como "eat" e "it", "dear" e "jeer", "go" e "goal", só para citar alguns. Esses exercícios são muito importantes, pois essas pequenas nuances fazem uma grande diferença no sentido. Muitas vezes, para nós parece que é o mesmo som, mas para o nativo é totalmente diferente. É importante ouvir bem para reconhecer e depois tentar reproduzir.

> HÁ MUITAS PESSOAS QUE NÃO PERCEBEM AS **DIFERENÇAS ENTRE OS SONS, POIS SIMPLESMENTE NÃO OUVEM.**

Quando você estiver estudando, procure escutar com cuidado. Coloque um fone de ouvido e preste atenção aos sons que ouve. Tente repeti-los, tentando chegar o mais próximo possível do som original.

Uma técnica que pode ajudar bastante é gravar a sua própria vez e depois ouvi-la. Eu sei que a maioria das pessoas não gosta de ouvir a própria voz. E se você é assim, não se preocupe — você é normal. Todos achamos que a nossa voz gravada é muito diferente da voz verdadeira. Mas a verdade é que, vencida essa resistência inicial, gravar e depois ouvir a nossa voz falando em inglês é um ótimo recurso para melhorar a nossa pronúncia.

Muitas escolas de inglês têm o seu laboratório de línguas, onde os alunos ouvem um diálogo e gravam as suas vozes. Hoje em dia, é muito fácil você ter o seu próprio laboratório no seu computador. Você pode usar qualquer programa de edição de áudio — há alguns que você pode fazer o download de graça (como o *Audacity*).

Você pode gravar um diálogo ou uma narração de um CD de curso de inglês, de um programa de TV, de um filme ou de um programa de rádio. Em seguida, coloque um espaço em branco após cada frase. Depois você pode ouvir uma frase de cada vez, repetir e gravar a sua voz. Quando terminar, ouça a voz original e a sua e compare. Se achar que ficou muito diferente, grave novamente, tentando copiar a voz original o melhor que puder.

Se você fizer isso constantemente, vai ver que sua pronúncia vai melhorar cada vez mais. Não fique triste se no início achar que está muito diferente. O importante é você tentar melhorar sempre. E lembre-se de que o objetivo não é você falar exatamente igual ao nativo, mas ir chegando cada vez mais perto. E aos poucos você vai se acostumando a ouvir a sua voz gravada. Além de tudo é uma atividade divertida.

Aprender a ouvir melhor é um treino que você deve fazer constantemente. Ouvindo melhor, você também irá falar muito melhor.

88 ESTUDAR GRAMÁTICA E VOCABULÁRIO AJUDA VOCÊ A OUVIR E ENTENDER MELHOR

Assim como falei anteriormente sobre a pronúncia, aumentar o seu vocabulário e melhorar a sua gramática vão também fazer você entender muito mais quando ouvir alguém falar.

Quando você está aprendendo inglês é muito comum você aprender uma palavra nova e logo depois escutar aquela palavra muitas vezes seguidas. Ouve em filmes, em músicas, até vê a palavra escrita por aí. Nessas ocasiões você fala: "Nossa, que coincidência! Eu acabei de aprender essa palavra e agora a ouvi três vezes na mesma semana!".

Não é coincidência. Você já devia ter ouvido aquela palavra muitas vezes antes, mas como não a conhecia, nem a percebeu. Agora que o seu vocabulário já aumentou, você consegue distinguir aquela palavra num contexto e entende o que quer dizer. Antes, passava batido.

Há algum tempo eu li um artigo na revista do BRAZ-TESOL (uma entidade que reúne professores de inglês do Brasil todo) no qual o autor, Jeff Stranks, fala que não adianta você ficar só treinando suas técnicas de como escutar melhor ou de ficar só tentando adivinhar o sentido da frase. Para entender mais, você precisa estudar estrutura e vocabulário. Concordo plenamente com ele!

Eu mesmo já falei que quanto mais você ouvir, melhor irá entender. E é verdade. Mas também não é só isso. Se fosse, seria fácil aprender inglês. Você colocaria qualquer pessoa na frente da TV o dia inteiro vendo programas em inglês e ela sairia falando. Mas isso não acontece. Paralelamente você precisa continuar sempre ampliando o seu vocabulário e tendo um domínio maior das estruturas. E isso se consegue com o estudo.

Quanto mais amplo for o seu vocabulário, mais você conseguirá entender quando ouvir alguém falar ou quando ouvir um filme ou programa de TV. E quanto mais estruturas gramaticais diferentes você conhecer, mais fácil será entendê-las quando ouvir.

O aprendizado vem com tudo junto e é a somatória de tudo o que você aprendeu e de todas as experiências pelas quais você passou. É por isso que você não pode parar. É por isso que eu não acredito naquelas aulas só de conversação, sem nada de gramática e vocabulário. Se você não estuda e não tenta melhorar, vai continuar falando do mesmo jeito. Talvez até fique mais fluente, mas você vai falar cometendo os mesmos erros de sempre.

Em resumo, treine a sua compreensão auditiva, ouça muita coisa em inglês, mas continue estudando gramática e vocabulário. Quanto mais você conhecer da língua, melhor será a sua compreensão.

QUANTO MAIS ESTRUTURAS GRAMATICAIS DIFERENTES VOCÊ CONHECER, MAIS FÁCIL SERÁ ENTENDÊ-LAS QUANDO OUVIR.

89 FAÇA AUTOAVALIAÇÕES

Eu sei que muita gente não gosta de testes ou provas. Mas testar o seu inglês de vez em quando é bom para você e é uma maneira de você avaliar o seu progresso e poder medir o quanto já sabe.

Quando você está treinando algum esporte, é normal fazer avaliações periódicas. Você verifica se sua resistência melhorou, se seus músculos estão mais fortes e faz uma projeção para o seu progresso futuro.

A mesma coisa você deve fazer com o seu inglês. É muito importante você fazer autoavaliações periódicas. Você pode avaliar se seu vocabulário aumentou, se está sabendo mais gramática, se está entendendo mais quando lê ou quando ouve. Analise o que você já sabe, avalie o seu progresso e as suas dificuldades. A partir daí você pode reavaliar seus objetivos e suas estratégias para continuar melhorando e aprendendo cada vez mais.

Há vários tipos de testes que você pode fazer, e muitos estão disponíveis online, por exemplo. Existem simulados de testes conhecidos como o TOEFL (Test of English as a Foreign Language) e outros. Muitas escolas de inglês oferecem testes de classificação online — você pode fazer um deles para avaliar o seu nível. Existem ainda livros com testes e muitos têm as respostas no final. Existem várias opções — você pode escolher a que é melhor para você.

No entanto, não adianta você fazer essa autoavaliação todos os dias, pois o progresso de um dia para o outro é muito pequeno para ser medido, e isso causaria frustração. Você pode fazer uma autoavaliação semanal, quinzenal ou mensal. Você é quem escolhe a periodicidade. Dê a você mesmo um tempo para poder crescer.

Analise o teste com honestidade — afinal isso é para você mesmo. Veja o que você realmente aprendeu. Uma maneira de você fazer isso é refletir sobre as coisas que você estudou recentemente. Por exemplo, você estudou formação de perguntas no passado. Pergunte para você mesmo: "Eu já consigo fazer perguntas sozinho, sem errar, sem ter que olhar no livro?" ou "Eu ainda erro muito?" ou "Quais os tipos de erros mais comuns que eu ainda faço?".

Se você ainda tem dificuldade, pense no que vai fazer em relação a isso. Vai estudar mais? Vai procurar exercícios extras? Vai pedir ajuda ao seu professor ou a um colega? Alguma coisa você precisa fazer. A estratégia é você quem escolhe.

ANALISE O QUE VOCÊ JÁ SABE, AVALIE O SEU PROGRESSO E AS SUAS DIFICULDADES. A PARTIR DAÍ VOCÊ PODE REAVALIAR SEUS OBJETIVOS E SUAS ESTRATÉGIAS.

Tenha o cuidado de não se criticar demais. Não exija demais de você. Seja gentil consigo mesmo e seja realista na sua autoanálise. Se você não entendeu alguma coisa ou se ainda não domina o assunto, pense nas causas. O professor não explicou direito? (É sempre mais fácil colocar a culpa no professor.) Ou foi você que não estudou o suficiente? Você fez todos os exercícios que o professor sugeriu? Fez a lição de casa? Tentou usar o inglês em situações fora da sala de aula? Lembre-se de que, para aprender, o esforço deve ser seu.

Uma autoavaliação realista vai deixar você sempre consciente do seu progresso e você vai saber em que ponto está do seu aprendizado. É também uma excelente maneira de você se dar conta de quanto você já sabe e quanto o seu inglês já está bom. Como eu já falei em outra dica, é sempre importante você olhar para trás e ver como você já progrediu. Mesmo que ainda haja muito o que aprender (e sempre vai haver), a medida do sucesso é o que você já atingiu até agora. Fique feliz com isso e continue sempre em frente!

Lembre-se de que o resultado de um teste isolado não significa nada. O que importa é a continuidade. Se você fizer o mesmo tipo de teste várias vezes, pode avaliar o quanto progrediu em cada área. Não importa a nota que tirou — importa é o quanto ela aumentou desde o teste anterior. Se você acertou somente uma questão de gramática no último teste e agora acertou duas, você já melhorou 100%, mesmo que o teste tenha 50 perguntas. No próximo, quem sabe você consegue acertar três ou até quatro?

O objetivo do teste é você acompanhar o seu progresso. Se você se acostumar a fazer isso, verá que esse progresso será grande. E isso é um estímulo ao seu aprendizado.

Use os resultados do teste para analisar o seu processo. Se você acha que melhorou pouco numa determinada área, o que pode fazer para melhorar mais? Pense em novas estratégias e novas maneiras de estudar. Se você está satisfeito com o ritmo do seu progresso, vá em frente. O importante é você sempre pensar no que já progrediu. Não fique sofrendo com o que ainda falta. Com calma, paciência e esforço você chega lá.

A VIDA É FEITA DE FRASES FEITAS 90

Nós temos que admitir que na nossa vida cotidiana usamos muitas frases feitas. Quando vamos falar, há muitas frases que já vêm prontas à nossa cabeça. Isso é normal, e acontece com todo mundo. Há aquele famoso apresentador de telejornal que sempre termina o programa com o mesmo "Boa noite" e que todas as pessoas imitam. No meu prédio antigo havia um porteiro chamado Ronaldo que, cada vez que ligava para o meu apartamento, dizia: "Aqui é o Ronaldo da portaria". Uma vez, de brincadeira, eu atendi ao interfone dizendo "Pois não, Ronaldo?" e, assim mesmo, ele disse: "Aqui é o Ronaldo da portaria".

Às vezes não conseguimos escapar das frases feitas.

Na infância, quando nós aprendemos a falar, essas frases vão se armazenando na nossa memória. Seus pais dizem pra você responder "Obrigado" quando alguém dá um presente e você fala, mesmo não sabendo o que significa. Se você for menina, você aprende a dizer "Obrigada" e também não sabe por que. Você fala "Com licença" quando quer passar e tem alguém na sua frente. Você aprende por imitação.

Com o tempo você vai acumulando uma série de frases que vai usar do mesmo jeito na sua vida. Você pergunta "Que horas são?" mas poderia perguntar "Qual o horário agora?". Mas na hora de falar você não pensa "Hoje vou perguntar as horas de uma maneira diferente". Você usa a frase feita que já conhece.

Se você prestar atenção às coisas que diz, vai perceber que usa muitas frases repetidas dia após dia. Todos os dias na hora do almoço eu chamo os meus filhos dizendo: "O almoço tá na mesa!". Eu poderia a cada dia chamá-los com uma frase diferente como: "O almoço está servido!" ou "A comida já está pronta!" ou qualquer outra coisa. Mas na hora de falar sempre saem as mesmas palavras. Eu vou colocar gasolina no carro e digo para o atendente do posto de gasolina "Por favor, completa com gasolina comum", sempre do mesmo jeito.

E isso varia de pessoa para pessoa. Cada pessoa tem o seu conjunto de frases feitas que usa todos os dias. Eu tenho um vizinho que encontro às vezes no elevador e, quando eu pergunto "Tudo bem?", ele sempre responde "Muito bem". Ele é a única pessoa que eu conheço que responde assim. Alguns respondem "Tudo bem", "Tudo joia", outros dizem "Bem, obrigado". A minha avó Maria, ao invés de responder "Sim", dizia "Natural". O que acontece é que cada um de nós escolhe, muitas vezes inconscientemente, as frases que vai usar.

CADA PESSOA TEM O SEU CONJUNTO DE FRASES FEITAS QUE USA TODOS OS DIAS.

Você já percebeu que quando você conta uma história que aconteceu com você para várias pessoas, em dias diferentes, também acaba usando as mesmas palavras e conta a história do mesmo jeito? Já percebeu que quando você conta uma história para uma criança ela não gosta que você mude as palavras? Você precisa repeti-la sempre do mesmo jeito?

Quem não gosta de citar frases ditas por outras pessoas? Não dizemos sempre "Como diria fulano..." e já tacamos outra frase feita? E não adoramos repetir bordões criados por personagens de televisão? Pense em quantos você usa na sua vida.

É claro que nem todas as frases que usamos na vida são prontas. Nós também combinamos palavras para criar as nossas próprias frases. Mas as frases feitas são uma parte grande do nosso repertório de frases.

A mesma coisa acontece com o inglês. Você também vai aprender diversas frases prontas para usar. E quando for falar, as frases vão sair igualzinhas às que você aprendeu. No entanto, há muita gente que está aprendendo inglês que reclama que inglês é decoreba, que você tem que usar frases prontas. Mas não é isso. Na verdade, você não precisa usar essas frases. Você pode tentar falar do seu jeito. Mas se todo mundo usa essas frases, por que você precisa ser diferente? Se todo mundo fala do mesmo jeito, não é mais fácil falar assim?

Eu não estou querendo dizer que você deve decorar uma série de frases e sair falando por aí como um papagaio. Só estou querendo dizer que quando você aprender uma frase você não precisa ter receio de usá-la do mesmo jeito que aprendeu. Com o tempo você vai até aprender outras maneiras de falar a mesma coisa. Mas muitas vezes vai perceber que, embora existam várias formas diferentes, há uma que é mais usada e vai acabar usando aquela mesmo. Sem se sentir mal por isso.

Se você faz isso em português, não precisa se incomodar de fazê-lo em inglês.

91 QUANDO VIAJAR PARA O EXTERIOR, FUJA DOS BRASILEIROS

Eu adoro viajar e, se pudesse, estaria sempre com o pé na estrada. Quando viajamos, vemos coisas diferentes, conhecemos pessoas e culturas diferentes. Nossos horizontes se ampliam e, por mais que o corpo fique cansado, relaxamos muito. Viajar também é uma maneira excelente de treinar o inglês. Muita gente no mundo todo fala inglês, que é a língua da comunicação universal. Você consegue se comunicar com quase todo mundo falando inglês.

Se você tiver a oportunidade de viajar, aproveite e mergulhe fundo no inglês. Fale inglês com todas as pessoas que você encontrar. Fuja dos brasileiros! Se você ficar perto de brasileiros e falando português, não terá chance de treinar o seu inglês.

Pessoalmente, quando eu estou no exterior e escuto alguém falando português, finjo que não entendo e vou para o outro lado. Eu já falo português o dia todo no Brasil. Por que vou falar português no exterior?

Uma das coisas bacanas de viajar é poder mergulhar em uma nova cultura. Conhecer pessoas, experimentar os sabores, sentir os cheiros locais. Há pessoas que vão para os Estados Unidos e vão passear na rua dos brasileiros e comer em restaurantes de comida brasileira. Tudo bem, é uma questão de gosto, mas eu me pergunto: para quê?

Há muitos anos acompanhei um grupo de 48 adolescentes que foram passar três semanas em Londres para estudar inglês (já falei sobre isso na dica 54). Como eles ficavam juntos a maior parte do tempo, só conversavam em português. A maioria aprendeu pouquíssimo inglês lá, pois não havia a necessidade de se comunicar para ser entendido.

Se você está rodeado de pessoas que não falam a sua língua, você terá a necessidade de falar para se comunicar. É isso que fará você aprender. Mesmo que você tenha dificuldade para falar alguma coisa, a tentativa de se comunicar fará você aprender mais. Isso é uma experiência riquíssima e maravilhosa.

Só quero deixar claro que não tenho nada contra os brasileiros. Eu sou brasileiro e tenho orgulho disso. Sei que os brasileiros são alegres, e onde quer que se encontrem tudo vira festa. É divertido. Apenas acho que se você viaja para o exterior e passa grande parte do seu tempo falando português, acaba perdendo uma grande oportunidade de aprimorar o seu inglês.

Em uma viagem você tem a chance de conversar com outras pessoas, e isso é muito mais proveitoso. Eu já sei falar inglês, já sou fluente e entendo muito bem, mas sempre há espaço para aprender um pouco mais. Conversando com os nativos ou mesmo com outros turistas você aprende expressões novas que as pessoas estão usando no momento. E isso vale muito, pois muitas dessas expressões não estão em livros ainda. Você vivencia e aprende no dia a dia.

> **MESMO QUE VOCÊ TENHA DIFICULDADE PARA FALAR ALGUMA COISA, A TENTATIVA DE SE COMUNICAR FARÁ VOCÊ APRENDER MAIS.**

Eu já falei que para aprender inglês você precisa deixar o inglês envolver você. Estando num país onde se fala inglês, a TV, as rádios, os anúncios na rua... tudo é em inglês. É uma imersão total. Se você se deixar envolver, vai aprender muito. Viajar, na minha opinião, é mergulhar fundo no país em que você está: conhecer a cultura, as pessoas, provar a comida, ouvir a música. É tentar viver como as pessoas do local. É uma experiência completa.

Abrindo um parêntese, eu tento fazer a mesma coisa na sala de aula. Criando um ambiente onde tudo é em inglês, é muito mais fácil de aprender. Há muitas pessoas que não têm a oportunidade de sair do país, mas você pode criar as mesmas condições dentro da escola, no Brasil. Eu acredito muito nisso.

Hoje em dia tem acontecido uma coisa muito interessante no que diz respeito a viagens. Antigamente, algumas famílias mandavam seus filhos fazer intercâmbio em um país estrangeiro por um ano, e o filho ficava lá isolado de tudo. Ele ficava na casa de uma família americana, por exemplo, frequentava uma escola americana, fazia amigos americanos e vivia cercado por americanos. Telefonar para o Brasil custava muito caro e por isso os jovens ligavam para casa uma vez por mês e só podiam falar rapidamente, pois o custo da ligação era absurdo.

Hoje em dia, muitos jovens ainda fazem intercâmbio, tudo do mesmo jeito — ou quase. Com o acesso à internet, eles comunicam-se com o Brasil diariamente. Falam com a família pelo Skype, usam MSN, e-mail, e até ligam do celular. Dessa maneira não ficam tão isolados, e a família sente menos saudade. Pelo computador, os jovens ainda ouvem estações de rádio brasileiras e até assistem aos capítulos das novelas do Brasil. O que está acontecendo, no entanto, é que os jovens que voltam do intercâmbio não estão voltando com um inglês tão bom quanto os de antigamente. Não é saudosismo — é apenas uma constatação.

Ficar isolado realmente funciona. E também é bom para o jovem aprender a ser independente. Se você está viajando com outra pessoa que também fala a sua língua, vocês vão provavelmente falar em português o tempo todo e muitas vezes, quando você não entender alguma coisa, o seu amigo vai traduzir para você. Isso diminui o seu esforço de tentar entender. E não se esforçando, você não começa a entender mais.

Não é preconceito contra brasileiros. É apenas uma dica para você aprender mais inglês e usar o inglês que já aprendeu. E eu acho que é possível sim fugir do português e que vale a pena tentar.

> **VIAJAR, NA MINHA OPINIÃO, É MERGULHAR FUNDO NO PAÍS EM QUE VOCÊ ESTÁ: CONHECER A CULTURA, AS PESSOAS, PROVAR A COMIDA, OUVIR A MÚSICA. É TENTAR VIVER COMO AS PESSOAS DO LOCAL. É UMA EXPERIÊNCIA COMPLETA.**

◆

92 ADMITIR QUE NÃO SABE NÃO É SINAL DE FRAQUEZA

Muitas vezes nós sentimos vergonha de mostrar fraqueza. Temos a tendência a esconder quando não estamos bem ou quando estamos tristes, como se tivéssemos a obrigação de sermos sempre fortes e estarmos sempre felizes. Encontramos um amigo na rua que nos pergunta se estamos bem e dizemos que sim, mesmo que não seja verdade.

A mesma coisa acontece no aprendizado. Na escola, e na aula de inglês também, parece ser uma vergonha dizer que não sabemos ou que não entendemos alguma coisa. Muita gente se sente inferiorizada por não saber algo.

Mas pense bem: como alguém vai poder ajudá-lo se você não mostrar que precisa de ajuda? O professor e até os seus colegas estão ali para ajudar você a aprender melhor. Se você disser que está com uma dificuldade, eles irão ao seu auxílio. E então você vai aprender mais. Parece simples, não?

Se nós soubéssemos tudo, não precisaríamos aprender. E não saber não é uma coisa ruim. O importante é você tentar aprender — e o primeiro passo para você aprender é admitir que não sabe, ou que tem dúvidas. Sem se sentir mal.

Há professores — não só de inglês — que nunca admitem que não sabem alguma coisa. Parece que acham que têm a obrigação de saber tudo. Na verdade ninguém sabe tudo de tudo, e dá muito trabalho tentar viver fingindo que sabe tudo. Se você tenta mostrar uma coisa que não é, acaba ficando infeliz.

Eu sempre digo a meus alunos: "Eu sei muitas coisas, mas eu não sei tudo". Quando vou dar uma aula, eu preparo a aula com antecedência. Ao chegar à sala de aula, estou preparado para dar aquela aula. Se há alguma palavra que eu não conhecia, pesquiso, estudo e aprendo antes da aula começar. Mesmo assim, às vezes um aluno me pergunta algo que eu não sei — não referente àquela aula — e se eu não sei, digo que não sei e que vou pesquisar. Então eu pesquiso, e aprendo coisas novas. E respondo na aula seguinte.

Você sabe que um professor pergunta muitas e muitas vezes na mesma aula se os alunos entenderam. Eu também faço isso. Muitas vezes quando eu estou dando aula e pergunto se alguém tem dúvidas, percebo que alguns alunos não entendem mas não perguntam. Fazem aquela cara envergonhada por não terem entendido.

Quero enfatizar mais uma vez: não é vergonha não entender. Se um aluno não entendeu, a culpa não é dele. Pode ser que a minha explicação ou os exemplos que eu dei não tenham sido muito claros. Muitas vezes os exemplos do livro não são bons ou apresentam um contexto confuso. Se eu souber que o aluno não entendeu, posso tentar dar mais exemplos, ou até sugerir exercícios extras para ele fazer. E assim ajudá-lo a entender.

Lembre-se de que não é vergonha não saber. Mostre que não sabe e peça ajuda. Você vai se sentir muito melhor. Tentar ser autossuficiente demanda muito esforço e energia, e podemos usar essa energia para coisas mais positivas, seja na aula de inglês ou em qualquer outro lugar.

93 COLOQUE CARTAZES NA PAREDE PARA AJUDAR A SE LEMBRAR

Quando você precisa se lembrar de alguma coisa, uma ideia que pode funcionar é colocar um cartaz na parede. Você pode usar a parede do seu quarto, por exemplo. Assim, cada vez que você entrar no quarto vai dar uma olhadinha e vai acabar lembrando. Você pode ainda colocar um cartaz no espelho do banheiro. Quando você for lavar o rosto ou escovar os dentes, vai sempre enxergar o cartaz e isso vai ajudá-lo a lembrar mais facilmente. Ou pode colocar um cartaz em outro lugar, onde ficar mais fácil para você.

Nesse cartaz, por exemplo, você pode colocar alguns verbos de cujos passados você não consegue se lembrar. Você pode escrever o vocabulário que precisa aprender ou exemplos de alguma estrutura gramatical que está estudando. Tendo aquele cartaz na parede, no espelho, ou onde você achar mais conveniente, mesmo sem querer você vai acabar vendo muitas vezes por dia. Às vezes, mesmo sem você olhar diretamente para ele, o seu subconsciente vai lendo e processando a informação.

Quando eu estava no colégio, ou mesmo na faculdade de engenharia, eu fazia isso para lembrar as fórmulas de matemática — e funcionava bem. Hoje em dia, quando eu preciso dar remédios para os meus filhos, coloco um pequeno cartaz na geladeira com os horários em que eles precisam tomá-los. O curioso é que, depois de um dia, eu nem preciso olhar para o cartaz para lembrar. Isso vai acontecer também com você.

> **TENDO AQUELE CARTAZ NA PAREDE, NO ESPELHO, OU ONDE VOCÊ ACHAR MAIS CONVENIENTE, MESMO SEM QUERER VOCÊ VAI ACABAR VENDO MUITAS VEZES POR DIA.**

Para estudar vocabulário, uma ideia interessante é usar os cartazes para classificar as palavras e expressões, dividindo-as em categorias. Dessa maneira, é mais fácil de lembrá-las. Por exemplo, se você está estudando adjetivos, você pode fazer listas diferentes com os adjetivos que são positivos e os adjetivos que são negativos. Se você está estudando comidas e bebidas, você pode fazer listas de coisas para comer e coisas para beber. Mas você também pode classificar as palavras de acordo com as refeições — coisas que você come no café da manhã, no almoço, ou no jantar. Você ainda pode classificar em coisas doces e salgadas, ou coisas que se comem quentes ou frias. Isso vai depender do que vai ser mais fácil para você se lembrar. Cada pessoa pode decidir classificar de uma maneira diferente.

Esse tipo de classificação pode ajudar você a se lembrar melhor das palavras. É mais ou menos como organizar as pastas dentro de um computador: você coloca os arquivos em pastas que vão ajudar você a encontrá-los mais facilmente. Ou como guardar as coisas em gavetas — uma gaveta para lápis, canetas e borrachas; uma gaveta para contas a pagar; outra para fotos e assim por diante.

Outra coisa que você pode tentar é fazer um desenho ligando as palavras que se relacionam. Por exemplo, você escreve no centro de um círculo "vegetables". Saindo do círculo, você faz várias linhas e no final de cada uma escreve uma palavra. Vai ficar parecendo uma aranha com muitas pernas. Você pode fazer isso, por exemplo, colocando uma preposição no centro e os verbos que usam aquela preposição nas pontas. Também é possível usar isso para treinar pronún-

> **UMA IDEIA INTERESSANTE É USAR OS CARTAZES PARA CLASSIFICAR AS PALAVRAS E EXPRESSÕES, DIVIDINDO-AS EM CATEGORIAS.**

cia e colocar uma palavra no centro e palavras que rimem com ela ao redor. As possibilidades são enormes.

 Esse tipo de classificação funciona bem para algumas pessoas. Como eu já disse antes, há pessoas que aprendem mais quando visualizam as coisas. Se você nunca tentou, experimente. Pode ser que você descubra uma maneira nova de aprender que facilite muito a sua vida.

REFLITA SOBRE O QUE VOCÊ APRENDEU   94

Muitas vezes nós fazemos as coisas no piloto automático, sem prestarmos atenção ao que estamos fazendo. É um reflexo da vida moderna, em que todos têm muitos compromissos. Várias vezes eu acabo de me arrumar e me pergunto: "Será que já escovei os dentes?". E vou escová-los, mesmo que já tenha escovado. Nós fazemos as atividades mecanicamente e pensando no que vamos fazer depois. Assim não notamos o que estamos fazendo naquele instante.

Isso acontece também quando estamos estudando. Nós vamos à aula de inglês, assistimos à aula por uma hora e meia, saímos de lá e já estamos com a cabeça na próxima atividade. E o aprendizado que acabou de ocorrer fica relegado a um segundo plano.

Eu acho muito importante darmos uma paradinha ao final de cada aula, ou mesmo ao final de cada período que passamos estudando, e perguntarmos a nós mesmos: "O que foi que eu aprendi hoje?". Não precisa de muito tempo. Pode ser um ou dois minutinhos de reflexão.

Pense no que você aprendeu e no que aquilo acrescentou ao seu conhecimento de inglês. Se aprendeu vocabulário novo, pense nas palavras e em como são usadas. Pense na gramática que aprendeu e na pronúncia das palavras. Pense nos erros que você cometeu e na correção que recebeu (*Eu falei "She like" e a professora me corrigiu. O correto é "She likes". Preciso me lembrar disto.*). Isso vai fazer com que você aproveite muito mais aquilo que aprendeu.

Quando eu busco meus filhos no colégio todos os dias, eu sempre pergunto: "O que vocês aprenderam hoje?" e em geral eles me respondem: "Nada". E eu penso, puxa vida, será que não aprenderam nada mesmo? Claro que aprenderam, só que não se deram conta disso. Precisamos tornar o processo de aprendizado mais consciente. Essa pequena reflexão pode ajudar.

SE APRENDEU VOCABULÁRIO NOVO, PENSE NAS PALAVRAS E EM COMO SÃO USADAS.

Da mesma forma, você pode fazer uma reflexão maior sobre tudo o que aprendeu no último mês ou na última unidade do seu livro. Pode dar uma olhada nas páginas do livro e fazer uma lista do que aprendeu. Você pode classificar o que aprendeu em categorias, marcando o que você aprendeu bem, o que aprendeu, mas ainda tem dúvidas, e aquilo que você estudou, mas ainda não conseguiu entender direito. Isso vai ajudar você também a planejar estratégias para melhorar.

Outra coisa que ajuda é, antes da próxima aula, fazer uma reflexão semelhante. Enquanto está indo para a escola, vá pensando sobre o que você aprendeu na aula anterior. Isso vai deixar a sua memória mais fresca e você estará mais preparado para aprender coisas novas.

É importante refletirmos sobre o nosso aprendizado. Se você se forçar a fazer isso um pouquinho por dia, vai acabar incorporando a prática na sua rotina e depois vai fazê-lo automaticamente. Experimente e verá os resultados!

PENSE SOBRE O QUE VOCÊ ESTÁ LENDO   95

Eu comentei na dica anterior que muitas vezes nós fazemos as coisas mecanicamente, sem prestar atenção ao que estamos fazendo. Eu mesmo faço isso muitas vezes. Às vezes eu leio uma notícia no jornal, mas a cabeça está pensando em outra coisa. Quando chego ao final, não sei o que li. Preciso reler tudo. Presto atenção e aí entendo. Isso acontece com você?

Como professor, é comum eu dar aos alunos um exercício em que eles têm que completar um texto com os verbos na forma correta. Ao final do exercício, eu peço aos alunos que leiam as frases e nós vamos corrigindo. Quando acabamos de corrigir o exercício, eu peço que eles fechem o livro e pergunto: "Vocês concordam com o texto?". E vários alunos fazem uma cara de interrogação. É incrível, mas muitos desses alunos não sabem dizer sobre o que é o texto. Eles fazem o exercício, pensam nos verbos — afinal é um exercício de gramática — mas não pensam sobre o que estão lendo. Eles se preocupam com os verbos, mas não com o conteúdo do texto.

Fora da sala de aula, na nossa vida real, nós lemos para saber o que está escrito, não para saber que verbos estão no texto. Nós queremos informação. Lemos uma notícia no jornal para saber o que aconteceu. Lemos a bula de um remédio para sabermos quais são os efeitos colaterais. Nós precisamos pensar no que estamos lendo. Ao fazer um exercício na sala de aula precisamos pensar nisso também.

É muito mais fácil sabermos que verbos ou que palavras usar para completar o texto quando entendemos o assunto do mesmo. Uma sugestão é você sempre ler o texto inteiro antes de começar a completá-lo. Mesmo com algumas palavras faltando, você será capaz de entender o assunto geral do texto antes de começar o exercício. Assim será até mais fácil pensar na gramática depois.

Ao acabar o exercício, pergunte a si mesmo o que você entendeu do texto. Pergunte a si mesmo o que você aprendeu — não sobre a gramática, mas sobre o assunto tratado no texto. Nós aprendemos mais do que apenas inglês quando estamos fazendo um exercício.

> **VOCÊ NÃO PRECISA ENTENDER TODAS AS PALAVRAS DO TEXTO, MAS PRECISA ENTENDER AS IDEIAS QUE APARECEM NELE.**

A mesma coisa acontece quando fazemos um exercício de leitura de textos. Esses exercícios têm por objetivo melhorar a sua capacidade de ler em inglês. Ler é uma habilidade importante. Há pessoas que precisam ler em inglês por motivos profissionais. Há pessoas que leem livros e revistas em inglês para se divertir. Outras leem para pesquisar ou até para jogar vídeo games — muitos deles são em inglês.

Como fazer para desenvolver a sua capacidade de ler? Primeiramente, já sabemos que quanto mais você ler, melhor irá ler. Acostume-se a ler bastante e vai ver que cada vez será mais fácil.

Um hábito que é muito bom para ajudar você a desenvolver a sua leitura é sempre fazer perguntas para você mesmo, para ver se você realmente entendeu. Lembre-se de que você não precisa entender todas as palavras do texto, mas precisa entender as ideias que aparecem nele. Você pode fazer para você mesmo perguntas mais gerais e depois mais específicas. O que aconteceu? Quais são as ideias mais importantes do texto?

No caso de um texto onde alguém expressa uma opinião, pergunte-se qual é a opinião do autor e que razões ele dá para justificá-la. Se for uma história, tente se lembrar da sequência dos acontecimentos — o que aconteceu primeiro, o que aconteceu depois, e assim por diante.

Em geral, nas escolas de inglês você faz atividades de leitura seguidas por perguntas. Essas perguntas servem justamente para você mesmo testar a sua compreensão. Muitas vezes você pensa que o professor está te testando, mas na realidade o objetivo é você testar a si mesmo. Isso é feito para ensinar você a se virar sozinho.

Não estou dizendo para você fazer um teste e responder a uma série de perguntas, pois isso vai tirar o seu prazer de ler. Mas digo que de vez em quando você deve dar uma paradinha e tentar recapitular aquilo que leu. Isso vai ajudar você a melhorar ainda mais a sua leitura em inglês.

Pense também se você concorda com o que o texto disse. Pode ser um assunto em que haja opiniões contrárias — você pode discordar do que está escrito. Pensar sobre o assunto e discuti-lo também é importante no seu desenvolvimento pessoal e na língua inglesa.

Ponha a cabeça para pensar e o seu aprendizado vai melhorar cada vez mais.

96 PARA APRENDER VOCÊ PRECISA DE DEDICAÇÃO

Quando eu era criança comecei a minha carreira de professor brincando de escolinha com a minha prima Emília. Hoje em dia as crianças não brincam mais de escolinha, uma brincadeira que exigia rigor e disciplina. Será que as crianças de hoje já não conseguem conviver com essas coisas? E os adultos, será que conseguem?

Parece que exigência, rigor e disciplina estão fora de moda hoje. Existem muitas crianças que não têm limites, que não aceitam críticas e não têm disciplina. E a disciplina é importante para você aprender. Você precisa ter uma disciplina na sala de aula e precisa de uma disciplina de estudos também. E a falta dela acaba se refletindo também na vida adulta.

Se você quer realmente aprender inglês, precisa se dedicar. E se dedicar significa fazer o máximo possível para aprender. Isso envolve estudar, fazer exercícios, ler, escrever, tentar falar, assistir a filmes, cantar, enfim, usar o seu inglês.

Quando eu digo isso, muita gente me diz: "Mas eu não tenho tempo de fazer tanta coisa!". Eu sei, mas não fui eu quem falou que você deveria aprender inglês — foi você quem decidiu. E o seu aprendizado vai ser maior se você se dedicar mais. O que você vai fazer e quanto tempo você vai dedicar a isso é uma escolha sua. Os resultados vão refletir a sua escolha e a sua atitude.

Dedicação é fundamental em tudo o que você quer fazer bem feito. Se você quer ser bom em algo, tem que se dedicar àquilo. Se você quer falar inglês, mas não se preocupa em ter um inglês maravilhoso — apenas bom o suficiente para se comunicar — não precisa se dedicar tanto. Eu já escrevi anteriormente que é você quem escolhe aonde quer chegar.

No dia 29 de outubro de 2010, eu e a Cris fomos ao teatro assistir à peça *Os 39 degraus*, uma comédia muito divertida inspirada na obra de Alfred Hitchcock. Ao final da peça, quando os atores vieram para a frente agradecer, o ator Dan Stulbach — protagonista da peça — começou a chorar. Ele então conversou com a plateia e disse que estava particularmente emocionado naquele dia. Nesse instante, o ator Danton Mello, seu colega de elenco, contou ao público que a filha de Dan tinha nascido naquele dia. Dan Stulbach então disse que havia passado o dia na maternidade para o nascimento de sua filha Anita e depois foi direto para o teatro para fazer a peça. Que exemplo de dedicação e responsabilidade!

ESTUDAR, FAZER EXERCÍCIOS, LER, ESCREVER, TENTAR FALAR, ASSISTIR A FILMES, CANTAR.

Será que ele não poderia ter cancelado o espetáculo naquele dia? Será que não poderia ter colocado um ator substituto para fazer o seu papel naquele dia tão especial? (Havia um ator de plantão para isso.) O público teria compreendido se houvesse um cartaz na porta do teatro dizendo "O espetáculo foi suspenso em virtude do nascimento da filha do ator Dan Stulbach". Mas não! Ele achou que o seu senso de responsabilidade e a sua dedicação ao seu trabalho eram tão importantes que foi fazer a peça — e depois deve ter voltado correndo para a maternidade para curtir a filha.

Você faria uma coisa dessas? Quantas vezes nós dizemos que queremos aprender inglês, mas qualquer coisa é uma desculpa para adiar? "Hoje não vou estudar, pois tem o jogo do meu time na TV, hoje estou com dor de barriga, hoje estou com sono, hoje não estou a fim, hoje briguei com a namorada...", e por aí vai.

Se você está hoje lutando para aprender inglês, será que não falta um pouco de disciplina para estudar? Esforçar-se, repetir as lições, dar o melhor de si são atitudes que facilitam o aprendizado. Essas coisas se aprendem na escola e servem para toda a vida. Você inclusive terá mais disciplina no trabalho se aprender desde pequeno.

Eu tive uma aluna de nove anos de idade que tinha muita dificuldade para aprender inglês. No entanto, ela raramente fazia as lições de casa. Eu sempre dizia que se ela fizesse a lição de casa, aprenderia muito mais. Mas não adiantava. Telefonei para a mãe, explicando a situação e ela me respondeu que a filha não tinha tempo para fazer a lição de casa. Eu compreendo que a criança tem muitas atividades durante o dia, mas já nessa idade é preciso aprender a se disciplinar para organizar o seu tempo. Você não precisa estudar inglês 3 horas por dia, mas se estudar 30 minutos por dia duas vezes por semana já estaria bom.

> **ESFORÇAR-SE, REPETIR AS LIÇÕES, DAR O MELHOR DE SI SÃO ATITUDES QUE FACILITAM O APRENDIZADO.**

Uma outra mãe de aluna reclamou comigo dizendo que a filha tinha apenas dez anos e que era muito cedo para ter responsabilidade. Eu discordo, e acho que aprendemos responsabilidade desde pequeninhos. É claro que o tipo de responsabilidade varia de acordo com a idade, mas a responsabilidade de fazer as lições e estudar começa desde cedo. E a prática vai ajudar a criança na vida adulta.

Na verdade, a maioria das crianças que vai para uma escola de inglês está lá porque os pais querem. No entanto, falta a alguns pais fazerem com que se dediquem. O professor só consegue ir até um certo ponto. O resto do trabalho tem que vir de casa. É preciso ensiná-las a ter responsabilidade.

Se está difícil para você aprender inglês, será que você não está repetindo algum desses comportamentos? Será que não está faltando um pouco de disciplina? De dedicação? De esforço? Nunca é tarde para mudar, se você realmente quer aprender. Só depende de você.

Se você quiser mesmo aprender inglês, invista em você. Dedique-se e vai ver que o resultado vai ser muito melhor.

97 USE AS REDES SOCIAIS PARA APRENDER INGLÊS

Muita gente não estuda inglês alegando que não tempo. E realmente, para aprender, você precisa de tempo: tempo para se dedicar, para praticar, para entender. Às vezes, quando você quer fazer alguma coisa, precisa deixar de fazer outra. É uma questão de prioridades. Se você não está disposto a sacrificar nada para conseguir fazer o que quer, é mais complicado.

Eu já disse várias vezes que uma maneira de você treinar o seu inglês é incorporá-lo em situações da sua vida. Use o inglês diariamente. Se você trocar algumas coisas que faz em português pelo inglês, o inglês vai ficar cada vez mais natural para você. E quanto mais natural, mais à vontade você vai se sentir com ele.

Uma opção é você participar das redes sociais e escrever em inglês. Você se comunica e usa o inglês ao mesmo tempo.

Você já participa do Twitter? O Twitter é uma rede social onde você pode postar textos curtos de até 140 caracteres — os chamados *tweets*. Depois de se cadastrar, você pode seguir outras pessoas que também fazem parte dele. Toda vez que alguém posta uma mensagem, todos os seus seguidores a recebem. Além de ver as mensagens no site do Twitter, você pode recebê-las em outros lugares — até no seu celular. Basta você se cadastrar.

Como tudo na internet, há coisas interessantes e coisas não interessantes no Twitter. Há pessoas que colocam *tweets* legais e outras que falam bobagens. Tudo depende de quem você vai seguir. Eu acho o Twitter super útil. Eu sigo muitas pessoas, dentre elas vários professores de inglês que compartilham dicas, sites interessantes para se aprender gramática ou vocabulário, programas de TV legais para aprender inglês e muitas outras coisas. Eu mesmo uso o Twitter para divulgar palestras e cursos que dou, e para divulgar novos posts no meu blog, por exemplo. O Twitter cresceu tanto que até o dicionário *Aurélio* incluiu o verbo "tuitar", que significa "postar comentários no Twitter". É um verbo que só se usa num contexto, mas que de tão usado mereceu um verbete no *Aurélio*.

Tuitar é uma ótima maneira também de praticar o seu inglês. Se você seguir pessoas que tuitam em inglês, vai ler muitas coisas em inglês. E você pode também tuitar em inglês. Se escrever coisas interessantes, pode ter até seguidores fora do Brasil. Bacana, não?

Se você usa o MSN ou o Facebook para se comunicar com seus amigos, por que também não tenta escrever só em inglês? É uma oportunidade de se comunicar e praticar o seu inglês. Se você tem amigos que falam inglês ou que estão estudando inglês, combine com eles de trocar mensagens apenas em inglês. Você pode também adicionar na sua lista pessoas de outros países e corresponder-se com elas em inglês. Quanto mais, melhor. Você continuará mandando suas mensagens instantâneas, sabendo de tudo o que acontece e além de tudo terá o benefício de melhorar o seu inglês.

> **UMA OPÇÃO É VOCÊ PARTICIPAR DAS REDES SOCIAIS E ESCREVER EM INGLÊS. VOCÊ SE COMUNICA E USA O INGLÊS AO MESMO TEMPO.**

Quando eu comecei a estudar inglês, há mais de 40 anos, nada disso era possível. Um recurso que todos nós usávamos era ter um *pen pal*, um amigo em outro país com o qual nós nos correspondíamos. Nós escrevíamos uma carta em inglês, mandávamos pelo correio e esperávamos semanas pela resposta. E ficávamos felizes quando a carta chegava. Hoje em dia, temos tudo mais rápido, ao nosso alcance a qualquer instante. Por que não usar isso a nosso favor?

Aproveite as redes sociais, atualize-se e treine o seu inglês ao mesmo tempo. Não é exatamente um estudo, mas uma maneira de pôr em prática o inglês que você aprende. E isso é o mais importante, pois nós não estudamos inglês com objetivo de aprendê-lo, mas sim de usá-lo para nos comunicarmos. Quanto mais o inglês estiver presente no seu dia a dia, melhor você vai falar. Criar as oportunidades só depende de você.

DESISTIR NÃO É NECESSARIAMENTE RUIM 98

Existe uma tendência no nosso mundo de achar que desistir de alguma coisa é ruim. Quem desiste é chamado de fraco ou de perdedor. Como se todo mundo tivesse a obrigação de fazer tudo até o fim. Na verdade, não é bem assim.

Desistir é possível e não é uma vergonha. O que precisa ser considerado é o motivo pelo qual você está desistindo.

Há vezes em você não está mais com vontade de fazer aquilo — então, por que não desistir? Eu estudei Engenharia Civil e lá pela metade do curso percebi que não queria ser engenheiro. Pensei em desistir. Agora vamos pensar na minha cabeça aos 20 aninhos e tudo o que pensei.

Imaginem a vergonha que eu ia passar por desistir! Imaginem a vergonha da minha família ao saber que eu tinha desistido da Escola Politécnica da Universidade de São Paulo, um lugar onde tanta gente sofre para entrar! Não, eu não faria isso — e não fiz: fui até o fim, me formei e até fiz pós-graduação. Agora me pergunto: para quê? Como vocês podem perceber, eu não trabalho (e nunca trabalhei) como engenheiro. Depois de formado e pós-graduado finalmente desisti, virei professor de inglês e sou feliz fazendo o que faço. No meu caso, desistir, embora mais tarde, foi uma coisa boa. Troquei uma coisa que eu não gostava por outra muito melhor para mim. Mas mesmo para mim, não foi fácil ter que encarar a situação.

Desistir não é uma coisa ruim — pelo menos, nem sempre! O que a gente tem que pensar é por que estamos desistindo. Estamos desistindo porque não gostamos daquilo ou não queremos mais fazer aquilo? Ou estamos desistindo porque encontramos uma dificuldade?

Se você está querendo parar de estudar inglês, tudo bem, é uma opção sua. Pode ser que você não queira mais saber falar inglês e pronto. Mas se você está querendo desistir só porque está difícil é melhor pensar um pouco mais. Como eu já disse aqui, tudo é difícil até que fica fácil. Basta tentarmos e batalharmos. Se nós encontramos um obstáculo no meio do nosso caminho, podemos parar para sempre ou podemos tentar remover o obstáculo. Se pararmos, nunca removeremos o obstáculo. Se tentarmos removê-lo, pode ser difícil, pode levar mais tempo, mas um dia chegamos lá. Podemos até descobrir um jeito de dar a volta no obstáculo e seguir por um caminho diferente. É uma maneira de resolver o problema.

Eu já vi tanta gente que desiste no meio do curso de inglês! E a maioria desiste porque encontrou alguma dificuldade. Quanta gente já desistiu por causa do *present perfect*! E o *present perfect*, coitado, é tão fácil de aprender. Ele é um vilão injustiçado. O segredo é pensar em inglês, pois não existe equivalente em português.

Quanta gente já desistiu porque não consegue se lembrar dos passados dos verbos! Só o que faltou foi essas pessoas descobrirem uma maneira de se lembrar dos verbos. Existem várias técnicas que podem ser usadas — eu já mencionei algumas delas.

O que eu quero dizer é: se quiser desistir, desista! Não se sinta mal e não pense que você é pior do que ninguém por desistir de algo. Não pense no que os outros vão dizer ou no que os outros vão pensar. Apenas pense no porquê de estar desistindo. Se está desistindo porque acha que é difícil ou que não é capaz, esqueça! Nada é impossível se você realmente tentar.

Acredite em você e vá em frente! E viva o *present perfect* que é tão simples e útil...

> TUDO É DIFÍCIL ATÉ QUE FICA FÁCIL. **BASTA TENTARMOS E BATALHARMOS.** SE NÓS ENCONTRAMOS UM OBSTÁCULO NO MEIO DO NOSSO CAMINHO, PODEMOS PARAR PARA SEMPRE OU PODEMOS TENTAR REMOVER O OBSTÁCULO.

99 VISUALIZE O SUCESSO

Parece mentira, mas um dos maiores inimigos que nós temos somos nós mesmos. Quantas vezes vamos fazer alguma coisa e a nossa mente fala: "Eu não vou conseguir", "Isso é muito difícil", "Não vai dar". Se conseguimos, a nossa mente nos diz: "Dei sorte." E se alguma coisa dá errado, ela é a primeira a nos criticar dizendo: "Eu não disse?" ou "Eu sabia que não ia conseguir".

Para você ter sucesso no seu aprendizado de inglês, em primeiro lugar você precisa acreditar que consegue. Não deixe a sua mente convencê-lo do contrário. Diga para você mesmo: "Eu vou conseguir". Depois disso, procure visualizar o seu sucesso. Tente se enxergar no futuro, falando, lendo, escrevendo e entendendo inglês e acredite que você chegará lá. Acredite nessa imagem que você mesmo forma de você.

Quando houver uma situação em que você vai falar, seja na sala de aula, ou na vida real, antes de falar visualize a si mesmo falando bem e se comunicando bem. Acredite que isso é possível. Você vai ver que isso vai dar confiança a você, e você vai realmente falar bem.

É claro que não adianta você visualizar algo inatingível. Não adianta você se visualizar falando inglês sem fazer "nenhum" erro. Isso não existe. No momento em que você cometer um errinho (e erros sempre acontecem) a sua mente já vai te dizer "Viu só como você errou?". Nós somos muito cruéis com nós mesmos. E não merecemos isso. Somos tolerantes com os outros, mas muito rígidos conosco.

NÃO DEIXE A SUA MENTE CONVENCÊ-LO DO CONTRÁRIO. DIGA PARA VOCÊ MESMO: "EU VOU CONSEGUIR".

Já me aconteceu muitas vezes de dizer a um aluno: "O seu inglês é bom." e ele me responder: "Não é não. Meu inglês é horrível. Eu faço muitos erros". Eu sempre digo: "Eu não falei que o seu inglês era perfeito. Eu falei que o seu inglês é bom para o nível em que você está. Ainda dá para melhorar, mas não significa que seja ruim. Você já consegue se comunicar, já consegue entender, e está progredindo". Não é fácil convencer um aluno de que ele está indo bem quando ele mesmo fica dizendo o contrário para si mesmo. E muitas vezes os alunos me acusam de estar elogiando sem ser verdade. Por que eu faria isso?

Como eu já contei, antes de me tornar professor de inglês eu me formei e iniciei a pós-graduação em engenharia civil. Na época em que eu fiz vestibular para entrar na Escola Politécnica da Universidade de São Paulo, uma das escolas mais concorridas do Brasil, eu tive que acreditar muito em mim mesmo. Havia 600 vagas para o curso e milhares de candidatos. Tendo estudado quase a vida inteira em escolas públicas, eu precisei me dedicar muito, estudar muito, fazer cursinho e último ano do colegial ao mesmo tempo. No entanto, eu dizia para mim mesmo que deveria haver uns 300 gênios que iriam pegar as primeiras vagas, e que ainda sobrariam 300 vagas para eu brigar. Sabem qual foi a minha classificação? 327. Até que foi ótima, considerando todas as condições. A minha visualização deu certo!

Experimente fazer essa visualização quando estiver estudando. Imagine que você vai estudar e vai entender. Quando pegar um texto em inglês para ler, antes de começar, visualize-se lendo o texto e entendendo uma boa parte. Antes de ver um filme em inglês sem legenda, visualize que você vai entender bastante.

Porém, não exagere nas expectativas. Se você é um aluno iniciante, não adianta pegar um artigo da *Newsweek* para ler, pois vai ser mais difícil. Mas você pode se visualizar entendendo algumas palavras, e isso já será um bom incentivo para aprender cada vez mais.

Essa visualização não é uma mágica para aprender. Você vai precisar estudar também. Não é possível aprender inglês por autossugestão. Ela é uma maneira de você acreditar em si mesmo. Se você acreditar que é capaz, você será.

APROVEITE TUDO QUE A SUA ESCOLA OFERECE — 100

Para aprender inglês bem, você precisa se dedicar. Quanto mais você se dedicar, mais vai aprender. Já falei isso várias vezes. Aliás, isso é verdade não só para o inglês, mas para qualquer coisa que você queira aprender.

Se você estuda num curso de inglês, ou mesmo se estuda inglês numa escola regular, procure descobrir tudo que a escola oferece para auxiliar o seu aprendizado. Muitas escolas têm bibliotecas, onde você pode pegar livros emprestados para ler. Faça isso. Leia bastante em inglês. Quanto mais, melhor para você.

Há escolas que têm um acervo de filmes a que você pode assistir e também levar para casa. Aproveite. Assista aos filmes. Divirta-se e aprenda mais inglês.

Muitas escolas têm laboratórios de áudio e de computação. Algumas cobram a mais por esses serviços, e outras os oferecem gratuitamente (na verdade já estão incluídos no preço da mensalidade). Aproveite. Vá aos laboratórios e treine um pouco mais.

Outro serviço que muitas escolas oferecem são plantões de dúvidas, para você tirar dúvidas sobre as suas dificuldades de gramática, vocabulário e pronúncia. Use-os. Esses plantões existem para ajudar você a aprender mais.

Há muitas outras coisas que as escolas oferecem. Há eventos, palestras, apresentações teatrais, corais e muito mais. Tudo é oferecido a você. Aproveitar ou não é uma escolha sua.

Eu conheço muitos alunos (aliás, a maioria) que vão para a escola, assistem às aulas e vão embora. Não querem saber de mais nada. E se você fala que há outras atividades, eles dizem que não se interessam, que não têm tempo, que acham chato e muitas outras explicações. Há outros alunos que participam de tudo, se envolvem com o inglês, se envolvem com a escola e passam algum tempo lá dentro. Esses alunos acabam aprendendo muito mais inglês.

HÁ EVENTOS, PALESTRAS, APRESENTAÇÕES TEATRAIS, CORAIS E MUITO MAIS. TUDO É OFERECIDO A VOCÊ.

Eu sei que você tem outras coisas para fazer na vida. Eu sei que a sua vida não é só o inglês. Mas se você quer aprender inglês, aquele pequeno esforço a mais pode fazer uma grande diferença. Você não precisa passar 24 horas por dia na escola. Mas se conseguir ficar 30 minutos a mais uma vez por semana, já será muito bom — para você!

Aproveite e seu inglês sentirá a diferença!

101 — VOCÊ É QUEM SABE O QUE É MELHOR PARA VOCÊ

Eu sou apenas um professor de inglês. Tenho muita experiência nesta área e já ajudei muita gente a aprender esse idioma tão importante. Mas eu não sei tudo, e não sou o dono da verdade. Quem sou eu para ficar dizendo para você qual é o jeito certo de aprender inglês? Não existe apenas um jeito certo e não existe um jeito único. O que eu digo não é lei, e o que os outros dizem também não é. Quem sabe o que é bom para você é você. E se não sabe, é você quem precisa descobrir.

Então para que eu escrevi esse livro?

O que um professor faz — e o que eu tentei fazer aqui — é mostrar alguns caminhos. É bom você conhecer vários e depois escolher o que é bom para você, o que funciona melhor para você. Se não gostar, pode voltar e escolher outro. Não existe um caminho só. E no caso de aprender inglês, você pode usar vários caminhos ao mesmo tempo. Isso é uma grande vantagem.

Já disseram por aí que ninguém ensina nada a ninguém. Hoje em dia se questiona até a palavra "professor". Usa-se a palavra "facilitador", pois este profissional vai facilitar o seu caminho. Mas quem vai trilhar o caminho é você. O seu aprendizado está nas suas mãos.

Existe uma frase que diz que você pode conduzir alguém até uma mesa cheia de comida, mas você não pode obrigar a pessoa a comer. Ou que você leva alguém até o rio, mas não pode fazê-lo beber. Pois é, você mostra as opções para a pessoa, mas a pessoa é quem vai decidir o que provar. Há os tipos aventureiros, que vão experimentar de tudo. Há os tipos conservadores, que vão comer só o que conhecem. A minha filha, por exemplo, vai ao restaurante, lê o cardápio inteiro e sempre escolhe o filé com fritas.

O que eu tento — e o que os seus professores tentam — é mostrar que você tem várias opções e várias maneiras de aprender. Acho importante você experimentar todas. Dentre as muitas opções, você vai escolher algumas de que gostou e que deram certo para você.

Talvez você resolva combinar duas maneiras de aprender e criar uma nova — a sua maneira. Vale tudo, se ajudar você a aprender. Pode ser que o seu melhor amigo goste mais de aprender de um jeito e que você odeie esse jeito. Tudo bem, você pode deixá-lo estudar da maneira que ele gosta e você estuda da sua maneira. E podem continuar amigos. Às vezes um pode até abrir uma exceção e estudar do jeito que o outro gosta. Para variar.

Eu acredito em algumas coisas no aprendizado do inglês. Por exemplo, eu sou contra aprender inglês com tradução. Há gente que discorda. Você não precisa concordar comigo. Se você estuda numa escola que tem por princípio não traduzir, você pode discordar e ir para outra escola. É um direito seu. Claro que você não vai tentar mudar a filosofia da escola! Existem escolas para todos os gostos.

É claro que eu estou falando em aprendizado de línguas e quando digo que você deve experimentar de tudo estou falando nas estratégias para aprender. Não estou generalizando para a vida. Há coisas que não se deve experimentar. As drogas, por exemplo, são

> **TALVEZ VOCÊ RESOLVA COMBINAR DUAS MANEIRAS DE APRENDER E CRIAR UMA NOVA — A SUA MANEIRA. VALE TUDO, SE AJUDAR VOCÊ A APRENDER.**

um caminho sem volta. Devemos, sim, ficar abertos para novas experiências, mas com discernimento.

Se você experimentar muitas das dicas desse livro e encontrar algumas que sirvam para você, já terá sido um grande aprendizado. Lembre-se, porém, de que tudo dependerá do seu empenho e da sua dedicação. No final das contas, isso é o mais importante de tudo.

Boa sorte no seu aprendizado de inglês. Que você descubra a sua maneira de aprender e tenha sempre muito sucesso!

PARTE 2
HISTÓRIAS DE SUCESSO

Essas são algumas histórias de pessoas que tiveram sucesso no aprendizado de inglês. São pessoas com quem convivi, ou são pessoas que me contaram sobre o seu aprendizado. Alguns foram meus alunos há muito tempo e não me lembro dos seus nomes completos. Mas são todas pessoas que me marcaram de alguma forma e que têm histórias que valem a pena ser contadas. São exemplos de esforço e dedicação. Também são exemplos de que não existe uma única maneira de aprender inglês, e que o importante é você usar o que funciona para você.

VALÉRIA

A Valéria era aquele tipo de aluna que dizia que nunca conseguia aprender inglês. Ela já tinha feito cursos em várias escolas diferentes, mas sempre largava no meio. Ela estudava, estudava, mas sentia que não ia para frente. Ela fazia listas de vocabulário, listas de verbos, listas de preposições, listas de tudo. Depois lia e relia as listas, mas nunca conseguia se lembrar. Sentia-se triste e frustrada por não conseguir se comunicar em inglês.

Um dia uma professora sugeriu que ela parasse de escrever e tentasse aprender de uma maneira mais ativa. Sugeriu a ela que falasse as palavras enquanto caminhava pelo quarto e se mexesse enquanto estudava. Sugeriu também que fizesse mímica dos verbos que aprendia, procurando imitar uma pessoa fazendo aquela ação.

Valéria não gostou muito e disse para a professora:

— Mas esse é o meu jeito de estudar. É assim que eu aprendo.

A professora respondeu:

— Eu sei que você gosta de estudar assim, mas parece que não está dando muito certo. Os resultados não estão sendo tão bons quanto você gostaria. Por que não experimenta estudar de uma maneira diferente?

Valéria relutou um pouco, mas resolveu tentar. E percebeu que aquilo ajudou. A professora fez uma lista de maneiras diferentes de estudar e sugeriu a Valéria que as tentasse. Tendo tido sucesso com a primeira tentativa, ela teve coragem para experimentar coisas novas.

Isso ajudou muito a Valéria, que começou a melhorar muito no inglês.

Ou seja, a Valéria não é uma pessoa visual. Ela é mais cinestésica — precisa do movimento para aprender. Ao descobrir isso, Valéria mudou a sua maneira de estudar e aprendeu muito mais a partir dali. Na última vez em que a encontrei, a Valéria me disse que tinha viajado sozinha para a Inglaterra e tinha conseguido se comunicar muito bem. Estava muito mais confiante e feliz.

MIGUEL

Você sabe aquelas marcas que as pessoas fazem na parede para indicar o quanto as crianças estão crescendo? De tempos em tempos a criança encosta na parede e um adulto marca a sua altura. A criança fica feliz ao ver que está crescendo. Algumas têm um ritmo de crescimento mais rápido do que outros, mas todos crescem. É uma coisa que as crianças podem visualizar.

Eu tive um aluno chamado Miguel que fazia a mesma coisa com o seu inglês. Ele ia fazendo um gráfico das coisas que ele já sabia falar em inglês.

Ele ficava orgulhoso de mostrar o seu progresso. Isso o estimulava a aprender cada vez mais. O importante não é a pressa em chegar lá, mas aproveitar cada momento do caminho. Esse gráfico ia sempre aumentando, pois o Miguel estava sempre aprendendo coisas novas. E era um progresso muito fácil de se visualizar. Para o Miguel era um estímulo a mais para continuar estudando. E era uma garantia de que ele estava tendo sucesso.

Além disso, ele tinha um caderno onde ela ia marcando o seu progresso no inglês. Ele dividia cada página ao meio e escrevia no topo da primeira coluna "Eu estudei" e, no topo da segunda coluna, "Eu já sei". Ele ia anotando tudo o que estudava na escola na primeira coluna. Na segunda ele colocava símbolos que ele havia criado para indicar se já sabia aquilo bem, se sabia mais ou menos, ou se ainda não sabia.

Ele tinha bem a consciência da diferença entre estudar e aprender. Eu nunca perguntei se foi ele quem criou esse sistema por conta própria ou se ele tinha aprendido com alguém. De qualquer maneira, era uma maneira muito visual de indicar o seu progresso.

Hoje em dia muitos livros didáticos têm algo parecido com isso no final de cada unidade. Os alunos devem fazer uma reflexão sobre o que realmente aprenderam. No entanto, eu sinto que muitos alunos não gostam de fazer isso e acham que é perda de tempo. Não é. É uma ótima maneira de você ter consciência do seu próprio aproveitamento. E o Miguel já fazia isso há mais de 20 anos, quando foi meu aluno.

MILTON

Às vezes nós influenciamos as pessoas e nem nos damos conta disso. Por isso nossas atitudes são tão importantes.

Um dia desses eu estava falando por telefone com o meu primo Milton Cukierkorn e ele me disse uma coisa que me surpreendeu:

— Sabe que você me deu uma dica que mudou a minha vida profissional?

E eu respondi, espantado:

— Mesmo? O que foi que eu disse?

Eu digo tanta coisa para as pessoas que depois não me lembro.

Ele me disse:

— Você me disse: assista a filmes em inglês sem legenda.

Eu realmente devo ter dito isso a ele, pois é uma coisa que costumo dizer às pessoas. Eu acredito nisso.

E o Milton me contou que seguiu o meu conselho, e deu muito certo. E me disse que hoje dá até palestras em inglês. Seu inglês melhorou muito.

Ele usou a minha dica e deu certo. Se deu certo para ele, pode dar para você também. É só uma questão de tentar.

GERALDO

O Geraldo foi meu aluno há muitos anos e um dia ficou tão bravo comigo que levantou da cadeira e me ameaçou. Nunca vou me esquecer disso, pois ele era muito mais alto do que eu.

Eu estava explicado *tag questions* e ele não conseguia entender. Eu dei vários exemplos, pois é sempre mais fácil entender através de exemplos. Ele me pediu para falar em português e eu disse que não — que ele precisaria entender em inglês.

Lembro-me de que ele ficou muito zangado, pois eu me recusava a falar português, e ele me disse, colocando o dedo no meu rosto:

— Como eu vou entender, se você não traduz nada?

Eu mantive a calma — por fora — e continuei falando inglês.

Eu achei que ele nem iria voltar na aula seguinte, mas ele voltou e tivemos uma longa conversa — em português e fora da sala de aula. Expliquei para ele a necessidade de ele relaxar e tentar entender em inglês, sem se preocupar em entender tudo. Fiquei feliz que ele resolveu tentar e, mesmo com dificuldade no início, continuou tentando.

Aos poucos ele foi relaxando e percebendo que às vezes demora um pouco, mas chega um momento em que a ficha cai e tudo faz sentido. E, no final, seu aprendizado de inglês deslanchou. Depois ele mesmo dizia aos outros alunos quando me pediam a tradução:

— No Portuguese in class.

Às vezes uma ideia que parece absurda pode ser muito boa para o seu aprendizado.

LÍDIA

A Lídia foi minha aluna num curso básico 4. Ela era uma ótima aluna e falava e escrevia inglês muito bem. O que era muito curioso é que, quando errava alguma coisa, ela falava em voz alta e ria do que tinha feito. Ela falava coisas do tipo:

— Eu falei **x** ao invés de **y**.

Ou dizia:

— Eu errei o passado do verbo. Era irregular e eu usei **-ed**!

E ela se divertia com isso. Ela não ficava chateada por ter errado e sempre dizia:

— Pelo menos eu tentei!

Isso foi muito positivo naquela sala de aula, pois outros alunos começaram a fazer o mesmo. Acabou se tornando uma turma ótima, na qual a maioria dos alunos se arriscava a falar mais e não se importava em errar. E no final todos aprenderam muito.

Para mim, foi uma ótima lição também, pois eu ainda não tinha muita experiência e vi que realmente é muito importante fazer com que os alunos acreditem que errar não é ruim. Eu aprendi muito com a Lídia e todos na turma também.

BETINA

A Betina era uma aluna que não se esforçava muito para falar com a pronúncia correta. Eu dizia para ela para colocar a língua numa determinada posição e ela me olhava com aquela cara como quem pergunta:

— Para quê?

Ela não se dava conta de que o som saía diferente do que deveria sair. Achava que falando as palavras as pessoas iriam entendê-la. Ela já era uma aluna de nível intermediário, mas sua pronúncia era bem ruinzinha. Mas quando eu tentava ajudá-la ela dizia:

— As pessoas me entendem.

Até que um dia a família dela recebeu umas visitas vindo, se não me engano, dos Estados Unidos, e ela percebeu que as pessoas não a entendiam. Ela falava, repetia, falava mais alto, mas nada adiantava. Ela veio falar comigo muito chateada. Eu falei que poderia ajudá-la com a pronúncia, mas que ela precisaria se esforçar e trabalhar muito os músculos da boca e as articulações dos sons. Com o desapontamento que ela havia sentido, ela teve muita força de vontade e se dedicou de verdade. Depois até resolveu fazer umas aulas extras no laboratório de línguas da escola.

Às vezes uma experiência negativa nos dá um empurrão para mudar a nossa direção. Após alguns anos a Betina foi minha aluna novamente num curso mais avançado e eu pude constatar que a sua pronúncia havia melhorado muito. Mérito dela que trabalhou os seus músculos com afinco.

MÁRCIA

A Márcia foi minha aluna num curso básico 2 e ficava muito brava comigo porque eu não a deixava fazer as perguntas em português. Ela dizia que ela era iniciante e que não tinha condições de falar inglês. Eu dizia para ela que não se preocupasse em falar tudo corretamente, mas que tentasse se comunicar e explicar o que queria dizer.

Apesar da resistência, eu tanto insisti que ela acabou tentando, e depois de um tempo só falava inglês na sala de aula.

No final do semestre, a sua família foi para os Estados Unidos de férias. Na volta, ela me procurou toda feliz para me contar que era ela quem se tinha se comunicado pela família inteira na viagem.

Ela me disse:

— Graças a você ter me ensinado a me comunicar em inglês, eu conseguia falar com todo mundo, mesmo que às vezes tivesse um pouco de dificuldade.

Afinal, ela tinha estudado apenas dois estágios do curso básico.

Ela me contou que num dado momento da viagem a mãe dela queria comprar algum objeto — não me lembro o que era — e que ninguém sabia o nome em inglês. Ela foi explicando ao vendedor da loja até que ele entendeu e a sua mãe conseguiu comprar o que queria. A sua felicidade com o seu sucesso era muito bacana de ver. Claro que isso a estimulou ainda mais a aprender inglês.

BEATRIZ

A Beatriz foi uma aluna que me marcou muito na época pela sua atitude em relação ao aprendizado. Não sei se era alguma coisa natural dela ou se havia aprendido com algum professor.

Ela sempre ficava feliz com o que aprendia, e quando eu perguntava se os alunos haviam entendido algo, ela dizia:

— Entendi, e mais tarde vou entender melhor ainda.

E eu achava aquela frase engraçada.

Ela era uma ótima aluna, sabia falar bem, e participava muito das aulas. Mas aquela sua resposta me soava estranha.

Com o tempo eu percebi o que ela queria dizer. Às vezes ela vinha me perguntar alguma coisa sobre um tópico que já havíamos estudado há bastante tempo. E eu via que ela estava voltando a ele e tentando entender melhor. Ela recapitulava o que havia estudado antes e estava constantemente nesse processo de revisão.

Não sei se ela fazia isso conscientemente, mas a cada vez ela ia aprendendo nuances diferentes do mesmo assunto. E se aprofundava mais no assunto. E ela realmente ia melhorando sempre.

Foi muito bom acompanhar a Beatriz, que foi minha aluna dois estágios seguidos, e depois usar essa ideia e ensinar a outros alunos.

JÚNIOR

O Júnior foi meu colega num curso de inglês. Seu primeiro nome era Nelson, mas nós só o chamávamos de Júnior.

Ele era bom aluno e também era muito brincalhão. O bom humor, aliás, é um excelente fator para o aprendizado. E o Júnior gostava de brincar com as palavras. Era o tipo do aluno que ficava repetindo a mesma frase milhares de vezes. Quando aprendíamos alguma estrutura nova, ele passava o dia inteiro falando as frases. Mesmo fora da sala de aula, em contextos que não tinham nada a ver com aquela frase, ele dizia a frase. Nós achávamos aquilo divertido e achávamos o Júnior super engraçado. De vez em quando imitávamos ele.

Às vezes ele repetia as frases acrescentando uma melodia e transformava aquilo numa música que repetia sem parar. De tanto ouvir, nós acabávamos cantando com ele — mesmo sem querer.

Quando íamos para a sala de aula, ele sempre era o mais rápido em falar as frases. Na época nós achávamos que ele tinha uma excelente memória. Anos depois, já como professor de inglês, me lembrei dele e me dei conta de que, mais do que uma brincadeira, aquilo era uma maneira de ele tornar as frases mecânicas e melhorar a sua fluência. Talvez ele nem fizesse isso conscientemente, mas era a forma que ele tinha de treinar.

E funcionava muito bem!

DÉBORA

A Débora foi minha aluna num curso básico 5. Ela uma pessoa naturalmente musical. Não me lembro o que ela fazia — se estava na faculdade ou se já trabalhava, mas a música era parte integrante da sua vida.

Tudo o que eu dizia na sala de aula ela relacionava com música. Bastava eu ensinar algum ponto gramatical e ela já dizia:

— Os Beatles têm uma música que tem uma frase assim.

E cantava o trecho da música com aquela estrutura.

Às vezes eu ensinava alguma palavra ou expressão nova e ela já se lembrava de outra música e cantarolava na sala de aula. Outras vezes eu ensinava um assunto qualquer e na aula seguinte ela já me trazia uma música onde a estrutura aparecia, dizendo:

— Achei essa música com a estrutura que estudamos na aula passada.

Ela até trazia a música gravada para os colegas ouvirem.

Além de ser uma ótima aluna, a Débora tinha uma excelente pronúncia e muita fluência para falar. É claro que as músicas ajudavam muito nesse aspecto.

Foi a partir daí que eu tive a ideia de pedir aos alunos que procurassem músicas com as coisas que nós íamos estudando. Com isso, todos os alunos se motivavam e traziam músicas de todos os estilos, o que deixava a aula muito variada. Como tocar as músicas inteiras tomaria muito tempo, eu tocava apenas o trechinho em que aparecia aquela estrutura. Isso acabou fazendo parte integrante das minhas aulas, graças ao estímulo trazido pela Débora.

Como eu digo sempre, não são só os alunos que aprendem comigo. Eu também aprendo muito com eles.

AGOSTINHO

O Agostinho foi um aluno que tive há muitos anos num curso básico 4. Ele era um executivo sério e que tinha que aprender inglês urgentemente em função do seu trabalho. Talvez por esse motivo, havia uma certa tensão da sua parte.

Nosso relacionamento era bastante conturbado. Ele ficava bravo e brigava comigo a aula toda, pois dizia que eu falava rápido demais e que ele não me entendia. E eu dizia para ele:

— Eu posso repetir quantas vezes você quiser, mas não vou falar devagar, pois na vida real ninguém fala devagar. Você precisa entender quando falarem com você.

O coitado do Agostinho sofria nas minhas aulas. Às vezes ele me olhava com uma cara de raiva. Parecia que ele achava que eu gostava de vê-lo sofrer.

Um dia o Agostinho parou de vir às aulas. Fiquei triste, pois achei que ele havia desistido do curso. Mas não. Duas semanas depois ele voltou. Disse que tinha ido viajar para os Estados Unidos a trabalho. Ele estava mudado, muito mais relaxado e mais feliz.

Antes de começar a aula, ele veio falar comigo em particular e me agradeceu por ter falado com ele sempre rápido, pois quando chegou aos Estados Unidos conseguia entender bastante inglês. Ele viu que aquele sofrimento no começo resultou em algo bom.

E depois disso, ele nunca mais brigou comigo. Tivemos um relacionamento ótimo até o final do curso. Foi um final feliz para nós dois. E eu gosto de finais felizes.

LAVÍNIA

A minha amiga Lavínia Haddad é professora de inglês numa das mais conceituadas escolas de inglês de São Paulo. No entanto, quando ela começou a trabalhar nessa escola, ela ainda não era professora.

Ela trabalhava separando e entregando os materiais que cada professor iria usar na sua aula. Antes de cada aula, ela separava tudo de acordo com uma relação que cada professor fazia e ao final das aulas guardava tudo no seu lugar.

A Lavínia ainda não tinha muita fluência, mas só conversava com os professores em inglês. Outros funcionários da mesma escola falavam em português, mas ela diz que queria usar todo o tempo possível para praticar. A oportunidade estava na sua frente todos os dias e ela não queria desperdiçá-la.

A escola tinha alguns professores nativos e ela adorava conversar com eles. Para melhorar o seu inglês, Lavínia pedia para eles sempre corrigirem a sua pronúncia quando ela cometesse algum erro. Eles também davam a ela toques sobre o vocabulário e colocações. Aos poucos ela foi se soltando e perdendo o medo.

Segundo a Lavínia, foi um grande aprendizado fora da sala de aula, que a ajudou a ficar fluente. Depois de algum tempo e muito estudo, o seu inglês ficou tão bom que ela começou a dar aulas na mesma escola.

Isso comprova não somente que o esforço deve partir de nós mesmos, mas também que é muito importante usarmos todas as oportunidades que aparecem.

MARCUS

A sua atitude em relação ao aprendizado é muito importante para aprender inglês — e para aprender qualquer coisa, na verdade.

O Marcus foi meu aluno em um curso de inglês e tinha um pouco de dificuldade para aprender, principalmente no início. Uma coisa normal, mas que muitas pessoas encaram como negativa. Há pessoas que, ao se depararem com a primeira dificuldade, entram em pânico.

O Marcus, no entanto, não se abalava. Se acertasse apenas um exercício de um total de dez, ele me dizia:

— Bom, eu pelo menos já acertei um. Na próxima vez vou tentar acertar pelo menos dois.

Essa atitude era muito positiva. Ele não pensava em acertar todas, pois sabia que ainda estava longe daquilo e poderia se frustrar. Mas cada vez que ele acertava um pouco mais ele ficava muito feliz e me falava:

— Viu como estou melhorando?

É uma grande verdade. Se ele tivesse acertado dois exercícios já teria havido uma melhora de 100%. Muitos alunos diriam:

— Errei oito. Estou muito mal.

Mas o Marcus ficava feliz com as pequenas melhoras.

E realmente, o Marcus foi melhorando cada vez mais. Naquele semestre, ele passou com uma nota não muito alta, mas o suficiente para passar. Como eu sempre digo, não é a nota que importa. O que importa é o aluno ter aprendido boa parte do conteúdo daquele curso. E, no caso do Marcus, o mais importante era a sua confiança na sua capacidade de aprender. Ele não se frustrava pelo que não sabia, mas valorizava cada passo da sua aprendizagem.

Nos semestres seguinte, embora ele não tenha sido meu aluno, acompanhei o seu progresso e vi, com alegria, que o seu inglês se tornou muito bom. Tudo em função da sua atitude positiva. Com certeza um ótimo exemplo para qualquer pessoa que queira aprender inglês.

GUSTAVO

Eu costumo dar aula para todas as faixas etárias— crianças, adolescentes e adultos. Embora alguns professores não gostem, eu adoro dar aula para crianças e uma das coisas mais legais disso é que a criança não se policia tanto quanto o adulto. Ela ainda se sente à vontade para brincar. As crianças imitam o professor o tempo inteiro: imitam o seu jeito de falar, os seus gestos, as suas expressões faciais. Para elas é uma brincadeira, e elas acabam aprendendo muito mais assim.

O Gustavo foi meu aluno quando tinha uns oito anos. Ele não gostava de estudar nem de fazer a lição de casa, mas adorava me imitar. Imitava tudo o que eu dizia, imitava os meus gestos quando achava que eu não estava olhando, imitava a minha maneira de falar. Às vezes eu chegava na sala de aula e ele estava em pé na frente da turma, me imitando, como se o professor fosse ele. Muitas vezes quando eu dava uma bronca na turma, ele repetia as mesmas palavras e copiava os meus gestos. Eu fingia que ficava bravo, mas no fundo achava o máximo.

O resultado é que o Gustavo era o aluno mais fluente da sala. Embora ele às vezes errasse alguns exercícios, ele sabia falar inglês como ninguém. Dava instruções aos outros, repetia as regras da sala, explicava as regras dos jogos, tudo com um inglês corretíssimo. E ele não estava apenas me imitando como um papagaio. Ele sabia realmente usar todas as frases dentro de um contexto correto e sabia transferir as frases que eu usava na sala de aula para situações do dia a dia.

Como eu costumo falar, nós não queremos aprender o inglês que está no livro. Queremos aprender o inglês que se usa para se comunicar. Nisso o Gustavo foi um perfeito exemplo. Mais uma prova de que a imitação realmente funciona.

REGIANE

Assim como a grande maioria dos professores, eu estimulo os meus alunos a fazerem perguntas. Eu sempre digo a eles:

— Se houver alguma dúvida, perguntem. Não importa quantas vezes eu tenha que explicar a mesma coisa, a sua pergunta é sempre importante.

A Regiane era uma aluna muito interessada e motivada para aprender inglês, e ela sempre tinha alguma pergunta a fazer. Mesmo quando ela entendia o que estava sendo trabalhado na aula, ela sempre queria perguntar mais. No entanto, ela achava que ia atrapalhar e morria de vergonha. Por isso ela sempre começava a pergunta pedindo desculpas. E eu dizia:

— Não precisa se desculpar. Pergunte. Perguntar é importante para aprender.

Com o tempo ela foi se soltando cada vez mais e perguntando sem se envergonhar. E isso foi mostrando para o resto dos colegas que era bom perguntar. Aos poucos os outros começaram a perguntar mais. Eu os estimulava a perguntarem as coisas uns aos outros. Quando alguém me perguntava alguma coisa, antes de responder eu sempre perguntava:

— Alguém sabe a resposta?

E deixava os outros colegas responderem.

Eu acho muito importante criar um clima de colaboração dentro de uma sala de aula. Isso também ajudou a criar um clima de camaradagem e confiança entre os colegas. Os alunos começaram a se dar conta de que eles mesmos sabiam muitas das respostas.

A Regiane começou a perceber que perguntar é importante e que não precisava se sentir mal por isso. Foi uma experiência muito boa para ela e muito rica para todos, que também descobriram que perguntar abre portas.

CLÁUDIO

Conheci o Cláudio em uma palestra que fui dar no Rio de Janeiro. Ele é professor de inglês e acabamos conversando e contando histórias sobre o nosso aprendizado.

Falando sobre a importância do bom humor e de rirmos dos nossos erros, ele me contou de uma viagem que fez para os Estados Unidos, quando passou uma semana com uma família americana no estado de Kansas. Ele disse que foi uma experiência muito bacana porque ele pôde conviver com uma família e conhecer os seus hábitos e, claro, treinar o seu inglês.

Numa das conversas com a família ele foi falar a palavra "total" e falou "Toto", que é como os americanos falam "Totó". Foi um deslize na pronúncia, pois ele não pronunciou o "l" final como se faz em inglês, e sim como se faz em português. Alguns erros até passam despercebidos, mas como ele acabou falando "cachorro" todo mundo achou graça.

A princípio ele não entendeu o motivo de pessoas estarem rindo. Então ele perguntou:

— O que foi que eu disse?

Quando as pessoas explicaram o que ele havia dito, ele caiu na risada também. E começou a brincar com os americanos de falar as duas palavras e eles dizerem para ele se era o animal ou não. Através da brincadeira e do humor ele aprendeu e, com certeza, nunca mais pronunciou essa palavra errada.

Mais uma vez, isso é um exemplo de como uma atitude positiva leva ao aprendizado. O Cláudio poderia ter ficado bravo ou até ofendido pelas risadas. Mas sabendo que errar é normal, riu de si mesmo, se divertiu e aprendeu mais.

CARMEN

A minha amiga Carmen adora ler e está sempre com um livro na mão. Aonde quer que vá, leva vários livros na mala. Além disso, ela traz vários livros na sua bagagem na volta. Ela sempre lê tudo o que encontra pela frente e diz que ler é muito divertido.

Quando ela começou a aprender inglês, na sua adolescência, naturalmente começou a ler livros em inglês também. Começou lendo livros simplificados e depois passou para os originais. Ela conta que na época um mundo novo se abriu para ela. Ler aqueles autores no original era como se ela estivesse lendo o livro pela primeira vez, pois a maneira de contar a história era diferente. Os sons da língua deixavam tudo mais bonito.

Isso é uma grande verdade. Ler uma história não é apenas saber o que acontece. As palavras usadas são importantes e a sonoridade delas faz uma grande diferença. Muito disso se perde na tradução.

Ela conta que mesmo na escola de inglês estava sempre com um livro, lendo nos corredores antes ou depois da aula. Ela já tinha um nível intermediário de inglês e alternava suas leituras. Lia muito em português, mas quando o original era em inglês, ela lia em inglês.

Ela era uma excelente aluna e tinha um vocabulário riquíssimo. Um dia, durante uma aula, um colega perguntou a ela:

— Como você sabe tantas palavras que nós não estudamos?

E ela respondeu:

— Eu leio.

Aquilo acabou se tornando uma discussão sobre leitura, com alguns alunos dizendo que era chato, e outros dizendo que não. O fato é que essa discussão estimulou alguns alunos a começarem a ler mais. Ao final do semestre, a maioria dos alunos tinha lido pelo menos um livro. Carmen conta que foi muito bacana e que todos os alunos que começaram a ler mais tiveram uma melhora no vocabulário. Foi uma experiência muito interessante observar os seus colegas, pois muitos deles realmente adquiriram o gosto pela leitura. E consequentemente, progrediram no inglês também.

Hoje em dia o vocabulário da Carmen em inglês é muito abrangente. Além de ler muito, ela também escreve muito bem. Segundo Carmen:

— É claro que eu estudei bastante, também, mas sei que sem a leitura não teria chegado aonde cheguei. E para mim, ler não é estudar. Ler é um prazer.

LENNY

A Lenita foi minha aluna quando tinha uns oito anos de idade. Ela era tão tímida e falava tão baixo que mal se ouvia o que ela dizia. Na sala de aula, nunca se oferecia para responder às perguntas — só falava se eu a chamasse.

Eu a entendia muito bem, pois, sendo tímido, sei muito bem como a pessoa se sente numa situação dessas. Um dia eu a chamei depois da aula e conversei com ela sobre isso. Eu perguntei se ela já tinha brincado de teatro e de que personagens ela gostava. Conversamos um pouco sobre isso e vi que ela se soltou um pouco.

Depois sugeri a ela que durante as aulas ela imaginasse que era uma dessas personagens. Quando fosse falar, não falasse como a Lenita, mas como a personagem. Combinamos que quando ela estivesse na aula eu não a chamaria mais de Lenita, mas de Lenny. Ela adorou a ideia e fizemos disso a nossa brincadeira.

É difícil descrever a mudança que se operou nessa menina. Aos poucos ela foi se tornando mais confiante, foi falando mais alto e passou a ser voluntária para qualquer atividade que eu fazia. Teve um aproveitamento incrível durante o curso, e saiu falando inglês muito bem.

O mais curioso é que, conversando com ela fora da sala de aula, ela ainda se mostrava tímida e olhava para baixo, como antes. Mas falando inglês ela mudava. Ficava até mais alegre — parecia outra pessoa.

Um dia, anos depois, encontrei sua mãe e ela me disse que eu havia transformado a vida da sua filha. Não só em termos do inglês, mas da sua postura em relação a tudo. Na verdade, eu só dei um empurrãozinho inicial. O trabalho todo foi da Lenita. E foi muito bom acompanhar o seu desenvolvimento.

JAIRO

O Jairo sempre foi ótimo aluno de gramática. Ele sabia muito, explicava as regras gramaticais para os colegas quando eles não entendiam e sempre tinha um exemplo na ponta da língua. Ele era tão bom que, antes de eu ensinar alguma coisa, ele já sabia. Os outros colegas brincavam, dizendo que ele estudava a aula antes, só para poder dar os exemplos. Na realidade, ele tinha uma grande facilidade na parte gramatical.

No entanto, ele tinha muita dificuldade para entender as gravações usadas na aula. Não entendia direito o que as pessoas falavam. Quando a professora tocava algum diálogo ou narração, ele já fazia aquela cara de quem não entendia nada.

Um dia ele estava chateado, reclamando que tinha dificuldade e sua professora perguntou quanto tempo ele treinava ouvir coisas em inglês por semana. Ele disse que muito pouco, pois tinha dificuldade e preferia se concentrar na gramática, pois ele sabia que era bom nisso. Ele dizia:

— De que adianta treinar, se eu sou tão ruim?

A sua professora na época disse a ele:

— Você precisa fazer exatamente o contrário. Diminua um pouco o estudo de gramática e treine muito a compreensão auditiva. Ouça músicas, veja filmes, ouça programas de rádio em inglês. Quanto mais você praticar, mais fácil vai ficar.

O Jairo ficou desconfiado. Ele pensava se valia a pena deixar de lado aquilo em que era bom para se aventurar no que ele não era bom. Mas assim mesmo ele se dedicou tanto a isso que sua compreensão melhorou muito. Ele ficou super feliz, pois viu que o seu esforço foi recompensado.

Ele não parou de estudar gramática. Apenas não precisava se esforçar tanto, pois era naturalmente bom naquilo. Tudo que é difícil pode virar mais fácil se nós nos dedicarmos. E precisamos nos dedicar mais justamente ao que é a mais difícil. Foi uma lição importante que o Jairo aprendeu.

VIVI

A Viviane Camargo Silva, ou Vivi — como nós a chamamos carinhosamente — nunca foi minha aluna numa sala de aula, mas participou durante muitos anos do grupo de teatro *That's EnterTEENment* que eu e a Cris dirigimos com adolescentes de 1993 a 1998. Ela sempre foi extremamente dedicada a tudo que faz, e por isso aprendeu inglês muito bem.

Ela me contou que a dedicação sempre fez parte da vida dela e que ela sempre foi muito responsável:

— Ai de mim se algum professor reclamasse aos meus pais que eu não fazia lição de casa!

Ela já falava inglês quando leu no meu blog a dica de colocar papeizinhos pela casa para se lembrar das palavras. Achando que isso servia para aprender qualquer língua, ela resolveu usá-la para aprender japonês. Segundo ela, transformou a sua casa "num grande dicionário ilustrado". Conhecendo a Vivi, eu fiquei imaginando a sua casa cheia de papeizinhos colados por todos os lugares. Eu a imaginava correndo de um lado para o outro apontando para os objetos e dizendo as palavras. E tenho certeza que ela aprendeu muito com isso.

Outra maneira eficaz de ela aprender era "desistir" das coisas por algum tempo. Diz ela que passado um tempo a resposta vinha:

— Eu raramente entendo as lições assim que são apresentadas. E já acordei no meio da noite enquanto as frases ditas pela professora ecoavam na minha cabeça. Nitidamente percebi que o inconsciente trabalhava enquanto dormia. E nas aulas seguintes, tive menos dificuldade com aquela lição que antes me atormentava. Mas já reparei que se não estivesse realmente preocupada em me lembrar ou entender ou aprender, o inconsciente também não se preocupava. Ele não faz tudo sozinho, não.

Como eu já disse, não existe uma maneira única de aprender, mas uma combinação de maneiras diferentes. O importante é saber usá-las em nosso benefício.

BRUNO

O Bruno foi meu aluno num curso básico 1, bem para iniciantes. Ele já era adulto e tinha muita dificuldade, pois nunca tinha estudado inglês formalmente e fazia muito tempo que tinha estudado inglês no colégio. Ele não tinha o costume de ler em inglês, nem de assistir a filmes em inglês. Na verdade, ele nem precisava do inglês para o trabalho, mas ele resolveu que queria aprender. E nunca é tarde para se começar.

Em função da sua dificuldade e da falta de contato com o inglês, ele conseguiu aprender um pouco, mas não o que seria o suficiente para poder acompanhar o estágio seguinte. Na escola onde eu trabalhava na ocasião, a média para passar era 70%. Isso não era uma questão puramente de matemática, mas esperava-se que o aluno aprendesse ao menos 70% do que foi ensinado para poder ir para o nível seguinte.

O Bruno ficou muito triste na época e até pensou em desistir do curso. Eu insisti muito com ele para que não desistisse e para que olhasse o lado positivo. Ele começou o curso não sabendo quase nada e no final já sabia 40% do que foi ensinado. Como para seguir adiante ele precisaria saber pelo menos 70%, agora seria muito mais fácil — ele só teria que adicionar 30%.

Não foi uma decisão apenas baseada nas suas notas. Eu tinha consciência de que ele não estava pronto ainda e que teria muitas dificuldades no nível seguinte se fosse para lá naquele momento.

O resultado é que Bruno fez novamente o nível 1 e, segundo a professora, teve um aproveitamento excelente. Ele parecia mais feliz dentro da sala de aula, pois conseguia entender e produzir melhor. E dali para a frente ele sempre foi um dos melhores alunos das turmas em que estudou.

Um dia ele veio me agradecer. E disse que, graças a ele ter repetido o nível 1, ele conseguiu ter uma base boa que garantiu o seu sucesso no inglês. É uma atitude rara de se ver, mas um grande exemplo a seguir. Muitas vezes fazer alguma coisa novamente pode ser altamente proveitoso.

ELIANE

Como professor de inglês, eu costumo dar muitas dicas sobre como aprender melhor inglês. Acho isso tão importante quanto ensinar inglês em si. Se o aluno descobre maneiras de aprender, ele consegue aprender por conta própria depois de terminado o curso.

Eu dou as dicas, repito, dou exemplos, enfim, incentivo os alunos a usá-las em seu próprio benefício. Há alunos que as usam e outros que não as usam. Da mesma maneira, há alunos que aprendem inglês melhor e outros que não aprendem tão bem assim.

Uma dica que costumo dar é comprar um livro de gramática para estudar por conta própria. Há alunos que compram.

Eu me lembro da Eliane, que foi minha aluna num curso básico 4. Ela não só comprou um dos livros que eu recomendei, como vinha sempre me pedir para marcar no livro quais os exercícios que ela já tinha condições de fazer.

Na primeira vez, como era um curso de nível 4, eu marquei todos os pontos gramaticais que ela já tinha estudado nos níveis de 1 a 3. E disse a ela:

— Alguns desses pontos gramaticais você aprendeu nos níveis anteriores. Mas são todos exercícios que você já tem condições de fazer.

Semanalmente ela me trazia o livro e eu marcava os pontos que nós íamos estudando. E ela sempre me perguntava:

— Posso fazer os exercícios sobre as coisas que nós não estudamos ainda?

Eu dizia que sim, que se quisesse poderia fazer, mas que se tivesse dificuldades não precisaria se preocupar pois ela ainda iria estudar aquilo no curso. O mais incrível é que a Eliane terminou o livro todo e veio me pedir para indicar um outro livro, pois queria fazer mais exercícios.

Eu não precisaria dizer, mas a Eliane estava sempre com o inglês na ponta da língua, não só sabendo as regras da gramática, mas sabendo usá-las dentro das situações que apareciam.

ISABEL

A Isabel Gouveia foi minha aluna num curso de básico 5. Já era adulta e era médica anestesista. Ela era uma excelente aluna, que se dedicava muito e participa ativamente das aulas. Sempre fazia todas as atividades, lições de casa, redações, e sempre dentro dos prazos.

Em função do seu trabalho, ela tinha um mês de férias que teriam de ser tiradas durante o curso. Iria perder um mês de aulas. Como ela tinha aulas duas vezes por semana, iria perder cerca de oito aulas. Mas era uma viagem maravilhosa, que não poderia ter feito em outra época.

Antes de viajar, ela conversou comigo, anotou o meu e-mail e os e-mails de alguns colegas. Viajou e levou na bagagem o livro de inglês, o caderno e o livro de exercícios. Durante a viagem, ela entrava em contato com os colegas e comigo por e-mail para se inteirar sobre o que estava acontecendo nas aulas. Assim, mesmo à distância e de férias, continuou participando do curso, estudando e aprendendo. É claro que ela não deixou de aproveitar as férias por causa disso — apenas separava um tempo para estudar.

Quando ela voltou, estava totalmente por dentro de tudo. Sabia os conteúdos que tínhamos trabalhado. Trouxe as lições de casa feitas, a matéria estudada e até tinha feito uma redação para entregar. No seu livro e no livro de exercícios havia pontos de interrogação nas partes onde ela tinha tido dúvidas. Afinal de contas, o interesse de aprender era dela. Ela não estava presente, mas não perdeu as aulas.

Ao retomar as aulas, ela se esforçou muito mais para poder recuperar o tempo perdido e teve um aproveitamento excelente no curso. Mais uma prova de que, quando nós queremos fazer alguma coisa, conseguimos se nos esforçarmos.

HELOÍSA

A Heloísa Gouveia é professora de inglês e minha amiga. Ela conta que as coisas não foram fáceis para ela. Quando começou a aprender inglês na escola, descobriu que queria ter mais aulas. Pediu para a sua mãe matriculá-la num curso de inglês perto da sua casa. Começou aos 12 anos e nunca mais parou. Ela conta que tinha como objetivo entender e falar inglês muito bem.

Na época em que ela começou a estudar inglês, não havia internet e era muito mais difícil ter acesso a material em inglês. Não era possível assistir a TV com o som original e tanta coisa que hoje em dia é tão fácil. Mas mesmo tendo pouquíssimos recursos, ela conseguia se virar bem.

Como ela morava no Guarujá, cidade no litoral sul de São Paulo, e estudava em Santos, uma cidade vizinha, ela precisava pegar o ônibus, pegar a balsa e andar muito. Era muito tempo perdido nesse trajeto. A fim de atingir seu objetivo, ela gravava numa fita tudo o que havia estudado e ia ouvindo o walkman pelo caminho. Dessa forma, ela aproveitava melhor o seu tempo. Ela se ouvia nas gravações e percebia onde poderia melhorar.

Na escola onde ela estudava inglês havia um esquema de *pen pals*, amigos por correspondência. Os alunos recebiam uma lista com os nomes das pessoas e dos países de onde essas pessoas eram. Eles então começavam a se corresponder com outros adolescentes que também estavam aprendendo inglês.

A Heloísa conta que teve um amigo do Sri Lanka e uma amiga da Alemanha. Eles trocavam informações sobre as diferentes culturas, fotos, e até músicas em fitas cassete. A necessidade de comunicação fazia com que ela procurasse as palavras e arrumasse um jeito de se comunicar. Eles tinhas as suas dificuldades, mas a curiosidade e o interesse superavam tudo.

Para treinar o ouvido, a Heloísa conta que ia ao cinema e assistia a duas sessões seguidas do mesmo filme. Na primeira vez, ela assistia ao filme lendo a legenda. Na segunda sessão, só aproveitava os sons do inglês e conseguia ver os movimentos das bocas dos atores, já que não se preocupava com a tradução. Esse é um hábito que ela repetia muito.

Como ela não tinha com quem falar inglês fora da sala de aula, Heloísa desenvolveu uma estratégia. Na época foi inaugurado o primeiro shopping center em Santos, e na parte de cima havia o primeiro hotel cinco estrelas da cidade. Era um prato cheio para ela. Depois das aulas, ela ficava andando por lá e, assim que percebia um turista, aproximava-se e perguntava:

— What time is it, please?

Depois da primeira pergunta, mesmo com um vocabulário muito restrito, ela se enchia de vontade e puxava conversa.

Outra coisa que ela gostava de fazer era sintonizar um rádio velho numa estação em que só falavam em inglês. Ela diz que no princípio não entendia nada, mas aquela musicalidade era agradável e a fazia querer aprender cada vez mais. Outra grande motivação era poder entender o que cantavam nas músicas. Tocava a fita infinitas vezes, tentava anotar o que conseguia e perguntava para a sua professora se estava certo. Tempos mais tarde, começou a pegar folhetos que uma escola distribuía com a letra e a tradução. A primeira música que ela conseguiu entender foi *Zodiac*.

Heloísa comenta que hoje há tanta coisa disponível, mas se pergunta o quanto disso tudo é realmente aproveitado. Ela diz que o que a incentivou muito foi, acima de tudo, a sua curiosidade, a paixão e a determinação. Ela sabia que não teria condições de viajar e estudar fora do Brasil e então aproveitava o que estava por perto mesmo.

Ela acabou viajando para os Estados Unidos muito tempo depois. Nessa época, já tinha feito faculdade de Letras e já era professora havia quase dez anos.

Acho que sua experiência é um ótimo exemplo para tanta gente que quer aprender inglês. Daí podemos tirar que a dedicação é muito importante e que realmente vale a pena. Ela se esforçou e aproveitou cada oportunidade para praticar. E quando não havia oportunidades, ela mesma as criava.

LUIS

O meu amigo Luis Uehara também é professor de inglês e teve uma história de muito esforço e dedicação para aprender.

Ele morou na Inglaterra e conta que 90% dos brasileiros que encontrou por lá moraram uma média de 5 anos no país e não aprenderam mais do que o básico. Há uma falsa ideia de que o fato de morar num país de língua inglesa fará com que aprendam por osmose ou coisa parecida.

Luis morou em Oxford por 10 meses e 3 semanas. Ele acordava às 6h da manhã para entregar jornais, ia para o curso de inglês das 13h às 17h e depois trabalhava em um restaurante das 17h30 às 23h. Ele conta que só sobrava tempo para estudar inglês da meia-noite às 3h da manhã. Ele chegou a ler 15 livros em um mês no desespero de aprender a língua em menos de um ano, que era o tempo que ele tinha para ficar no país. Não foi a nenhuma *Latin American Party*, que acontecia todas as semanas e era frequentada por grande parte dos brasileiros que moravam em Oxford. Ele não queria contato com pessoas que falassem português.

O Luis, que também é músico e atleta, sempre compara o aprendizado de línguas com o de um instrumento musical ou um esporte. Ele diz que tanto na prática de um esporte quanto no estudo de um instrumento musical, se o aprendiz quiser realmente desenvolver suas habilidades, é preciso ter dedicação máxima.

Segundo ele, assim como no esporte e na música, o aprendizado de línguas também conta com uma parcela de dom do aprendiz, mas quem consegue focar no objeto de desejo não se arrependerá do esforço despendido.

Luis foi remador, um esporte que exige altura e muita força muscular. Mesmo não tendo o porte físico ideal para isso, aos 35 anos ele acordava às 4h da manhã em pleno inverno, treinava diariamente com apenas um dia de folga na semana, e conseguiu vencer atletas muito mais altos e com metade da sua idade. Ele diz que os treinamentos eram "alucinados e constantes" e que não falhavam nem quando fazia 3°C na raia olímpica da USP, em São Paulo.

Uma demonstração de que para que você ter sucesso em qualquer coisa você precisa realmente querer e se dedicar.

JOÃO

Essa história aconteceu em 1990, e acho que é um exemplo de como não devemos desanimar. Para conseguirmos nossos objetivos, é muito importante mantermos a motivação.

Eu dava aula numa escola e era um curso intensivo de verão. Eu tinha uma turma de básico 1 para adultos. Dentre os alunos havia um senhor de mais de 60 anos, bem mais velho que a média da turma. Não vou falar o nome verdadeiro, mas vamos chamá-lo de João.

Ele era um aluno que tinha muita dificuldade. Não conseguia entender as instruções que eu dava, não conseguia construir as frases, enfim, era bastante fraco. Mas era um aluno esforçado. Fazia a lição de casa, mesmo com muitos erros, estava sempre presente e participava bastante das aulas.

O curso era intensivo de férias, com aulas cinco vezes por semana. Num dia da segunda semana do curso, a Zalira Silveira, uma colega minha de trabalho, passou pelo corredor e olhou para dentro da minha sala rapidamente. Depois da aula ela veio me perguntar que nível eu estava dando. Eu respondi que era o básico 1. Ela arregalou os olhos e me disse:

— Não acredito que o João está fazendo o básico 1 pela terceira vez.

Então ela me contou que ele havia sido aluno dela na segunda vez em que fez o básico 1 e havia sido reprovado.

Nesse momento, quem se surpreendeu fui eu. Um aluno repetindo o mesmo curso pela terceira vez e ainda tentando e participando é uma coisa rara de se ver.

Infelizmente, o João ainda não conseguia aprender tudo o que era necessário para conseguir acompanhar o básico 2. Embora tivesse progredido um pouco, ainda não era o suficiente, e ele acabou sendo reprovado no curso.

O ano de 1990 foi um ano muito bom na economia brasileira, e para a nossa escola foi um recorde de matrículas. Atingimos 14 mil matrículas para o primeiro semestre. O João veio para se matricular no último dia das matrículas e todas as turmas de básico 1 já estavam completas. Não havia mais como abrir turmas novas, pois todas as salas de aula da escola — 70 salas — estariam ocupadas no mesmo horário.

O João veio falar comigo, muito esperançoso, e me disse:

— Carlos, dá um jeito de conseguir uma vaga para mim. Se eu não conseguir me matricular, vou perder a minha motivação.

Você teria motivação em fazer o mesmo curso pela quarta vez?

Esse é um caso que mostra que, se realmente queremos fazer alguma coisa, não podemos desanimar. Devemos seguir em frente, sabendo que um dia chegaremos lá. Pode ser um dia mais perto, ou mais longe, mas com determinação nós vamos conseguir. E mesmo que você já tenha mais idade, não adianta ter pressa. O importante é seguir no seu ritmo.

RODRIGO, DAISY E EU

Quando você ouve uma música em português, em geral você entende quase todas as palavras. Você vai ouvindo a música e, quanto mais ouve, mais vai aprendendo a cantar. Mas não sempre. Às vezes você canta algumas palavras erradas. Eu me lembro da música *Detalhes*, do Roberto Carlos, em que ele falava da *mantissidão*. Eu cantava a música, mas não sabia o que significava essa palavra. Achava que devia ser algum tipo de calma, um clima de ternura, amor, sei lá. Depois de muito tempo foi que eu descobri que não era *nos lençóis macios, a mantissidão*, mas sim, *nos lençóis macios, amantes se dão*. O som é o mesmo! Eu estava pronunciando certo, mas não sabia onde uma palavra começava e outra terminava.

O curioso é que quando comecei a escrever este livro fui procurar *mantissidão* no Google e descobri que muitas pessoas achavam a mesma coisa. Existem muitos depoimentos semelhantes. É simplesmente a maneira como a gente pronuncia as palavras, juntando os sons. Quando eu descobri isso fiquei feliz ao ver que eu sou normal.

Se cometemos esses erros em português, não há porque termos medo ou vergonha de fazer o mesmo em inglês. Quando você ouve uma música em inglês, você provavelmente vai entender muito menos do que entende em português. Você ouve, mas não sabe onde termina uma palavra e começa a outra. Por isso, cantar lendo a letra facilita.

O meu amigo Rodrigo Haddad, que também fez parte do grupo *That's EnterTEENment,* me contou quando era criança achava que no refrão da música *You're the one that I want*, do musical Grease, eles cantavam *The one I need, my destiny*. Apenas muito tempo depois descobriu que era *The one I need, oh yes, indeed*.

Daisy Faria, também professora de inglês, conta que seus primeiros professores de inglês foram o Nat King Cole e o Frank Sinatra. Ela diz que aprendeu muito com eles. No início, nem sabia o que estava falando; só repetia o que ouvia. À medida que foi estudando, foi reconhecendo palavras que já havia ouvido.

Eu acho muito importante sabermos o depoimento de pessoas que passaram por situações semelhantes, pois elas nos inspiram e nos mostram que se elas conseguiram aprender, nós também podemos conseguir.

IGOR

O Igor foi um aluno difícil na adolescência e no início da sua vida adulta. Ele reclamava de tudo e sempre contestava tudo o que os professores falavam. Reclamava do inglês, dizia que não fazia sentido, que devia ser diferente. Nessa época, ele não conseguia aprender inglês.

Ele conta que só conseguiu aprender inglês de verdade no dia em que se deu conta de que não adiantava reclamar de coisas que não podia mudar. Se são coisas que podem ser mudadas, é claro que você tem o direito de reclamar. Se são coisas que não podem ser mudadas, você está apenas perdendo tempo.

Ele me disse que quem falou isso para ele foi um técnico de futebol, mas ele aplicou o conselho a tudo na sua vida. Depois disso, sua forma de aprender mudou.

Ele percebeu que não ia mudar o inglês e que não adiantava reclamar. Então resolveu mudar a sua atitude em relação ao inglês e a sua maneira de estudar. Reclamar o tempo inteiro, além de ser perda de tempo, só o deixava mais triste.

Não é que ele tenha deixado de reclamar. Apenas resolveu que só iria reclamar de coisas que ele poderia mudar. Hoje em dia, ele vive mandando cartas a jornais, revistas e programas de rádio. Reclama dos problemas da cidade e pede que o governo faça alguma coisa. Ele sabe que, neste caso, há a possibilidade de mudança. E vale a pena o esforço.

Eu concordo com o Igor que não adianta você lutar contra o inglês — você tem que aceitá-lo como ele é para poder aprender. E, para isso, não adianta perder tempo reclamando. O tempo que você perde reclamando que precisa decorar os verbos no passado você aproveitaria melhor tentando aprender os verbos. Porque mais cedo ou mais tarde, você precisará sabê-los.

Na próxima vez que for reclamar, pense um pouco antes:

— Será que essa reclamação vai servir para alguma coisa?

Se a resposta for "não", use o seu tempo para algo mais útil — nem que seja para fazer um intervalo e fazer outra coisa que não tenha nada a ver com o inglês. Você vai ver que sua vida vai ficar muito mais leve! E está aí o meu amigo Igor para comprovar.

RAFAEL

O Rafael conta que, para ele, aprender inglês era uma brincadeira. Como ele sempre gostou de brincar, aproveitava para brincar em inglês.

Ele diz que sempre gostou de fazer palavras cruzadas. Além de ser um ótimo passatempo, é uma maneira de aprender muito vocabulário. Ele gostava de pegar palavras cruzadas do jornal *The New York Times*. Diz ele que, mesmo que fossem difíceis, ele fazia o que conseguia e no final olhava as respostas. Muitas das palavras apareciam com frequência nas cruzadas, e ele acabava se lembrando e aprendendo.

Ele gostava de pegar revistas e escrever o nome de tudo o que via nas fotos em inglês. Ele rabiscava em todas as revistas que tinha em casa. No início, os pais dele reclamavam, mas depois que viram que ele estava praticando inglês não se importavam mais. Ele conta que começou escrevendo palavras e mais tarde foi incluindo frases completas. Às vezes eram descrições do que havia nas fotos, às vezes comentários e opiniões. Uma vez ele rabiscou uma revista de um consultório médico. Disse que não resistiu e, quando viu, tinha escrito na revista inteira. Ele me disse:

— Era como ter o meu próprio dicionário ilustrado. Eu fazia isso o tempo todo.

Outra brincadeira que o Rafael fazia era procurar objetos pela cor. Quando ele estava indo para a escola, antes de sair de casa escolhia uma cor. Quando saia, ia falando para si mesmo, em inglês, o nome de todos os objetos que via que fossem daquela cor. Por exemplo, se num dia tinha escolhido a cor *green*, ia andando e falando tudo o que enxergava que fosse daquela cor. Por exemplo: **green, green car, green, green trees, green, green wall**.

Às vezes ele não sabia o nome de alguma coisa — e sempre há muita coisa que a gente não sabe falar em inglês — mas ele não se importava. Ao invés de falar o nome do objeto, falava *whatchamacallit*, que é a palavra que se usa quando não se sabe que palavra usar (vem de *what you may call it*): **green, green whatchamacallit**.

Outra brincadeira que ele fazia era testar o seu vocabulário com o alfabeto. Ele brincava sozinho ou com um grupo de amigos. Escolhiam uma letra qualquer do alfabeto ou usavam o alfabeto inteiro, em ordem, começando pelo A. Escreviam uma letra no topo da página e começavam a escrever palavras que começassem com aquela letra. Quando ele jogava com os amigos, viam quem escrevia mais palavras em dois minutos. Se jogasse sozinho, marcava a quantidade de palavras que escreveu e na próxima vez via se se lembrava de mais palavras. Ou seja, competia com ele mesmo.

O Rafael conta que eram só brincadeiras, mas que o ajudaram a expandir o seu vocabulário. Esse tipo de brincadeira fazia ele se lembrar mais das palavras, por incluí-las no seu dia a dia. E ajudava o tempo a passar.

Brincando e aprendendo, o Rafael acabou tendo um inglês excelente.

ROGÉRIO

O Rogério foi meu aluno num curso avançado de inglês. Num curso avançado, trabalhamos um inglês com estruturas um pouco mais sofisticadas e vocabulário mais avançado, indo além do básico necessário apenas para se comunicar em inglês.

No entanto, o Rogério era daqueles alunos que não aceitavam ser corrigidos. Quando ele falava alguma coisa errada e eu o corrigia — que é o meu papel de professor — ele dizia:

— As pessoas me entendem quando eu falo.

(Essa é uma frase que eu ouço muito quando corrijo meus alunos.)

Quando nós estudávamos uma estrutura mais complicada, ele perguntava se não era a mesma coisa que uma outra estrutura que já havíamos estudado antes. Eu dizia que sim, mas que a primeira era uma maneira mais simples de falar, e essa nova era uma maneira um pouco mais formal. E ele olhava de cara feia.

Um dia, chamei o Rogério depois da aula e disse a ele que talvez ele devesse parar de estudar inglês. Ele arregalou os olhos e me perguntou:

— Por quê?

Eu disse a ele que sentia que ele já estava satisfeito com o seu nível de inglês. Se ele não tentava se corrigir porque as pessoas já o entendiam e se as estruturas mais simples já bastavam para ele, os seus objetivos em estudar inglês já haviam sido atingidos. E disse que aquele curso era para as pessoas que realmente quisessem falar um inglês um pouco melhor. Seria melhor ele parar por ali. Eu disse a ele:

— Você não precisa ficar triste. Pelo contrário. Você deve ficar feliz, pois chegou ao nível em que queria chegar. No entanto, se você quiser melhorar de nível, continue o curso e tente aprender mais. Estou aqui para ajudá-lo no que você precisar.

Ele ficou um pouco chateado comigo por um tempo, mas depois percebeu que não estava tendo uma atitude em favor de aprimorar o seu inglês. Aquela conversa foi como um despertar para uma nova fase do seu inglês. Ele passou a se esforçar mais e acabou atingindo um patamar muito mais alto.

MIRELA

Há pessoas que têm o espírito naturalmente mais aventureiro — gostam de desafios. Outras não. Por isso é importante serem estimuladas a tentar. E muitas vezes um exemplo vale muito mais do que muitas palavras.

Numa escola onde eu trabalhei, os alunos deveriam ler um livro por semestre e depois discuti-los em sala de aula. Para cada estágio do curso era escolhido um livro diferente. Eram todos adaptações de livros famosos, em versão simplificada, feita especialmente para alunos de inglês. Havia um dia especial para essa discussão. Os alunos preparavam perguntas e os professores também.

Numa das minhas turmas, os alunos deveriam ler *Oliver Twist*, de Charles Dickens, numa das versões simplificadas. A Mirela, uma das alunas dessa turma, terminou de ler o livro em poucos dias e veio me perguntar se ela poderia ler o original. Eu disse a ela que sim, mas que ela não se preocupasse se não entendesse muito, pois o inglês talvez fosse muito difícil para ela. A sua resposta me surpreendeu:

— Carlos, eu já li o livro e já sei a história. O que eu conseguir entender a mais é lucro.

Uma ideia tão simples, mas que já mostra o quanto podemos nos aprimorar ao criarmos novos desafios para nós mesmos.

Eu achei uma maneira tão positiva de encarar o aprendizado, que pedi a ela que fizesse uma apresentação oral aos colegas, contando as diferenças de ter lido o texto simplificado e o texto original. Os alunos gostaram tanto que alguns deles também fizeram o mesmo. No dia da discussão do livro, mais da metade dos alunos tinha lido as duas versões do livro.

Foi um estímulo para todos começarem a ler livros mais avançados, uma chama que se acendeu e se espalhou. Graças ao exemplo da Mirela, abriram-se novas portas para outros alunos da turma. Ela foi uma influência muito positiva para todos.

MAICON

Conheci o Maicon Roberto Silva através da Carla, que é como se fosse da família da Cris. Ele não fala inglês, mas fala italiano muito bem e me contou essa história, que é o segredo do seu sucesso.

Ele disse que quando estava aprendendo a falar italiano, ele falava com o espelho. Ele imaginava uma situação, parava na frente do espelho, e ficava treinando as frases que deveria falar. Por exemplo, como perguntar o preço de um produto numa loja, como pedir um prato num restaurante ou outra situação qualquer. Segundo ele, esse treino dava mais confiança a ele na hora de falar.

Eu fiquei imaginando que seria legal se tivéssemos um espelho como o da Mary Poppins — a protagonista do filme de mesmo nome lançado na década de 1960. Você falaria com ele, e ele responderia para você. Mas se o meu espelho respondesse para mim, eu sairia correndo. Então o espelho comum já é mais do que o suficiente.

Na realidade, você não precisa que o espelho responda — você pode treinar a sua parte.

O Maicon usou essa estratégia para aprender italiano, e podemos usá-la para aprender inglês também. Se você não quiser falar sozinho, pode treinar as duas partes — a sua e a do outro.

O Maicon me disse que procurava sempre olhar bem dentro dos seus olhos na imagem do espelho. Assim ia treinando olhar para a pessoa com quem iria falar. Isso é muito importante numa conversa, pois mostra que você está mais seguro.

É uma ideia diferente e divertida. Você pode até usá-la quando acaba de se arrumar para sair. Olhe-se no espelho e faça um elogio a si mesmo — em inglês, é claro!

REFERÊNCIAS

AXTELL, Roger E. *Do's and taboos around the world*. New York: Wiley, 1993.

BUSCAGLIA, Leo. *Living, loving and learning*. New York: Fawcett Columbine, 1982.

GONTOW, Cris; MARCELINO, Marcello; GODOY, Sonia. *English pronunciation for Brazilians*. São Paulo: Disal, 2006.

GONTOW, Carlos. *The classroom is a stage – 40 short plays for English students*. São Paulo: Disal, 2005.

GOPNIK, Alison; MELTZOFF, Andrew N.; KUHL, Patricia K. *The scientist in the crib*. New York: William Morrow and Company, 1999.

ROIZMAN, Laura Gorresio; FERREIRA, Elci. *Jornada de amor a Terra*. São Paulo: Palas Athena, 2006.

STAMATEAS, Bernardo. *Autossabotagem*. São Paulo: Academia da Inteligência, 2009.